제주도
도구의 생활사

제주학연구센터 제주학총서 39

제주도 도구의 생활사

고광민

머리말

      '도구'는 국어사전에서 "일할 때 쓰는 연장을 통틀어 이르는 말"이라고 한다. 이 책에서 다루어지는 '도구'는 원초경제사회 때의 것에 한정하고자 한다. 원초경제사회란 백성들이 삶에 필요한 자원을 자연에서 마련하여 살아갔던 때이다. 원초경제사회 때의 도구는 공동으로 만든 문화유산이다. 이것을 "김을 매거나 감자나 고구마 따위를 캘 때 쓰는 쇠로 만든 농기구"국립국어원, 표준국어대사전, '호미'로 들여다보고자 한다. 제주도 사람들은 이와 같은 농기구를 '글갱이', 그리고 강원도 홍천 지역 사람들은 '양귀호미'라고 한다.

    제주도 '글갱이'는 아낙네들이 밭에서 김을 매거나 갯밭에서 고동 따위를 잡는 도구이다. 감산리안덕면 강○○1919년생, 여 씨가 쓰던 '글갱이'의 경우이다[도0-1]. '글갱이' 날 길이는 10.0cm, 폭은 2.0cm

이다. '굴갱이' 날은 45도 정도 아래쪽으로 구부러진 오른손잡이용이다. 그 반대쪽으로 구부러진 '굴갱이'는 왼손잡이용이다. 왼손잡이용 '굴갱이'를 '웬굴갱이'라고도 한다. '굴갱이'의 목인 슴베가 손잡이를 뚫고 그 밑까지 나오게 하여 구부렸다. 그리고 헝겊으로 '굴갱이' 손잡이를 감았는데, '굴갱이'를 잡고 잡초를 뽑는 동안에 미끄러짐을 막으려는 수단이다. 제주도 '굴갱이'의 주된 쓰임은 잡초 제거이다. 정언유鄭彥儒는 《탐라별곡眈羅別曲》에서, 제주도에서 전승되는 '굴갱이'를 '허뫼'라고 하면서, "허뫼는 길이가 짧다."라고 노래하였

도0-1 굴갱이

다. '길이가 짧다'는 말은 호미 날의 폭이 보통 2.0cm 정도로 좁다는 말이다.

강원도 홍천 지역의 '양귀호미'는 화전에서 남정네들이 잡초 따위를 제거하는 도구이다. 홍천군 장남1리두촌면 홍현택1928년생, 남 씨가 쓰던 '양귀호미'의 경우이다[도0-2]. 화전에서 남정네들이 잡초를 제거하는 도구이다. 호미 날의 양쪽 귀를 모두 세워서 벼린 것이다. 양쪽 귀를 세운 날폭18.0cm, 높이6.5cm의 슴베를 자루길이32.0cm, 폭3.0cm에 박았다. 그리고 슴베가 쉬 빠지지 못하게 자루 한쪽에 쇠고리를 채웠다. 이 마을 사람들은 '양귀호미'를 '벽채호미'라고도 한다. '벽채'는 "광산에서 광석을 긁어모으거나 파내는 데 쓰는 호

미"라는 말로 보통 호미보다 훨씬 크다는 의미로 쓰인 모양이다. 홍 씨는 화전에서 농사를 지었던 적이 없지만, 화전에서 주로 쓰이는 '벽채호미'를 가지게 된 배경은 이웃집 화전에 품앗이로 일하러 가는 경우가 있었기 때문이다.

제주도 '글갱이'는 흩뿌림으로 파종한 밭에서 모종을 솎아내거나 잡초를 제거하는 도구라면, 강원도 홍천 지역의 '양귀호미'는 두둑이나 두둑과 두둑 사이 고랑에 종자種子를 줄뿌림으로 파종할 때 구멍을 내는 도구이다. 또한 잡초를 제거할 때는 잡초를 제거함과 동시에 두둑에서 흘러내린 흙밥을 북돋는 도구이다.

제주도 '글갱이'나 강원도 홍천 지역 '양귀호미'는 주어진 풍토에서 살아가는 사람들이 공동으로 창조한 것이 된다. 제주도의 '글갱이'를 만든 '불미쟁이'와 강원도의 '양귀호미'를 만든 대장장이는 도구 사용자의 뜻에 따라 일정한 도구를 생산하는 생산자에 불과하다. 그러니 원초경제사회 때의 전통적인 도구는 그 시대의 생

도0-2 양귀호미

활사를 들여다볼 수 있는 거울이기도 하다. 이 책은 다음과 같이 5장으로 구성하였다.

1장은 '의식주 도구의 생활사'이다.

한국의 전통사회에서 장가를 든 남자는 머리털을 끌어 올려 정수리 위에 틀어 감았는데, 이를 '상투 튼다'고 하였다. 상투를 튼 사람은 머리카락을 걷어 올려 흘러내리지 않게 그물처럼 생긴 띠를 두르고 묶는데, 이를 망건網巾이라고 한다. 망건 위에 탕건宕巾을 쓴다. 탕건은 선비들이 갓 아래 받쳐 쓰는 관冠의 하나이다. 말총을 잘게 세워서 앞쪽은 낮고 뒤쪽은 높게 턱이 지도록 한다. 외출할 때는 그 위에 갓을 쓴다. 그러나 제주도 남정네들의 모자는 주로 '털벌립, 정동벌립, 대패랭이'였다. 〈제주 모자, 서울 모자〉에서는 한국 전통사회 서울 남정네들의 모자와 대비적 관점에서 제주도 남정네들의 전통적인 모자를 들여다보고자 한다.

이원진李元鎭, 1594~1665은 《탐라지耽羅志》에서, 제주도 사람들은 "남녀 모두 짚신[草履] 신기를 좋아한다."라고 하였다. 짚신은 볏짚으로 만든 신이다. 제주도는 논이 귀한 섬이니, 볏짚으로 만든 짚신도 귀할 수밖에 없다. 제주도의 전체 경지면적耕地面積 중에서 논이 차지하는 비중은 0.5% 정도이니 말이다. 〈이런 신, 저런 신〉에서 제주도 신[履]의 생활사를 들여다보고자 한다.

방아는 "곡식 따위를 찧거나 빻는 기구나 설비를 통틀어 이르는 말"이다. 원초경제사회 때 겉곡을 찧거나 알곡을 빻는 일은 여성들의 몫이었다. 여성들이 발힘으로 찧고 빻는 대표적인 도구는 디딜방아, 손힘으로 찧고 빻는 대표적인 도구는 절구였다. 디딜방아나 절구는 겉곡을 찧거나 알곡을 빻는 도구이다. 한반도 백두대간 동쪽에는 디딜방아가 비교적 많이 전승되었고, 백두대간 서쪽에는 절구가 비교적 많이 전승되었다. 제주도 방아는 남방아 → 말방아 → 기계방아 시대로 변천되었는데, 〈방아의 변천사〉에서 그 변화를 들여다보고자 한다.

1970년 4월 22일, 제주도에도 새마을운동을 알리는 '새벽종'이 울렸다. 마을 길은 곧고 드넓게, 그리고 옛 살림집을 헐어내고 그 자리에 콘크리트 집을 반듯반듯 지어나갔다. 지금은 콘크리트 집과 아파트가 제주도를 덮고 있다. 제주도 콘크리트 살림집의 공간 구조는 한국 여느 살림집의 그것과 크게 다르지 않으니, 제주도 주생활 문화를 들여다보려면 지금이라도 제주도 초가집을 들여다볼 수밖에 없다. 제주도 초가집은 제주문화가 지어놓은 집이기 때문이다. 〈초가집 구석구석〉에서 여러 컷의 사진으로 원초경제사회 때 제주도 초가집 구석구석을 들여다보고자 한다.

제주도 옛 문헌에서, 제주도 초가지붕은 한마디로 "띠로 지붕을 이는데 엮어서 사용하지 않는다茅茨不編."라고 하였다. 제주도 초가지붕은 이엉도 용마름도 없는 지붕이기 때문이다. 이엉은 초가지붕이나 울타리를 이기 위하여 짚이나 '새'[茅] 따위로 엮은 물건이고, 용마름은 초가지붕 마루에 덮는 '∧' 자 모양으로 엮은 이엉이다. 제주도 사람들은 이엉과 용마름 없이 초가집 지붕을 어떻게

이었을까. 〈이엉도 용마름도 없는 지붕〉에서 그 속내를 들여다보고자 한다.

인간은 자연발생적으로 일어나는 불에서 힌트를 얻어 마찰과 충격을 이용하여 불을 일으켰고 난방, 취사, 조명 등에 이용해왔다. 원시에는 불의 세 가지 기능, 즉 난방, 취사, 조명의 기능이 미분화 상태였다. 차차 그 기능은 분화되고 발전을 거듭하였다. 여러 문헌 내용과 조사 내용을 통하여 제주도의 〈조명과 조명 도구〉를 들여다보고자 한다.

2장은 '생산 도구의 생활사'이다.

새마을운동[1970]부터 시작된 개발경제사회 이전, 원초경제사회를 사는 사람들은 산과 바다, 산과 바다를 이어주는 강하江河, 그리고 그 사이에 있는 논과 밭을 생산·생업의 공간으로 이용하였다. 그리고 생산과 생업에 따른 도구들도 전승되었다. 2장 '생산 도구의 생활사'에서는 전복 생산의 역사가 가늠되는《탐라순력도》속의 해녀와 제주도 방목 문화에 따른 삶과 도구의 문제에 접근하고자 한다.

《탐라순력도耽羅巡歷圖》는 이형상李衡祥, 1653~1733 목사의 순력巡歷 내용을 담은 그림책이다. 이형상은 1702년숙종 28 11월에 탐라제주도를 순력하였다. 순력하는 동안 화공畵工 김남길金南吉은 모두 41점의 그림을 그렸다. 그 속에는 〈병담범주屛潭泛舟〉의 그림도 들어있다. 〈병담범주屛潭泛舟〉는 '용연'에서 뱃놀이를 하는 그림이다. 그

10

런데 이 그림에 해녀들이 물질하는 모습이 그려져 있다. 제주도 해녀가 있는 최초의 그림이다. 《탐라순력도》 속의 해녀는 무슨 옷을 입고, 무엇을 들고, 무엇을 따고 있었을까를, 〈탐라순력도 속의 해녀〉에서 들여다보고자 한다.

한반도와 그 주변 도서 지역 사람들의 소 기르기와 제주도 사람들의 소 기르기는 썩 달랐다. 한반도와 그 주변 도서 지역 사람들은 소를 고삐에 묶어 길렀고, 제주도 사람들은 소를 놓아 길렀다. 이러한 사실은 방울과 '낙인'烙印에서 극명하게 드러난다. 한반도와 그 주변 도서 지역 소의 굴레에는 방울을 매달아 놓았고, 제주도 소의 엉덩이에는 낙인烙印이라는 징표를 찍어 놓았다. 제주도 '낙인'의 전승 실태를 〈방울과 낙인〉에서 들여다보고자 한다.

3장은 '운반 도구의 생활사'이다.

운반은 물건의 소재 위치를 이동 변경하는 것인데, 여러 가지 운반법과 운반 도구가 전승된다. 여기에서는 인력, 축력, 자연력에 의한 운반과 제주도 여성들의 대표적인 운반 도구인 '구덕'과 '차롱'을 들여다보고자 한다.

원초경제사회 때 운반과 교통의 수단으로는 인력人力, 축력畜力이 있었다. 인력人力으로의 운반과 함께, 소의 힘을 이용하여 운반하는 우력牛力, 말의 힘을 이용하여 교통하는 마력馬力을 〈인력, 우력, 마력〉에서 들여다보고자 한다.

제주도 지역은 대그릇 문화권에 속하지만, 대그릇을 바구니 또는 소쿠리라고 하지 않고 '구덕' 또는 '차롱'이라고 한다. '구덕'은 제주도 여자들이 등에 지어 나르기 좋게 직사각형으로 만든 대그릇이고, '차롱'은 아래위 두 '착'짝이 한 벌을 이루는 대그릇이다. 제주도 여성들의 대표적인 운반 도구인 '구덕'과 '차롱'의 전승 실태를 〈구덕과 차롱〉에서 들여다보고자 한다.

4장은 '도구 생산의 생활사'이다.

제주도에는 '새당보습'이라는 말이 전승된다. '새당보습'은 '새당'에서 만든 보습이라는 말이다. '새당'은 제주도 덕수리안덕면의 옛 이름이다. 이 마을 남자들은 예로부터 보습, 볏, 솥 따위를 만들면서 생계를 돕는 경우가 많았다. 〈보습의 생산〉은 1983년 5월 3일에 제주도에서 마지막으로 생산된 보습의 생산 과정에 대한 기록이다. 제주도 풀무의 변천사도 들여다보고자 한다.

쌀을 주식으로 하여 살아가는 민족들은 나름대로 '푸는체'[箕]를 창조, 계승, 발전시켜 왔다. 일본의 학자들은 아시아의 '푸는체' 형태를 편구片口와 환구丸口로 구분하였다. 제주도와 한반도, 그리고 그 주변 도서 지역의 '푸는체'는 어떠하였을까. 제주도를 비롯한 주변 지역에서의 전승 실태를 〈푸는체의 세계〉에서 들여다보고자 한다.

제주도 사람들은 지금의 제주도 도련2동제주시을 '맨촌'이라고 한다. '맨촌'은 대그릇 생산 지역으로 소문난 마을이다. '맨촌'은 제주도에서는 대나무 질이 뛰어난 지금의 아라동제주시과 가까운 곳이면서, 지금의 '제주시'라는 제주도 대그릇 최대 소비시장과도 가까운 곳에 있다. '맨촌'은 질이 좋은 대나무 생산지와 대그릇 최대 소비시장을 가까운 곳에 거느리고 있다는 점도 명품 대그릇 생산 적지適地로 작용하였을 것이다. 그래서 '맨촌'에서 생산되는 '구덕'을 '맨촌구덕', '맨촌'에서 생산되는 '차롱'을 '맨촌차롱'이라고 하였다. 지난날 제주도 여성 사회에서 '맨촌구덕'과 '맨촌차롱'을 소유한다는 것은 기쁨이고 자랑이었다. '맨촌구덕'과 '맨촌차롱'의 생산 과정과 전승 실태를 〈맨촌구덕과 맨촌차롱〉에서 들여다보고자 한다.

　　5장은 '감산리 도구의 생활사'이다.
　　제주도 감산리안덕면에는 1985년 8월 1일 문을 연 〈민속자료실〉이 있다. 필자는 1999년 4월에 〈민속자료실〉의 자료를 조사하고 실측하고 분류하였다. 그리고 감산리 여러 어르신들로부터 〈민속자료실〉에 있는 도구의 명칭과 쓰임에 대해 가르침 받았고, 여러 집에 남아 있는 도구들도 조사하였다. 제주대학교박물관은 1999년 11월 1일부터 3개월 동안 〈감산리甘山里의 민구民具〉라는 이름으로 특별기획전을 열고 도록도 만들었다. 그 도록 원고는 제주도 도구학道具學에 대한 열의만으로 채워진 엉성한 글이었다. 5장 '감산리 도구의 생활사'는 감산리에서 전승되었던 도구를 기능적으로 분류하고 도구마다 원고도 고쳐 쓴 것이다.

제주도 도구의 생활사

차 례

1장
의식주
도구의
생활사

제주 모자
서울 모자

제주학濟州學 연구에 몰두하였던 김영돈金榮敦은 생전에 제주도 민요를 수집하였다. 그 속에는 위미리남원읍에서 수집한 다음의 민요도 들어 있는데, 그 내용은 다음과 같다.

정동벌립에	대갓끈 달아
나볏이	청부채 들어
허울허울	저 올레로 오니
서울 선비	오는듯하다

'정동벌립'은 '정동'댕댕이덩굴으로 엮어 만든 제주도 전통 모자이다[도1-1]. '허울허울'은 활개 저으며 걷는 모양이다. 제주도 사람이 '정동벌립'을 쓰고 부채를 들고 저 '올레'로 오는 모습이 마치

도1-1 정동벌립 폭 49.5cm, 제주대학교박물관 소장. 제주도에서 '정동벌립'의 주생산지는 귀덕리(한림읍)다. 이 '정동벌립'의 모자는 410개의 씨줄과 158개의 날줄로 결었다.

서울 선비가 오는 듯하다는 것이다. '올레'는 "길에서 집까지 연결된 아주 좁은 골목 비슷한 길"이라는 제주 방언이다. 제주도 남정네들은 '서울 선비'들처럼 갓을 쓰지 않았다. 제주도 남정네들이 서울 선비처럼 갓을 즐겨 썼더라면 이런 노랫말은 제주도에서 전승되지 않았을 것이다. 제주 모자와 서울 모자는 어떠하였을까.

제주 모자

제주도에는 전통적으로 세 가지의 모자가 전승되었다. 그것은 '털벌립, 정동벌립, 대패랭이'다. 조선왕조 성종成宗 8년1477 2월 1일, 제주도 사람 김비의金非衣 일행은 진상품을 배에 가득 싣고 한반도로 가다가 추자도楸子島 근처에서 모진 풍파를 만나 오키나와[沖繩]에 표류하였다. 그 당시의 《조선왕조실록》에 실린 〈표류기〉

에 오키나와 모자에 관한 기록이 보인다. 오키나와 사람들은 "나뭇잎으로 삿갓을 만들어 쓰는데 조선의 승려들 모자와 같다櫻葉作笠 狀如我國僧笠."는 것이다. 오키나와 사람들은 이렇게 만든 삿갓 모양의 모자를 '쿠바가사'クバ笠라고 한다. '쿠바가사'는 그 당시 조선의 승려들이 썼던 삿갓과 모양과 비슷했던 모양이다. 이로 미루어 볼 때 그 당시 조선의 일반 백성들은 삿갓 모양의 모자를 쓰지 않았다는 말이나 다름없다. 제주도 일반 백성들은 그 당시에도 '털벌립, 정동벌립, 대패랭이'를 썼던 모양이다. 이것들은 삿갓 모양의 모자가 아니었다.

제주도청에서 1996년에 발간한《도 승격 50주년 기념 사진집, 제주 100년》에 제주도의 전통 모자를 쓴 사진이 들어있다. 1914년 5월 25일, 일본인 인류학자 토리이 류우조오鳥居龍藏가 지금의 상모리와 하모리대정읍에서 찍은 사진이다[도1-2]. 토리이 류우조오는 〈민족학상으로 본 제주도民族學上より見たる濟州島〉에서 '털벌립'과 '정동벌립'을 다음과 같이 소개하고 있다.

제주도 사람들은 말[馬]의 털로 만든 모자를 쓴다. 이것은 다른 데서 볼 수 없는 풍습이다. 또 풀[草]로 만든 모자도 쓴다. 이 또한 다른 데서는 볼 수 없는 풍습이다.**1)**

---

1) 토리이 류우조오(鳥居龍藏, 1924), 〈민족학상으로 본 제주도(民族學上より見たる 濟州島)〉,《일본 주위 민족의 원시종교(日本周圍民族の原始宗敎)》, 망서원(岡書 院), 138쪽.

도1-2 '털벌립'과 '정동벌립'을 쓴 농부 1914년 5월 25일, 대정읍 상모리와 하모리, 촬영 토리이 류우조오(鳥居龍藏).

'말의 털'로 만들었다는 모자는 털벌립, '풀'로 만들었다는 모자는 '정동벌립'이다. '털벌립'과 '정동벌립'은 다른 나라에서는 볼 수 없는 모자라는 것이다. '털벌립'은 쇠털로 만든 모자이다. 토리이 류우조오가 '털벌립'을 말의 털로 만들었다는 것은 오기誤記일 뿐이다. '털벌립'을 만드는 대강의 과정은 다음과 같았다. 쇠털을 깨끗이 빨아 말려서 활줄을 튕겨 퍼지게 한다. 콩가루로 쑨 풀을 먹여서 일정한 틀에서 모양을 갖추어 만들었다.

'정동벌립'은 다음과 같이 만든다. 가을에 댕댕이덩굴을 채취한다. 담을 올라가거나 나무에 감겨 있는 것은 구불거리므로 땅바닥에 곧게 뻗은 것이라야 한다. 이슬을 맞혀가며 햇볕에 25일 정도 말린다. 물을 축여 부드럽게 해서 엮는다. 정상부를 '절벤', 둥근 기둥을 '망', 차양을 '천'이라고 한다. 이를 만드는 기능은 제주도 무형문화재 제8호로 지정하여 보호하고 있기도 하다.

'대패랭이'는 제주도 여성들이 주로 햇빛 가리개로 쓴다[도1-3]. 이를 만드는 기능은 수산리성산읍과 난산리성산읍에 전승된다. 이곳의 남정네들은 농한기 때 부업으로 '대패랭이'를 만들어 생계를 돕는 경우가 많았다. '대패랭이'의 재료는 '수리대'구릿대의 대오리다. 제주도의 시부모들은 새로 맞아들인 며느리에게 '대패랭이'를 선물하는 경우가 많았다. 제주도의 아낙네들은 한평생 '잡초와의 싸움'을 벌였다. '대패랭이'를 쓰고 부지런히 농사를 지어 이 거친 땅에서 살아가라는 무언無言의 가르침인지도 모른다.

'도1-2'의 사진 속에서는 제주도 두 남정네가 지게를 지고 밭으

도1-3 '대패랭이'를 쓴 제주도 여인 1891년, 제주도.
국립중앙박물관, 한국사진박물관(1998), 《유리원판으로 보는 풍물 1891~1930》에서.

로 간다. 앞서가는 젊은 남정네는 '털벌립'을 쓰고 있고, 뒤따라가
는 늙은 남정네는 '정동벌립'을 쓰고 있다. '도1-3' 사진 속의 아낙
네는 머리에 '대패랭이'를 쓰고 있다.

'정동벌립'과 '털벌립'은 방한防寒, 방수防水, 차양遮陽의 기능을 갖
추었다. 제주도의 남정네들이 눈이나 비 오는 날, 무더운 날 바깥
에서 잡다한 일을 할 때 '털벌립'이나 '정동벌립'을 썼다. '대패랭
이'는 차양용의 모자이다. 제주도의 아낙네들이 햇볕이 내리쬐는
날 밭에서 잡초를 뽑을 때 '대패랭이'를 썼다.

'털벌립, 정동벌립, 대패랭이'는 모두 편편한 모자의 차양 위로
둥근 기둥이 우뚝 솟은 모양으로 재료만 달랐다. 제주도 사람들은
일하거나 외출할 때 이 모자를 썼다. 제주도 남정네들은 '털벌립'
이나 '정동벌립'을 선호하였고, 제주도 아낙네들은 '대패랭이'를 선
호하였다.

제주도의 전통적인 모자는 재료만 다를 뿐 차양 위로 둥근 기
둥이 우뚝 솟은 모양이었다. 이마무라 토모今村鞆는 제주도 모자의
역사를 다음과 같이 논한 바 있다.

동양에서 서양식 모자를 만들기는 제주도가 맨 처음일 것이다.
재미있는 역사가 있다. 이조 효종 때(1653) 털 빛깔이 색다른 사
람이 제주도에 표착했다. 네덜란드 상선(商船)이었다. 지금도 제
주도 사람들이 손으로 만들어 쓰고 있는, 쇠털을 눌러 짜서 만든
서양풍의 차색(茶色) 모자는 잘 만들어진 것이다. 이것은 네덜란

24

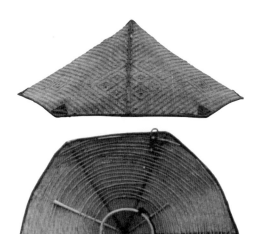

도1-4 삿갓 폭 69.2cm, 높이 26.5cm.

드의 표류민(漂流民)이 섬에 머무
는 동안 지루함을 이기려고 그 제작
법을 섬사람들에게 전한 뛰어난 기
념물이다.2)

전통적인 제주도의 모자는 동
양 어디에도 없는 것으로 서양식
모자인데, 그 모자는 조선조 효
종 때1653 제주도에 표류한 하멜
일행이 제주도 사람들에게 모자

만드는 법을 가르쳐준 기념물이라는 것이다. 얼토당토아니한 주
장이지만, 제주도 모자는 그만큼 독특했던 것만은 분명하다.

언제부터인지 모르지만, 제주도에도 삿갓 모양의 모자가 등장
하기에 이르렀다. 제주시 아라2동 양경찬1924년생, 남 씨 집에는 사
연을 간직한 삿갓이 있다. 양 씨의 부인이 쓰고 있는 모자였다. 양
씨의 부인은 지금의 제주시 노형동 속칭 '월랑마을'에서 태어났다.
18세가 되는 해에 양 씨와 혼사婚事하였다. 양 씨의 부인은 시부모

2) 이마무라 토모(今村 鞆, 1928), 〈제주도의 우마(濟州島の牛馬)〉, 《역사민속조선만
록(歷史民俗朝鮮漫錄)》, 남산음사, 345쪽.

에게 무명 1필과 삿갓을 선물 받았다. 무명 1필로는 갈옷을 만들어 입고, 삿갓은 밭일 때 쓰라는 말과 함께였다. 삿갓은 오죽烏竹 대오리 여섯 개의 날을 세우고 씨줄을 엮고 뼈대를 세워 만든 것이었다. 그 위에 대오리로 그물처럼 엮은 것을 덮고 세 개의 대오리를 붙여 만들었다. 그리고 삿갓의 테두리가 해어질 때마다 양씨의 부인은 헝겊을 대고 기웠다[도1-4].

서울 모자

제주도 민요 속에 나타난 '서울 선비'의 모자는 어떤 모습일까. 조선 후기 풍속화가 신윤복申潤福, 1758~?의 풍속도에 나타난 선비의 갓을 들여다보자[도1-5].

장가를 든 남자는 머리털을 끌어 올려 정수리 위에 틀어 감는다. 이를 '상투 튼다'고 한다. 상투를 틀고 나서 그것이 다시 풀어지지 않게 동곳을 꽂는다. 동곳은 금·은·옥·산호·나무 따위로

도1-5 신윤복(申潤福, 1758~?)의 풍속도(일부)
간송미술관 소장(국보 135호).

만들었다. 동곳의 대가리는 반구형이고 끝은 뾰족하여 굽은 것과 굽지 않은 것, 또는 말뚝처럼 생긴 것 따위가 전승된다.

상투를 튼 사람이 머리카락을 걷어 올려 흘러내리지 않게 그물처럼 생긴 띠를 두르고 묶는데, 이를 망건網巾이라고 한다. 망건 위에 탕건宕巾을 쓴다. 탕건은 선비들이 갓 아래 받쳐 쓰는 관冠의 하나다. 말총을 잘게 세워서 앞쪽은 낮고 뒤쪽은 높게 턱이 지도록 한다. 외출할 때는 그 위에 갓을 쓴다.

갓은 양태凉太와 총모자로 나뉜다. 양태는 갓의 차양으로 대오리로 엮어 만들었다. 총모자는 말총으로 만들었다. 제주도 여인들이 만든 양태와 총모자는 통영경상남도으로 갔다. 통영의 장인匠人들은 제주도 여인들이 만든 양태와 총모자로 '통영갓'을 만들었다. 양태와 총모자를 붙이고 '갓싸개'갓의 겉에 바르는 몹시 얇고 살핏한 베를 바르고 먹칠과 옻칠을 하여 통영갓을 완성하였다. 통영갓은 서울은 물론 한반도의 선비들을 위한 것으로 제주도의 남성들을 위한 것은 아니었다.

망건, 탕건, 양태, 총모자를 만드는 기능은 제주도 여성들의 생계를 꾸리기 위한 수단으로 작용할 뿐이었다. 1925년 당시에도 제주도 내에서 양태와 총모자 겯기에 종사하던 호수는 1만 3,700호에 이르렀다. 《제주도편람》에 따르면, 1930년 한 해에 양태 17만 5,600개, 총모자 8만 3,770개를 생산했다고 한다.

갓을 만드는 일은 어찌하여 제주도에 번지게 되었을까? 제주도는 예로부터 말[馬]과 '수리대'구릿대가 많은 고장이었기 때문이다.

망건, 탕건, 총모자, 양태를 만들 재료 확보가 손쉬운 곳이었다. 갑오개혁甲午改革, 1896년 때 단발령의 고비를 겪으면서 갓을 만드는 일은 점차 사양길에 접어들었고, 1960년대 말에 이르면서 자취를 감추고 말았다.

제주도의 전통적인 모자 '털벌립, 정동벌립, 대패랭이', 그리고 삿갓은 기능과 실용을 강조한 남녀 공유물이었고, 한반도의 전통적인 모자인 갓은 권위와 멋을 강조한 남성 전유물專有物이었다. 제주도는 권위와 멋을 강조한 모자를 쓰고 다니는 남정네는 보기 드문 섬이었다.

이런 신
저런 신

이원진李元鎭, 1594~1665은 《탐라지耽羅志》에서, 제주도 사람들은 "남녀 모두 짚신[草履] 신기를 좋아한다."라고 하였다. 짚신은 볏짚으로 만든 신이다. 제주도는 논이 귀한 섬이니, 볏짚으로 만든 짚신도 귀할 수밖에 없었다. 제주도의 전체 경지면적耕地面積 중에서 논이 차지하는 비중은 0.5% 정도이니, 제주도는 볏짚 구하기가 어려웠다. 제주도의 짚신은 볏짚이 어려운 곳에서 탄생하였다. 제주도 사람들은 짚신을 어떻게 만들었을까. 몇 사례를 들여다보고자 한다.

[사례1] 서귀포시 안덕면 감산리 오임규1939년생, 남 씨

이 마을 사람들은 '안골'과 '홍골' 등에서 논농사를 짓는 경우가 많았다. 그러니 이 마을 사람들은 볏짚으로 짚신을 만드는 경우가

많았다. 볏짚으로 삼은 신을 '짚신' 또는 '초신'이라고 하였다[도1-6].

[사례2] 제주시 건입동 고봉만^{1931년생, 남} 씨

짚신 재료는 볏짚과 밭벼의 짚이다. 그중에서도 볏짚이 월등하다. 볏짚으로 삼은 짚신은 밭벼의 짚으로 삼은 짚신보다 질길 뿐만 아니라 부드러웠다. 그러나 짚신을 만들 볏짚을 구하기는 간단하지 않았으니, 밭벼의 짚으로 짚신을 만드는 경우가 많았다. 제주도 사람들은 밭 주위를 돌담으로 에두르는 경우가 많았다. 돌담 가까운 곳에는 햇볕이 덜 들기 마련이었으니, 이런 곳에 농사를 짓더라도 알곡이 알차지 못하였다. 그러니 돌담 가까운 쪽에 짚신을 만들 밭벼의 짚을 얻을 목적으로 밭벼를 심는 경우가 더러 있었다. 밭벼에 재거름이나 오줌 거름을 비교적 많이 주었다. 그러면 밭벼의 여물은 알차지 못하지만 줄기는 훤칠하게 자랐다. 이렇게 가꾼 밭벼의 짚으로 짚신을 만드는 경우가 많았다.

[사례3] 제주시 애월읍 봉성리 안봉하^{1921년생, 남} 씨

'굴묵낭'^{느티나무} 잔뿌리를 '굴묵낭발', 다래낭^{다래나무} 잔뿌리를 '다래낭발', 그리고 '솔피낭'^{쇠물푸레나무} 잔뿌리를 '솔피낭발'이라고 하였다. '굴묵낭발', '다래낭발', '솔피낭발'의 잔뿌리로 짚신처럼 신을 만들었다. '굴묵낭발'로 짚신처럼 만든 신을 '굴묵낭발신', '다래낭발'로 짚신처럼 만든 신을 '다래낭발신' 그리고 '솔피낭발'로 짚신처럼 만든 신을 '솔피낭발신'이라고 하였다.

도1-6 초신(짚신)
볏짚으로 만든 짚신이다. 감산리(안덕면) 민속자료실에 전시하고 있다.

[사례4] 제주시 건입동 고봉만[1931년생, 남] 씨

칡넝쿨을 솥에서 푹 삶고 나서 물에서 빨아 섬유질을 뽑아냈
다. 이를 '정갈피'라고 하였다. '정갈피'로 짚신처럼 신을 만들었는
데, 이를 '정갈피신'이라고 하였다.

[사례5] 제주시 애월읍 상가리 현원경[1921년생, 남] 씨

말의 가죽을 잘게 오린 것을 '갑실'이라고 하였다. '갑실'로 짚신
처럼 신을 만들었는데, 이를 '갑실신'이라고 하였다. '갑실' 모양은
마치 '국수'를 닮았다고 하여 '국수신'이라고도 하였다[도1-7].

제주도에는 다양한 재료로 짚신처럼 만든 신이 전승되었다. 볏
짚, 밭벼의 짚, 칡넝쿨, 나
무의 잔뿌리로 신을 만들
었다. 신을 만들기에 앞
서 모든 재료를 잘 다졌
다. 그 도구는 '덩드렁'과
'덩드렁마께'였다. '덩드
렁'은 집 안에서 짚 따위
를 방망이로 두드려 부드

도1-7 갑실신 홍성오 소장.

32

도1-8 짚신 만들기 1950년대, 홍정표 촬영.
한 노인이 짚신을 만들고 있다. 바닥을 겯는 짚에서 새로 비벼 '신깍'(총)을 내어 만들고 있다. 이런
신을 '붓깍신' 또는 '냄깍신'이라고 한다.

럽게 하려 할 때 받치는 둥그렇고 미끈하게 생긴 돌멩이다. '덩드
렁마께'는 '덩드렁'에서 짚 따위를 두드리는 방망이다.

　볏짚과 밭벼의 짚인 경우다. 짚을 잘게 줄로 묶었다. 이때의 줄
을 '무께'라고 하였다. 짚단의 밑동을 물에 축이면서 '덩드렁마께'
로 대충 두드려 뻣뻣한 것을 부드럽게 만들어 놓았다. 이를 '무스
른다'고 한다. 밭벼의 짚을 '무스르고' 나서 '무께'로 고쳐 묶고 다
시 '덩드렁마께'로 두드렸다. 한 장의 사진 속에서 짚신 삼는 과정
의 대강을 들여다보기로 한다[도1-8].

① 짚신의 세로로 놓는 줄을 '신날'이라고 한다. '신날'은 비교적 질긴 재료로 꼬아 만들기도 한다. 한 발 길이의 '신날'을 넷으로 곱치고 엄지발가락에 걸친다. 그리고 '신날'에 의지하여 신발의 바닥을 엮는다. 신의 바닥을 '신창'이라고 한다.

② 짚신의 양편 신울을 '깍'이라고 한다. 앞쪽 2~3개 정도를 '앞깍', 뒤쪽 25~30개 정도를 '뒷깍'이라고 한다.

③ 엄지발가락에 걸었던 4개의 '신날'을 두 개씩 겹쳐 '뒤치기'(뒤축)를 세운다. 신을 다 만든 뒤에 신골로 모양을 고르고 다듬는다. '신골'은 '앞골', '뒷골', '알기'(쐬기)로 구성되었다. '앞골'과 '뒷골'은 같고 신 크기에 따라 알맞은 '알기'를 쳐서 팽팽히 펴주었다.

볏짚과 밭벼의 짚으로 짚신 만들기 방법에 따라 다음과 같이 여러 가지 신들이 전승되었다.

① **신깍신**: '신깍'을 성기게 내어 만든 짚신이다. 짚신을 급히 만들어 상(喪)을 당한 상주들이 신는 경우가 많았다.

② **붓깍신**: 짚신을 만들 때, 바닥을 겯는 짚에서 새로 비벼 '신깍'을 내어 만든 짚신이다. 달리 '냄깍신'이라고도 하였다.

③ **튼깍신**: 짚신을 만들 때 '신깍'을 따로 비벼놓고 신 바닥 사이사이에 끼워 만든 짚신이다. '튼'은 '다르다'[異]의 제주어 '튼나다'에서 온 말이다.

④ **미투리**: 볏짚의 껍질을 벗겨낸 '소독'만으로 신깍을 삼아 곱
게 만든 짚신이다.

짚신의 수명은 얼마일까. 상가리^{애월읍} 현원경^{1921년생, 남} 씨에게
가르침 받았다.

제주도는 화산섬이다. 화산섬의 길바닥은 거칠다. 짚신은 쉬 닳
아버렸다. 짚신 한 켤레의 수명은 보통 15일 정도였다. 그러니 한
사람이 1년에 24~30켤레 정도가 필요하였다. 짚신을 만드는 일은
남정네의 몫이었다. 식솔을 많이 거느리고 있는 집에서는 날마다
신을 만들었다.

짚신의 주재료는 볏짚이었다. 제주도는 볏짚이 귀한 곳이다. 그
러니 밭벼의 짚, '정갈피', 나무뿌리의 세근細根인 '발', 그리고 동물
의 가죽에서 오려낸 '갑실' 따위의 다양한 재료로 짚신처럼 신을
만들어 신었다. 제주도의 신[鞋]은 볏짚이 매우 귀한 곳에서 탄생
한 것들이었다.

방아의
변천사

방아는 "곡식 따위를 찧거나 빻는 기구나 설비를 통틀어 이르는 말"이다. 원초경제사회 때 겉곡을 찧거나 알곡을 빻는 일은 여성들의 몫이었다. 여성들이 발힘으로 찧고 빻는 대표적인 도구는 디딜방아, 손힘으로 찧고 빻는 대표적인 도구는 절구였다. 디딜방아나 절구는 겉곡을 찧거나 알곡을 빻는 도구이다. 한반도 백두대간 동쪽에는 디딜방아가 비교적 많이 전승되었고, 백두대간 서쪽에는 절구가 비교적 많이 전승되었다.

제주도 방아는 남방아 → 말방아 → 기계방아 시대로 변천되었다. 이 글의 목적은 제주도 방아의 변천사를 들여다보려는 것이다.

남방아 시대

제주도에는 '남방아'가 전승된다. '남방아'는 손힘으로 찧는 도구이다. 제주도 '남방아'는 손힘으로 찧거나 빻았다는 점에서, 한반도 백두대간 서쪽에 비교적 많이 전승되었던 절구와 같은 계통의 것이다.

김정金淨, 1486~1520은 《제주풍토록濟州風土錄》에서, 제주도에는 '유구무용'有曰無舂, 곧 "'남방아'는 있으나 디딜방아는 없다."라고 하였다. 그리고 이원진李元鎭, 1594~1665은 《탐라지耽羅志》에서, 제주도에는 "디딜방아砧碓가 없다. 오직 여인네들이 목구木臼에서 곡식을 찧는다無砧碓 唯女人手擣木臼."라고 하였다.

김정金淨이 지적한 '구'臼와 이원진李元鎭이 지적한 '목구'木臼는 다름 아닌 '남방아'이다[도1-9]. 국립국어원은 《표준국어대사전》에서, 다음과 같이 '남방아' 뜻을 풀었다.

> 제주도에서 볼 수 있는 나무 방아통. 네모지고 나지막한 받침 위에 지름 70~150cm의 함지박 모양의 나무통을 붙이고 여기에 지름 20cm, 깊이 20cm가량의 돌절구를 끼워 넣은 뒤 나무 공이로 곡식을 찧는다.

제주도 사람들은 '남방아'에 끼워 넣은 돌절구를 '방에혹'이라고 한다. '방에혹'은 방아확이라는 말이다. 그리고 나무 공이를 '방엣

도1-9 세콜방애 1914년, 토리이 류우조오(鳥居龍藏) 촬영.
세 여인이 '남방아'에서 쌀을 빻아 가루를 만들고 있는 모양이다.

귀'라고 한다. '방엣귀'는 '도애낭'복숭아나무으로 만든 것을 으뜸으로
쳤다. '남방아'의 지름은 70~150cm라고 하였으니, 제주도의 여인
들은 하나의 '남방아'에 세 사람 또는 다섯 사람이 둘러서서 '방엣
귀'가 부딪치지 않게 간격을 맞추어가며 겉곡을 찧거나 알곡을 빻
았다.

조선조 영조 41년[1765]에 편집된 《증보 탐라지增補耽羅誌》김영길 번역
본 〈풍속風俗〉에서는, '남방아' 노래[杵歌]는 "소리가 고달프다聲苦."라

고 하면서, 다음과 같이 지적하였다.

> 지방 풍속이 노역하는 일은 모두가 여자에게 시킨다. 두세 사람이나 네댓 사람이 함께 같은 '남방아'를 찧으면서 노래를 부르는데 음조가 매우 곤고(困苦)하게 느낀다. 'ᄀ레'(맷돌)를 돌리며 부르는 노래도 또한 그렇다.(土風 凡勞役之事皆使女. 或二三人 或四五人 搗一臼, 必發相杵之歌 音調甚苦. 旋磨之歌亦然.)

제주도 사람들은 여자 2~3명이 찧을 수 있는 정도의 '남방아'를 '세콜방애', 여자 4~5명이 찧을 수 있는 정도의 '남방아'를 '다섯콜방애'라고 한다. 제주도 여자들은 '남방아'를 찧거나 빻고, 'ᄀ레'맷돌를 갈 때, 노래 부르기를 좋아하였다. '남방아'를 찧으면서 부르는 노래를 '방아노래', 'ᄀ레'를 갈면서 부르는 노래를 'ᄀ레노래'라고 한다. '방아노래'와 'ᄀ레노래'는 비정형非定型의 노래이다.

'남방아'에서는 ①밭벼나 나락의 껍질을 벗겨 찹쌀과 볍쌀을 만드는 일, ②조의 껍질을 벗겨 좁쌀을 만드는 일, ③가루를 만들려고 알곡을 빻는 일, ④보리의 껍질을 벗겨 보리쌀을 만드는 일 등을 이루어냈다. 그러다가 '말방아' 시대에 접어들면서부터 이 일들은 점차 '남방아'에서 멀어졌다.

'말방아' 시대

제주도 사람들은 연자방아를 '물방이', '물방애', '물 ᄀ레'라고 하지만, 이 글에서는 '말방아'라고 한다. 제주도 연자방아는 '말방아'라는 이름으로 중요민속문화재 제32호^{1975년 10월 13일}로 지정되었기 때문이다. '말방아'는 제주도의 원초적인 탈곡脫穀과 도정搗精의 도구는 아니었다. 《증보 탐라지增補耽羅誌》김영길 번역본가 편집된 조선조 영조 41년¹⁷⁶⁵까지만 하더라도 제주도에는 '말방아'가 전승되지 않았기 때문이다.

제주도에서 '말방아' 시대는 언제부터 시작되었을까. 1998년 8월 29일, 제주특별자치도 명월리^{한림읍} 김응하^{1922년생, 남} 씨는 나에게 제주도에서 '말방아' 시발점이 가늠되는 전설을 들려주었다.

1858년에 프랑스 군함이 비양도(飛揚島)에 나타났다. 명월진(明月鎭) 병사들은 배를 타고 군함이 있는 곳으로 총을 겨누고 다가갔다. 제주 목사는 명월진 만호(萬戶) 양정훈(梁廷勳)에게 프랑스 군함 동태를 철저히 헤아려 보고하라고 명령하였다.

만호 양정훈은 배를 타고 프랑스 군함으로 갔다. 프랑스 군함에서는 명월진 병사들에게 총을 겨누며 접근을 막았다. 만호 양정훈은 웃옷을 걷어 배를 내밀며 '쏘아라!'라고 하며 당당하게 다가갔다. 그제야 프랑스 군함의 군인들은 총을 거두고 승선을 허락하였다.

프랑스 군함 함장은, "지금 태풍 경보 발효 중이니 며칠만 제주도 연근해에 정박하겠다."라고 하였다. 그리고 제주도 연근해에 정박해 있는 동안 제주도에 상륙하고 견학하고 싶다는 뜻을 밝혔다. 만호 양정훈은 프랑스 군함 군인들에게 상륙을 허락하였다.

프랑스 군함 함장 일행은 지금의 제주특별자치도 명월리(한림읍)로 들어섰다. 프랑스 군함 함장은 이 마을 부녀자들이 '남방아'를 찧고 빻는 것과 'ᄀ레'를 돌리는 모습을 찬찬히 들여다보다가, 그 자리에서 '말방아' 설계도 그린 것을 양정훈에게 주면서, 이렇게 만들어보기를 권하였다. 만호 양정훈은 석공을 시켜 설계도대로 '말방아'를 만들었고, 이 마을 2,141번지에 설치했다. 역시 '말방아'는 '남방아'보다 편하고 능률적이었다. 이것이 제주도 최초의 '말방아'였다.

'남방아'에서 고작 보리 두 말을 놓고 두어 시간을 찧어야 하는 것을 '말방아'에서는 같은 시간 안에 여덟 말을 찧을 수 있었다. '말방아'는 '남방아'보다 그 능률이 네 배나 뛰어났다. 그 소문은 온 섬으로 퍼졌고, 제주도 마을마다 '말방아'를 만들어 세우기에 이르렀다.

나는 이 전설에서 제주도 '말방아' 시발점은 1858년이라는 점에 주목하고자 한다. 제주도 명월리^{한림읍}에 제주도 최초 '말방아'가 세워진 1858년부터 12년이 지난 1870년^{同治 9} 제주특별자치도 신풍리^{성산읍}에서는 '말방아'를 세웠다는 〈입록〉^{立錄}이 전승된다. 이

〈입록〉은 2013년, 제주특별자치도민속자연사박물관 제123회 특별전 〈제주의 옛 문서〉에서 소개되었다. 〈입록〉의 대강은 다음과 같다.

원래 이 마을에는 '말방아'[機碓]가 없어 '남방아'[杵臼]에서 도정[搗米]하고 'ᄀᆞ레'[磑]에서 가루를 내니, 아녀자들의 수고로움이 너무 커 그 노래와 그 소리의 슬픔이 마치 곡소리[哭聲]와 같았다. '말방아' 접원接員은 각각 쌀 2말씩 갹출하여 '말방아' 설치 자금을 마련하고, 마침내 비 오는 때를 틈타 '말방아'[馬機] 한 틀을 만들고 설치하여 대대로 사용하기에 이르렀다. '말방아' 접원은 모두 22명으로 구성되었고, 〈입록〉 내용은 다음과 같다[도1-10].

一. 입참원(入參員)이 사후(死後)에는 장자 또는 장손이 대립

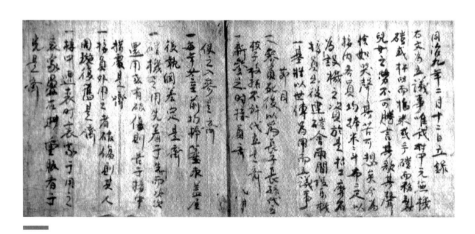

도1-10 1870년(同治 9) 제주특별자치도 신풍리(성산읍) '말방아' 입록(入錄)

(代立)하고 지자(枝子) 또는 지손(枝孫)은 대립을 불허한다.

一. 신참(新參)할 때는 접원(接員)의 동의를 받아 입참(入參)시킨다.

一. 매년 동지(冬至) 전에 '새'[茅] 다발[束]을 갹출하여 지붕을 이고 나서, 집강(執綱)을 선출한다.

一. 말방아[磑機] 사용은 선착(先着)을 우선하고, 파손이 되면 접중(接中)에 보고하고 조처(措處)한다.

一. 접원(接員) 아닌 사람이 사용하다가 파손하면 그 사람이 복구해놓아야 한다.

一. 접원(接員) 중에 상을 당하면 상가에서 우선 사용하되, 상가가 여러 집일 경우에는 접원 중에서 중복(重服)의 상을 당한 자가 우선 사용한다.

제주특별자치도 신촌리^{조천읍}의 외딴 동수동東水洞은 1911년에 설촌되어 오늘에 이른다. 동수동에는 설촌 유래 필사본《동호사기수집東湖舍記蒐集》도 전승된다.³⁾《동호사기수집》은 1911년부터 1930년까지의 기록이다. 그 속에는 〈'말방아' 만든 노역〉^{磨硳役}도 들어있는데, 그 내용은 다음과 같다[도1-11].

3) 김영길(2015),《國譯 東湖舍記蒐集 - 設東水洞由來記》.

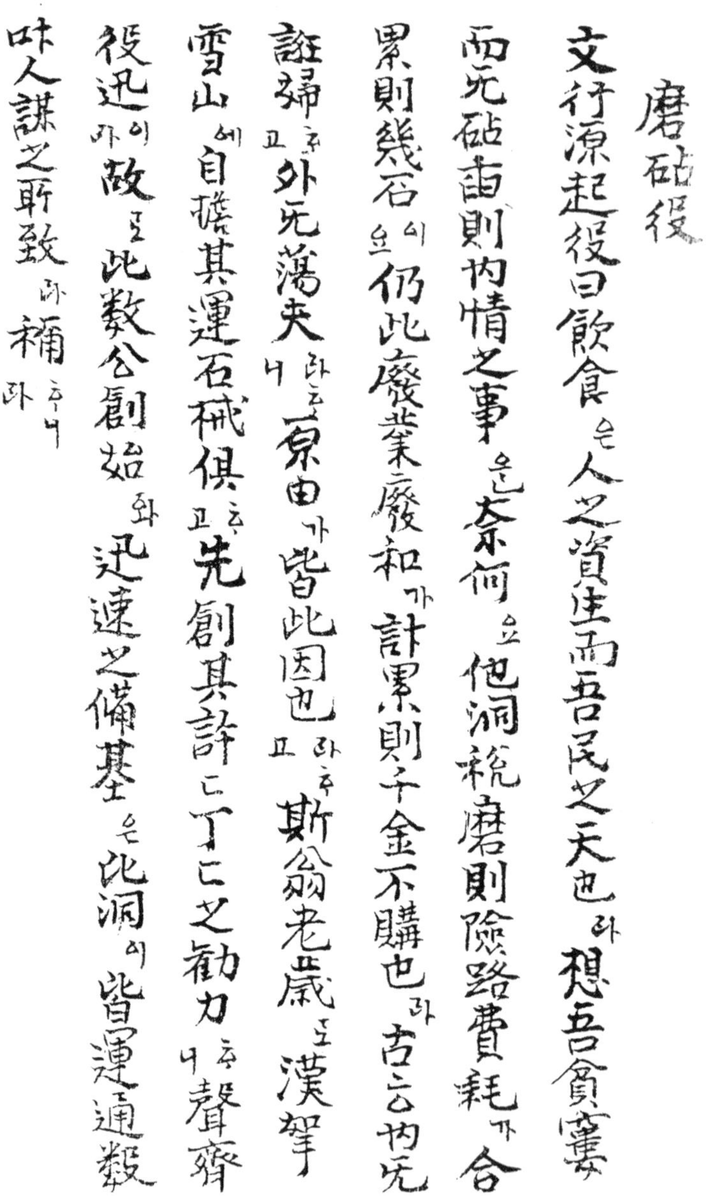

磨砥役

文行源起役曰飲食은 人之資生而吾民之天也라 想吾貧襄

而无砥磑則内情之事은 奈何오 佃洞稅磨則險路費耗가 合

累則幾石오 仍此廢業廢和가 計累則千金不購也라 古云内兒

誼婦고호며 外无蕩夫니라 原由가皆此困也라 야 斯翁老歲로 漢掌

雪山에自擔其運石碱俱고 先創其許ㄴ丁乙之勤力니 야聲齊

役迅이故로此數公創始와 迅速之備基은此洞이皆運通穀

吐人謀之新致가 補라

도1-11 말방아 만든 노역 磨砥役.

문행원(文行源)이 일을 시작하면서 말했다.

"음식은 사람의 생명을 돕는 것이며 우리 백성에게는 아주 중요한 것이다. 우리가 가난하여 곡식 찧을 '말방아'도 없는 것을 생각하면 그 속사정이 어떠하겠는가. 다른 마을의 '말방아'를 세내고 찧으려면 험한 길과 소비되는 비용이 합하여 여러 '석'(石)이 되는데, 이에 따라 일을 못하게 되고 화합이 깨지는 폐해를 계산하면 천금을 주고도 바꾸지 못하는 것이다. 옛적에 안으로 속이는 부인이 없어야 하고, 밖으로 방탕한 남편이 없어야 하거늘, 여기에서 연유하게 된다."

이 노인이 나이가 많은데도, 눈 덮인 한라산에 가서 스스로 도맡아 돌을 나를 도구를 갖추고 앞장서서 어영차 탕탕 힘을 돋우니 함께 소리를 맞추어 일이 신속하게 이루어졌다. 그러므로 이 몇 어른의 일 시작과 신속하게 터를 닦은 것은 이 마을 모두가 운수가 통하고 사람의 계책이 화합한 까닭에 이룬 것이라고 칭찬한다. **4)**

제주도 '말방아'는 한국 본토에서 전승되는 연자방아처럼 둥글고 넓적한 돌판 위에 그보다 작고 둥근 돌을 세로로 세워서 이를 마소 또는 사람이 끌게 하여 겉곡을 찧고 알곡을 빻았다.

---

4) 김영길(2015), 《國譯 東湖舍記蒐集 - 設東水洞由來記》, 103-103쪽.

③ 중수리
② 웃돌
④ 틀목
① 알돌

도1-12 제주도 '말방아'의 구조 1950년대, 제주도, 홍정표 촬영.
말의 힘으로 '말방아'를 돌리며 조 이삭에서 낟알을 떨어내고 있다.

　제주도 '말방아'는 여러 개의 부품으로 구성되었다. 제주도에서
전승되는 '말방아' 구조는 다음과 같다. '말방아' 사진 한 장을 바
탕으로 그 구조를 들여다보고자 한다[도1-12]. '말방아'의 구조는
김영돈의 글을 참고하였다.**5)**

---

5) 김영돈(1984), 〈제주도 연자매(ᄆᆞᆯ방애)〉, 《濟州島硏究》第一輯, 濟州島硏究會,
　　323-364쪽. 〈제주도 연자매(ᄆᆞᆯ방애)〉는 문화재관리국에서 1975년 3월에 간행한
　　《民俗資料調查報告 第43號 硏子磨》를 바탕으로 그대로 옮긴 글이다. 1975년 10월
　　13일, 문화재관리국은 이 글을 바탕으로 애월읍 하가리 '잣동네말방아'와 애월읍
　　신엄리 '당거리동네말방아'를 중요민속문화재 제32호로 지정, 보호하기에 이른다.

① **알돌**: '말방아' 아래쪽에 있는 둥글고 넓적한 돌판이다. 달리 '바닥돌', '알착'이라고도 한다. '바닥돌'은 '말방아' 바닥에 있는 돌, '알착'은 '말방아' 위아래가 한 벌을 이루는 아래쪽 '착'짝이라는 말이다. '알돌'은 땅바닥에 고인 여러 개 돌덩이 위에 얹혀 있으며, 안쪽이 우묵하다. 가장자리에는 뱅 돌아가며 판판하게 다듬은 돌멩이 10개 정도를 붙인다. 이때의 돌멩이를 '천돌'이라고 한다. '천돌'과 '천돌' 사이는 시멘트로 바른다. 시멘트가 일상생활에 활용되기 이전에는 진흙과 솜을 이긴 것을 발라 붙였다.

② **웃돌**: '웃돌'은 '말방아'의 '알돌' 위에 있는 둥근 돌이다. '웃돌' 안쪽 지름은 82cm, 바깥쪽 지름은 95cm 정도이다. 그래야 '알돌' 위에 세로로 선 채 원을 그리며 빙빙 돌아가게 된다. '웃돌' 안쪽 한가운데 구멍이 있는데, 이를 '장통구멍'이라고 한다.

③ **중수리**: '말방아'의 '알돌' 복판에 세워진, 굵고 긴 나무이다. '중수리' 나무는 가시나무를 으뜸으로 친다. 제주도 사람들은 '맷수쇠' 맷돌의 아래짝 한가운데에 박은 뾰족한 쇠나무를 'ᄀ렛중수리'라고 했다.

④ **틀목**: '틀목'은 틀을 만드는 나무이다. '틀목'은 '앞틀목'과 '뒷틀목'으로 구성된다. '앞틀목'은 '웃돌' 안쪽에 있는 '틀목'이고, '뒷틀목'은 '웃돌' 바깥쪽에 있는 '틀목'이다. '앞틀목'과 '뒷틀목' 사이에 가로로 지른 나무를 'ᄀ른틀목'이라고 한다. '앞틀목'에는 '장통좃'이 있다. '장통좃'은 '웃돌'의 '장통구멍'에 들어가 암수 짝을 이룬다. 그리고 '앞틀목' 가운데 구멍을 '틀목구멍'이라고 한다. '틀목구멍'은 '중수리'에 들어간다. 그리고 '앞틀목'과 '뒷

틀목'에는 각각 하나씩 긴 나무를 박아놓았다. 이를 '채경'이라고 한다. 마소나 사람이 '채경'을 끌고 밀며 '틀목'을 빙빙 돌린다. 이때 '웃돌'도 돌아가게 된다.

제주도 사람들은 '말방아'를 이용해, ①조 이삭에서 낟알을 떨어내는 일, ②보리의 껍질을 벗겨 보리쌀을 만드는 일, ③밭벼나 나락의 껍질을 벗겨 찹쌀과 멥쌀을 만드는 일, ④가루를 만들려고 알곡을 빻는 일 등을 이루어냈다. 그래서 ①과 ②의 일은 거의 마소의 힘으로 이루어내는 경우가 많았다[도1-13]. 그리고 ③과 ④의 일은 사람의 힘으로 이루어내는 경우가 많았다[도1-14].

제주도의 '말방아'와 'ᄀᆞ레'는 겉곡을 찧고 알곡을 빻는 도구이다. '말방아'와 'ᄀᆞ레'는 실과 바늘 같은 존재였다. 몇 사례를 통하여 '말방아'와 'ᄀᆞ레'의 보완관계補完關係를 들여다보고자 한다.

[사례1] 제주시 구좌읍 송당리 김두향1923년생, 남 씨

피[稷] 도정은 '남방아'나 '말방아'에서만 이루어냈다. 피는 '남방아'에서 한꺼번에 소두小斗 1말 정도 넣고 찧었다. '남방아'에서 피를 찧어 핍쌀 만드는 일을 '능근다'고 한다. '남방아'에서 피 능그는 일을 '피방아'라고 한다. '남방아'에서 피를 일곱 번 찧어야 핍쌀이 나온다. '피방아' 찧기 2회째까지는 '푸는체'키로 푸면서 피와 껍질을 분리하는 일만 하다가, 3회째부터서야 핍쌀이 나온다.

3회째부터는 '푸는체'로 껍질을 날려 버리고 나서 '거름체'로 친

도1-13 '말방아'에서 조 이삭의 낟알 떨어내기 1950년대, 제주도, 홍정표 촬영.
말의 힘으로 '말방아'를 돌리며 조 이삭에서 낟알을 떨어내고 있다.

도1-14 '말방아'에서 알곡 빻기 1950년대, 제주도, 홍정표 촬영.
사람의 힘으로 '말방아'를 돌리며 가루를 만들려고 알곡을 빻고 있다.

다. '거름체'는 쳇불의 눈이 '총체'^{마소의 총으로 눈이 좀 굵게 쳇불을 짜서 메운}

체보다는 굵고, '대체'가^{댓개비로 쳇불을 짜서 메운} 체보다는 작은 것이다. '거름체'는 쳇불 코의 크기에 따라 '줍진거름체'와 '흙은거름체'로 구분한다. '줍진거름체'로 치면 으깨진 핍쌀은 빠진다. 이때의 핍쌀을 '아시피쏠'이라고 한다. 다시 '흙은걸음체'로 치면 온전한 핍쌀이 빠진다. 이때의 핍쌀을 '무거리피쏠'이라고 한다. 다시 피를 '남방아'에서 찧고 나서, 똑같은 방법으로 '아시피쏠'과 '무거리피쏠'을 구분한다.

[사례2] 제주시 구좌읍 행원리 홍복순^{1931년생, 여} 씨

보리 도정은 '남방아'^{또는 '말방아'}와 'ㄱ레'^{맷돌}에서 이루어냈다. '남방아'에서는 보리 1말, '말방아'에서는 보리 7말을 한꺼번에 넣고 2시간 정도 찧는다. 어느 경우나 보리에 물을 적신다. '남방아'나 '말방아'에서 찧어낸 보리쌀은 멍석 따위에 널어 말린다. 어느 정도 말린 보리쌀을 'ㄱ레'에서 갈았는데, 이런 일을 '보리쌀 벌른다'고 한다[도1-15].

그럴 때마다 '대체'로 친다. 온전한 보리쌀은 '대체' 안에 남고, 으깨진 것은 '대체'의 쳇불로 빠진다. 온전한 보리쌀을 '통보리', 두 조각으로 으깨진 보리쌀을 '굽쏠', 서너 조각으로 으깨진 보리쌀을 '줌쏠'이라고 한다. '통보리'와 '굽쏠'로는 밥을 짓고, '줌쏠'은 좁쌀과 섞어 밥을 짓거나 보릿가루와 섞어 수제비를 만들기도 한다.

[사례3] 제주시 조천읍 선흘리 이문자[1929년생, 여] 씨

메밀 도정은 'ᄀ레'에서만 이루어냈다. 'ᄀ레'에서 메밀껍질을
벗기거나 애벌 가는 일을 '검판다'고 한다. 메밀을 '검필' 때는 'ᄀ
레' 홈에 듬뿍듬뿍 많이 넣고 간다. 이때마다 '체'로 쳐서 걸러내
고, '푸는체'[키]로 까부르며 껍질을 날려 버린다. 'ᄀ레'에서 갈고 '체'
로 쳐서 걸러내고, '푸는체'로 까부르기를 12회 정도 반복한다. 온
전한 메밀 쌀을 '모물쏠', 으깨진 메밀 쌀을 '스레기쏠', 가루를 '는
쟁이'라고 한다.

사례1~3에서처럼 피, 조, 나락[또는 밭벼] 도정 도구는 '남방아'[또는 '말
방아'], 보리 도정 도구는 '남방아'[또는 '말방아']와 'ᄀ레', 메밀의 도정 도
구는 'ᄀ레'이다.

기계방아 시대

　기계방아는 기계의 동력으로 찧는 방아이다. 제주도에서 기계
방아는 언제부터 시작되었을까. 1939년 5월 25일, 타카하시 노보
루高橋昇는 그 당시 제주읍 외도리 월대마을 이성관[1892년생,남] 씨의
벼 방아 내용을 다음과 같이 기록하였다.

　　3섬 5말 가운데 '말방아'로 1섬, 기계방아로 2섬 5말을 찧는다.
　'말방아'로 찧기는 여자 1명, 남자 1명, 말 1마리로 10시간. 마을
　안에 있는 '말방아'로 사용료는 공짜, 그러나 한 해에 띠 1단(해
　에 따라 5~10전, 지난해는 1단 10전)을 낸다. 1섬의 벼를 2번에
　나눈다. 한 번에 5시간 걸린다.
　　기계방아 찧기는 마을 안에 기계방아를 찧는 사람이 있다. 집
　에서 218m. 거기에 가져가면 10말에 30전으로 찧어준다. 도정수
　율(搗精收率)은 약 50%이다. '말방아'로도 똑같지만, 그것으로
　하면 싸라기가 많아져서 기계방아로 하는 쪽이 돈을 내기는 하
　나 더 유리하다고 한다.[6]

　1939년 5월 25일, 제주시 외도리 월대마을 사람들은 '말방아'와
기계방아에서 동시에 방아를 찧고 있었다. 이 마을 이성관 씨는

6) 타카하시 노보루(高橋昇, 1998), 《조선반도의 농법과 농민》, 308쪽.

벼 3섬 5말 중에서 1섬은 '말방아', 2섬 5말은 기계방아에서 찧었으니 말이다. '말방아'는 이성관 씨를 비롯한 이웃과 공동 소유의 것이었다. 그래서 '말방아' 사용료는 공짜라고 하고 있다.

벼 1섬을 두 번에 나누어, 그러니 한 번에 5말씩 '말방아'를 찧었는데, 모두 10시간이 걸렸다. 그리고 벼 2섬 5말은 1섬에 30전씩 주고 기계방아에서 찧었다. '말방아'나 기계방아의 도정수율搗精收率은 50%였다. 그러나 '말방아'에서는 싸라기가 많이 나오니, 돈을 주어서라도 기계방아에서 찧는 것이 유리하다는 것이다.

1950년대에 이르러 제주도 사회의 기계방아 건설은 대세를 이루었다. 1915년부터 마을 규모를 갖춘 신흥리조천읍의 경우를 《신흥리지新興里誌》에서 보면, 1955년에 8월부터 마을 공동 소유의 기계방아가 돌아가고 있었으니 말이다.

이 마을 출신 재일교포 이용준李用俊은 고향 마을에 기계방아 건설 자금 30만 원을 희사하였다. 이 마을 사람들은 힘을 모아 지금의 '큰물' 서쪽 마을 공유지에 기계 방앗간을 지었다 [도-16]. 이 마을 기계방아는 신흥리 사람들이 공동으로 소유하고 있었는데, 1955년 음력 8월부터 기계방아에서 겉곡을 찧고, 알곡을 빻기 시작하였다.[7]

---

7) 북제주문화원(2007), 《新興里誌》, 180-182쪽.

도1-16 신흥리(조천읍) 기계 방앗간 1950년대, 고광민 소장.
신흥리 기계 방앗간 앞마당 한쪽에는 '말방아' 윗돌 2개가 놓여 있다. 이 마을에 기계 방앗간이 들어
서면서 '말방아' 시대는 끝이 났음을 보여주고 있다. 그리고 우측 대문 위에는 '지역사회개발계 정미
소', 그리고 좌측 대문 위에는 '너도나도 협동하여 육성하자 우리 정미소 / 나가 내는 정미료 번영한
다 이 마을'이라는 문구가 보인다. 신흥리 기계 방앗간 앞마당에서는 이 마을 아낙네들이 미역을 널
고 있다.

제주도 방아의 변천사는 다음과 같이 요약된다. 제주도의 원초
적 방아는 '남방아'였다. 제주도 '남방아'는 손으로 찧고 빻았다는
점에서, 한반도 백두대간 서쪽에 비교적 많이 전승되었던 절구와
같은 것이었다.

한국 중요민속문화재 제32호^{1975년 10월 13일}로 지정된 '말방아'는
제주도의 원초적인 탈곡脫穀과 도정搗精 도구는 아니었다. 제주특별
자치도 명월리^{한림읍}에서 전승되는 전설 자료에 따르면, 1858년에

명월리한림읍 2,141번지에 세워진 '말방아'가 제주도 최초의 것이었다. '말방아'는 '남방아'보다 능률이 뛰어났기 때문에 제주도 여러 마을로 퍼졌다. 제주특별자치도 신흥리조천읍 외딴 동수동東水洞의 경우는 1911년부터 1930년 사이에 '말방아'를 세우기도 하였다.

제주도 기계방아는 1939년 5월 25일, 타카하시 노보루高橋昇의 제주읍 외도리 월대마을 이성관 씨 논벼 재배법 속에 기록되어 있다. 이것은 제주도 기계방아의 시발점인지도 모른다. 이 씨는 3섬 5말의 벼 중에서 1섬은 '말방아'에서, 2섬 5말은 기계방아에서 찧었다. 그리고 도1-16의 사진은 제주도 '말방아'의 종언을 상징적으로 보여준다. 1955년 8월부터 발동되었다는 제주특별자치도 신흥리조천읍 기계 방앗간의 앞마당에는 '말방아' 윗돌 2개가 놓여 있으니 말이다.

초가집
구석구석[8]

1970년 4월 22일, 제주도에도 새마을운동을 알리는 '새벽종'이 울렸다. 마을 길은 곧고 드넓게, 그리고 옛 살림집을 헐어내고 그 자리에 콘크리트 집을 반듯반듯 지어나갔다. 1977년에는 '신제주'라는 신도시에 아파트가 세워지기 시작했다. 지금은 콘크리트 집과 아파트가 제주도를 덮고 있다.

제주도 콘크리트 살림집의 공간구조는 한국 여느 살림집의 그것과 크게 다르지 않으니, 제주도 주생활 문화를 들여다보려면 지금이라도 제주도 초가집을 들여다볼 수밖에 없다. 제주도 초가집은 제주문화가 지어놓은 집이기 때문이다.

---

8) 이 글은 《濟州學》 제4호(1999년 겨울)에 발표하였던 〈옛 살림집 들여다보기〉를 수정, 보완한 것이다.

제주도 초가집 구석구석을 들여다볼 수 있는 사진 몇 장을 들고 제주도 이곳저곳을 주유하면서 어르신들에게 가르침 받았다. 이를 통해 제주도 초가집 사진 속에 들어 있는 도구들도 들여다보게 될 것이다.

올레에 세운 구멍 난 돌기둥

'올레'는 집으로 들어가는 길이라는 말이다. 제주도 사람들은 초가집 '올레'에 대문 대신 긴 나무 막대를 가로로 걸쳐 놓을 수 있는 돌

도1-17 '주먹돌'이 있는 제주도 초가집 올레 1950년대, 홍정표 촬영.
① 마을길에서 집으로 들어가는 좁은 길을 '올레'라고 하였다. ② 올레 어귀에 댓돌을 앉혔다. ③ 그 위에 구멍 난 돌기둥을 세웠다. 이때의 돌기둥을 '주먹돌' 또는 '정주먹'이라고 하였다. ④ 주먹돌에 가로로 걸쳐 놓는, 길고 굵직한 나무를 '정낭'이라고 하였다. '정낭'은 습기에 비교적 질긴 '노가리낭'[朱치]으로 만들었다.

기둥을 양쪽에 세우는 경우가 있었다. 이때의 돌기둥을 '주먹돌' 또는 '정주먹'이라고 한다. '주먹돌'은 주먹이 드나들 만큼 구멍을 뚫어 만든 돌기둥이라는 말이다. 그러나 '정주먹'의 의미는 알지 못한다.

집안 식구들이 바깥에 나갈 때는 돌기둥에 나뭇가지를 걸쳐놓고, 들어올 때는 돌기둥에 걸쳐두었던 나뭇가지를 내려놓았다. 이때의 나뭇가지를 '정낭'이라고 한다. 그러면 외부 사람은 물론 마소들도 그 집에 들어가지 않았다. 순박하게 살아온 사람들의 삶의 자세와 마소를 풀어놓아 가꾸어왔던 제주 사람들 삶의 일면을 들여다보는 듯하다[도1-17].

어귓담과 금줄

제주도 사람들은 길거리에서 집으로 들어가는 첫머리 돌담을 정성스럽게 쌓아 놓았다. 이때의 돌담을 '어귓담'이라고 하였다. 그리고 부정한 것의 침범이나 접근을 막으려고 '어귓담' 따위에 건너질러 매는 새끼줄을 '금줄'이라고 하였다. '금줄'은 왼쪽으로 꼰 새끼로 꼰 줄이었다. 금줄은 신성한 줄이기에 일상적인 줄과 구분하려고 왼쪽으로 꼰 새끼를 사용했을 것이다.

제주도 사람들은 ①굿하기 전에, ②홍역을 치를 때, ③아이가 태어났을 때 '금줄'을 쳤다. ①과 ②에는 '금줄'만 쳤고, ③일 때는 조금 달랐다. 아들을 낳았을 때는 숯과 빨간 고추, 그리고 딸을 낳

도1-18 '어귓담'과 금줄 1950년대, 홍정표 촬영.

앗을 때는 숯을 금줄에 꽂았다. '금줄'에 숯과 고추가 꽂혀 있으니, 이 집에는 아들을 낳았던 모양이다[도1-18].

1929년에 제주도경찰서는 제주도의 '미신행위'迷信行爲를 조사하여 보고서를 만들었는데, 그 속에 '금줄'에 대한 내용도 들어있다.

아이가 태어나면 타인의 출입을 금하려고 입구 문비(門扉)에 금줄을 걸었다. 금줄에 태어난 아이가 남자이면 고추, 여자이면 숯을 달아 남녀를 구별했다. 태반(胎盤)은 산후 3일이 지나면 문전(門前)에서 소각시켰다.**9)**

9) 濟州警察署(1929),《미신조사의 건(迷信調査ノ件)》.

'올렛문'[門扉]이 없는 집에서는 올레 '어귓담'에 금줄을 걸었다. 그리고 태[胎盤]는 세 갈래 길거리 한가운데서 태웠다. 지나던 개가 그 자리에 앉거나 똥오줌을 보면 그 아이는 올곧게 자라지 못할 것이라고 걱정하는 수도 있었다.**10)**

아궁이가 없는 정지

제주도 사람들은 부엌을 '정지'라고 하였다[도1-19]. 한반도와 그 주변 도서 지역 사람들은 부엌에서 취사와 난방을 동시에 이루어내었지만, 제주도 사람들은 '정지'에서 취사만 이루어냈을 뿐이었다.

한반도와 그 주변 도서 지역의 부엌 구조는 안방 쪽에 아궁이를 만들고 솥을 앉히는 것이었다. 아궁이에 불을 때면 솥이 가열되어 취사가 됨과 동시에 그 불기운이 방고래 사이를 통과하면서 안방의 방바닥을 달구어 방을 따뜻하게 만들어주었다. 이와 같이 아궁이에서는 취사와 난방을 동시에 이루어낼 수 있었다.

제주도 사람들은 정지 벽 쪽에 돌을 '품'[品] 자 모양으로 세우고, 그 위에 솥을 올려놓았다. '품'[品] 자 모양으로 세운 돌을 '솟덕'이라고 하였다. '솟덕' 위에 솥 서너 개를 걸쳐 놓았다.

---

10) 제주시 영평동 강여옥(1913년생, 여) 씨에게 가르침 받았다.

도1-19 제주도 정지와 솟덕 1950년대, 홍정표 촬영.
① 제주도 사람들은 '솟덕'의 돌멩이를 '가끈돌'이라고 하였다. '깎은 돌'이라는 말이다. ② '솟덕'에는 크고 작은 솥이 줄줄이 놓여 있다. '솟둑강'과 '솟강알'에 재[灰]가 쌓여 있다. 이것을 '불치'라고 하였다. '불의 재'라는 말이다. 솥 밑에서 불을 헤치거나 땔감을 고르는 막대기를 '부지땡이'(부지깽이)라고 한다. 보통 '가시낭'(가시나무)처럼 여문 나무로 만들려고 애썼다. 그래야 불을 헤치거나 골라도 어른 불이 달라붙지 않아서 좋았다.

조선왕조 숙종肅宗 때 제주 목사 이형상李衡祥, 1653~1733은 제주도 '정지'의 '솟덕'을 보고, 그의 책 《남환박물南宦博物》에서 제주도 사람들은 "정지에서 오직 솥에만 불을 땐다竈則獨鼎而炊."라고 하였다. 즉 한반도와 그 주변 도서 지역과는 달리, 제주도 사람들은 아궁이에서 취사와 난방을 병행하지 않았고, '정지'에서는 취사만 이루어내고 있었음을 지적한 내용이었다.

제주도 '정지'의 '솟덕'과 벽 사이는 50~60cm 정도로 간격을 두었다. 이곳을 '솟둑강'이라고 하였다. '솥의 뒤쪽'이라는 말이다. '솟 둑강'은 재거름을 차곡차곡 쌓아두는 공간이었다. 재거름은 메밀 을 파종할 때 밑거름으로 주는 경우가 많았다.

한반도와 그 주변 도서 지역 부엌의 취사와 난방이 일체형一體 型이라면, 제주도 초가집 '정지'는 취사와 난방이 분리형分離型이었 다. 제주도 사람들은 산성 토양의 밭에서 농사를 지었으므로, 알 칼리성의 재거름을 어떻게든 많이 생산하려고 취사와 난방을 분 리하였을 가능성도 있다.

① **두말띠기**: '두말띠기'는 두 말들이 솥이라는 말이다. 이것은 제주 도 감산리안덕면 민속자료실에 있는 것이다. 솥 아가리 지름은 39.5cm이다. 집안에서 큰일을 치를 때 밥을 짓거나 고기를 삶 기 위해 쓰는 경우가 많았다[도1-20].

② **중솟**: '중솟'은 크기가 중간 정도의 솥이라는 말에서 비롯되었

도1-20 두말띠기   **도1-21** 중솟

다. 이것은 제주도 감산리안덕면 민속자료실에 있는 것이다. 솥 아가리 지름은 27.5cm이다. 일상적인 밥을 짓는 솥으로 쓰이는 경우가 많았다[도1-21].

굴묵의 비밀

'굴묵'이란 제주도 초가집 난방 시설의 이름이다. 한반도와 그 주변 도서 지역의 아궁이는 돌과 흙을 쌓아 불길 고랑을 만들었고, 그 위에 넓적한 구들장을 폈다. 흙을 이겨 덮어서 방바닥으로 썼고, 밑으로 불을 때 열을 얻었다. 그 앞에 솥을 걸어 취사하다 남은 열이 아궁이 속으로 들어가 방바닥을 달구었다.

그러나 제주도 초가집에서는 난방과 취사를 분리하였다. '굴묵'이 난방 시설이었다면, '솟덕'은 취사 시설이었다. 한반도와 그 주변 도서 지역은 부엌의 아궁이에서 난방과 취사를 동시에 이루어 내었다. 그러나 제주도 초가집 정지에는 취사 시설 '솟덕'만 있고, 난방 시설 '굴묵'은 썩 다른 곳에 있었다. 한반도와 그 주변 도서 지역의 취사와 난방이 일체형一體型이라면, 제주도의 취사와 난방은 분리형分離型이었다.

그래서 조선왕조 숙종肅宗 때 제주도에 목사로 왔던 이형상李衡祥, 1653~1733이 그의 책 《남환박물南宦博物》에서 제주도 사람들은 "정지에서는 오직 솥에만 불을 땐다竈則獨鼎而炊."라고 하였음도 바로

'굴묵'에 불을 때는 일을 '굴묵 진는다'고 하였다. '굴묵 진는' 일은 아낙네의 일거리였다. '굴묵' 어귀에는 젖은 쇠똥이 보인다. '굴묵군데'라는 도구로 굴묵 안에 연료를 밀어 넣고, 편편한 돌멩이로 막고, '굴묵' 어귀와 돌멩이 틈새를 젖은 쇠똥으로 발라 막았다. 그래야 '굴묵' 연료가 천천히 타 난방이 오래되었다. 젖은 쇠똥을 두 번쯤 발라 막고 나면 말라버렸다. 마른 쇠똥은 '굴묵'의 연료가 되어주었다.

이 때문이었다. '굴묵'의 연료는 소똥, 말똥, 'ㄱ시락'보리 따위의 낟알 껍질에 붙은 깔끄러운 수염 등이었다[도1-22].

③ **굴묵군데**: 달리 '불그네'라고도 하였다. '굴묵'에서 연료를 밀어 넣거나 재를 긁어내는 데 쓰는 '티'ㅜ 자 모양의 도구이다[도1-23].

통시의 구조

'통시'를 달리 '돗통'이라고도 한다.이하 '통시'라고 한다. 제주도 통시는 배설 공간, 돼지 사육장, 거름을 만들어내는 공간이었다. 그곳에서 얻은 거름을 '돗거름'이라고 하였다. 겨나 음식물 찌꺼기 따

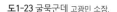

위를 '돗도고리'라는 그릇에 담아 돼지에 게 먹였다. 사람들은 '드들팡'통시에서 발을 디디고 쪼그리고 앉아 뒤를 볼 수 있게 놓인 돌판에 앉아 내보내는 인분人糞도 먹이며 돼지를 키웠다.

'통시'는 6~7평의 땅을 2m 깊이로 파서 만들었다. 8월 추석을 전후하여 동지12월 22일경 무렵에 보리 파종 때 쓸 거름을 꺼냈다. 꺼낸 거름을 보리 파종 전까지 쌓아두었다. '돗거름'을 꺼낸 '통시' 빈자리에 보릿짚, '듬북'거름용 해조류, '쉐막'외양간의 퇴비 따위를 때때로 집어넣어 이듬해 '돗거름'을 낼 때까지 썩혔다. 1년에 한 통시에서 50~130바리의 거름을 생산할 수 있었다[도1-24].

안뒤의 밧칠성과 장항굽

'안뒤'는 제주도 초가집 '안거리' 뒤쪽에 있는 불가침의 공간이다. 제주도 사람들은 이곳에 '밧칠성'과 '장항굽'장항 따위를 놓아두려고 조금 높직하게 만들어 놓은 곳을 배치하였다.

'안뒤' '밧칠성'의 '칠성'이란 농사를 잘되게 하여 부富를 이루게 해 주는 신이다. '칠성'은 '고팡'곳간과 '안뒤'에 각각 모셨다. '고팡'에 모시는 칠성을 '안칠성', '안뒤'에 모시는 칠성을 '밧칠성'이라고 하였다. '밧칠성' 모시기는 대개 기왓장에 오곡을 넣고 그 위에 다시 기왓장을 덮어 빗물이 스며들지 않도록 '주젱이'주저리를 덮어 놓았다. 이를 '칠성눌'이라고 하였다. '칠성눌'은 '철갈이'1년간의 집안

도1-24 통시 1950년대, 홍정표 촬영.

의 행운을 비는 굿 때 바꾸어 덮기도 하였다[도1-25].**11)**

'안뒤' '장항굽'에는 된장, 장물, '지시'장아찌 그리고 젓갈 등이 담긴 크고 작은 항아리들이 놓여 있었다. '장항굽'에는 돌멩이를 깔고, 그 주위에 나뭇가지를 박고, 가시넝쿨 따위로 울을 둘렀다. 이때의 울을 '장항울'이라고 하였다. '장항울'은 된장, 장물, 젓갈 등에 버러지가 함부로 침입하지 못하게 막는 상징적 의미와 함께 도둑도 막는 실질적 의미도 있었다[도1-26].

집줄

한반도와 그 주변 도서 지역 사람들은 초가지붕을 볏짚으로 이었지만, 제주도 사람들은 초가지붕을 '새[茅]'로 이었다. 논이 귀한 곳이기 때문이었다. '각단'비교적 짧은 새으로 줄을 꼬아 '정'井 자 모양으로 얽어 묶었다. 초가지붕 가로줄을 '진줄', 세로줄을 'ᄌ른줄'이라고 하였다. '진줄'은 '긴 줄', 'ᄌ른줄'은 '짧은 줄'이라는 말이다. 이때의 줄을 '집줄'이라고 하였다.

'집줄'은 두 번의 과정을 거쳐야 완성되었다. 한 사람이 각단을 먹여나가는 대로, 한 사람은 '줄도래기'호롱이로 돌리며 앞으로 꼬아 나갔다. 이때 줄의 직경은 1.5cm 정도였다. 이 일을 두고 '줄 놓

11) 현용준(2007), 《개정판 제주도무속자료사전》, 도서출판 각, 774쪽.

도1-25 밧칠성 1950년대, 홍정표 촬영.

도1-26 장항굽 1950년대, 홍정표 촬영.

는다'라고 하였다. 이렇게 엮은 두 개의 줄이 한 몸이 되게 다시 엮는다. 이 일을 '줄 어울린다'라고 하였다. 그러면 직경 3cm 정도의 '집줄'이 완성되었다[도1-27].

초가 2칸 오두막집에는 '진줄' 20개, 'ᄌ른줄' 35개가 들었다. 초가삼간 집에는 '진줄' 28개, 'ᄌ른줄' 58개가 들었다. 그리고 초가 4간 집에는 '진줄' 32개, 'ᄌ른줄' 66개가 들었다.[12]

홍정표는 두 아이가 줄을 어울리고 있는 모습을 카메라에 담았다. 이 사진의 주소는 어디일까. 1995년 4월 8일, 나는 이 사진을 가지고 가파도로 갔다. 가파도 사람들은 사진 속의 주인공을 잊고 있었다. 그날은 가파도 바깥으로 나가는 배가 끊겨서, 하룻밤을 가파도에서 머물 수밖에 없었다. 가파도에 있는 김에 바다밭 이름이나 들여다보려고 가파리 419번지 박영복 씨 집으로 들어갔다. 박 씨에게 두 시간쯤 가파도 바다밭 이름에 대해 가르침 받고 난 후에, 이 사진을 꺼내어 박 씨에게 내보였다. "나 동생덜이우다!"라고 감탄하였다. 월남 전쟁에 갔다가 목숨을 잃은 박 씨 막냇동생이 사진 속에서 '집줄'을 어울리고 있었던 것이다.

---

12) 상가리(애월읍) 강상보(1925년생, 남) 씨에게 가르침을 받았다.

도1-27 집줄 어울리기 1960년대. 가파도. 홍정표 촬영.

가파도 북서쪽 '물동산'이라는 곳에서 두 형제가 '줄도래기'를 돌리며 '집줄'을 어울리고 있다. 박영
길(1942년생) 씨는 가까운 곳에 있다. 박 씨 허리띠에 나뭇가지가 끼워져 있다. '집줄'을 어울릴 때
두 줄의 사이를 어울리는 막대기이다. 박영신(1949년생) 씨는 먼 곳에 있다. 1969년 12월 15일 베트
남 전쟁 중에 전사하였다. 가파도 '집줄'은 제주도의 것보다 가늘었다. 가파도 사람들은 제주도에서
'새'와 '각단'을 사다가 지붕을 덮거나 '집줄'을 엮을 수밖에 없었기에, 어떻게든 '새'와 '각단'을 아끼려
고 애썼다.

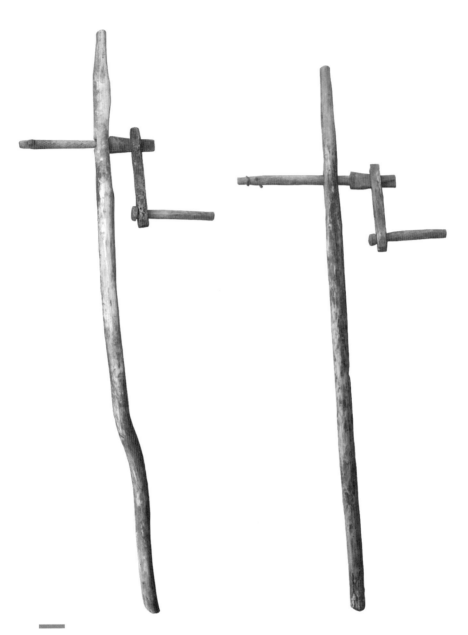

도1-28 줄도래기(호롱이)1 길이 116.0cm, 고광민 소장(좌).
도1-29 줄도래기(호롱이)2 길이 114.0cm, 고광민 소장(우).

속불과 웃불

　제주도 어느 초가지붕에 불이 붙고 말았다. 마을 사람들이 불을 끄려고 너나없이 모여들었다. 살림도구를 모조리 마당으로 꺼내놓고 몇 사람은 초가지붕에 올라가 불씨를 살피고 있다. 제주도 사람들은 초가집에 불이 붙는 것을 악마惡魔의 짓으로 여겼다. 그래서 화재火災를 화마火魔라고 하였다.

　제주도에서는 화마를 소재로 한 이야기도 전승되었다. "'속불'은 물로 끄고, '웃불'은 멍석으로 끈다."라고 말이다. '속불'은 집안

도1-30 웃불 1960년대, 제주시청 촬영.
화마가 할퀴고 지나간 지붕에 멍석이 덮여 있다. 불씨가 초가지붕 위로 날아와 붙은 '웃불'이 났기 때문이다.

에서 일어나 초가지붕까지 솟구친 불이었고, '웃불'은 어딘가에서 불씨가 날아와 초가지붕에 붙은 불이었다[도1-30].

　제주도 사람들은 화마가 휩쓸고 지나간 뒤에는 '불찍굿'이라는 굿을 하는 경우가 있었다. '불찍굿' 속에는 '불찍앗음'이라는 재차祭次도 들어 있었다. '불찍'은 불씨, '앗음'은 "집어 가져가 버리다"는 의미의 제주도 말 '앗다'에서 온 말이다. 현용준은 '불찍앗음'을 "소화 행위消火行爲를 재연하는 극적의 례劇的儀禮"라고 하면서, 그 과정은 다음과 같이 재연되었다고 하였다.

　　심방이 발화(發火)한 장소에 횃불을 붙여 던지면 모여 있던 군중이 모두 "불이여, 불이여!" 외치며 물을 끼얹어 불을 끈다. 그러면 심방은 "아무개네 집에 불 잡았다!"라고 외치고, 콩을 뿌려 사(邪)를 쫓은 후, 소화 시(消火時) 사용했던 기구(器具)를 정리한다.**13)**

　화마는 굿에서 구축驅逐할 만큼 무서운 것이었다.

---

13) 현용준(1980), 《濟州島巫俗資料事典》, 신구문화사.

이엉도 용마름도
없는 지붕

제주도 옛 문헌들은 빠짐없이 제주도 초가지붕을 기록하고 있다. 제주도 초가지붕은 한마디로 "띠로 지붕을 이는데 엮어서 사용하지 않는다茅茨不編."라 할 수 있다. 제주도 초가지붕은 이엉도 용마름도 없는 지붕이기 때문이다. 이엉은 초가지붕이나 울타리를 이기 위하여 짚이나 새 따위로 엮은 물건이고, 용마름은 초가지붕 마루에 덮는 '∧' 자 모양으로 엮은 이엉이다. 한반도와 그 주변 도서 지역 사람들은 초가지붕을 무엇으로 어떻게 이었을까.

전라남도 신안군에 있는 자은도慈恩島 고장리 이상주1926년생, 남 씨에게 한반도와 그 주변 도서 지역 초가지붕에 대해 가르침 받았다. 이 씨는 초가지붕 이기의 달인으로 소문난 사람이다. 자은도 사람들은 이엉을 '나람', 용마름을 '용나람'이라고 한다.

초가삼간 지붕을 이는 데 '나람'이엉 50장과 '용나람'용마름 1장이 들었다. '나람' 1장을 엮는 데 볏짚 5다발이 들었다. '용나람'의 길이는 일정하지 않았으니 볏짚의 정도를 가늠할 수 없다. '나람'을 엮거나 '용나람'을 트는 일은 남자들의 몫이다. 남자 한 사람이 하루에 15장 정도의 '나람'을 엮을 수 있다. 그리고 초가지붕의 가로줄을 '옆줄'이라고 한다. 옆줄의 개수는 40~50가락 정도이다. 지붕의 세로줄을 '동줄'이라고 한다. '동줄'의 개수는 15가락 정도이다. 초가지붕을 이는 일은 쉽지 않았다.[14]

여기에서 '옆줄'과 '동줄'은 그냥 손으로 비벼 꼰 새끼줄이다. 제주도 사람들이 이엉도 용마름도 없는 지붕을 이으려면 그만한 체계가 필요하였다.

지붕 재료

한반도와 그 주변 도서 지역에는 한반도와 지질 구조가 비슷한 대륙도大陸島와 화산으로 이루어진 화산도火山島가 있다. 한반도 주변에 몰려 있는 크고 작은 섬들은 한반도에서 떨어져나온 대륙도이고, 한반도와 비교적 멀리 떨어져 있는 제주도는 한라산1,950m에서 용암이 분출하면서 이루어진 화산도다. 제주도는 화산암과

---

14) 고광민(2014),《섬사람들의 삶과 도구4 - 자은도·암태도·추포도》, 민속원, 47쪽.

화산토로 이루어진 섬이다. 한라산에서 화산이 분출되면서 흘러 내린 마그마는 냉각되어 화산암과 화산토를 만들어내었다. 화산 암은 바닷속까지도 흘러들었다. 제주도를 사람의 몸에 견주면 화 산암은 뼈, 화산흙은 살, 그리고 수많은 건천乾川은 혈관이다.

제주도 화산암은 구멍이 숭숭 나 있다. 화산흙은 푸석푸석하다. 제주도에는 1년에 1,549mm의 비가 내리지만, 비는 땅속으로 스 며버리거나 건천을 타고 바다로 흘러나간다. 제주도 경지면적 중 논은 고작 0.5%에 지나지 않았다. 그러니 어쩔 수 없이 밭농사를 지어야만 생계를 이어갈 수 있었다.

한반도와 그 주변 사람들은 논에서 난 볏짚으로 겨울나기용 소 죽, 지붕을 이는 재료, 그리고 여러 가지 생활 도구를 만들 수 있 었다. 제주도 사람들은 이 모든 것을 밭에서 마련하지 않으면 안 되었다. 마소 먹이 꼴을 마련하는 밭을 '촐왓'[牧草田], 그리고 지붕 재료인 띠를 마련하는 밭을 '새왓'[茅田]이라고 한다. 한국 본토에 서는 거의 볏짚으로 지붕을 이었지만, 제주도에서 지붕을 이는 재 료는 띠, 억새, 왕대나무 등이었다.

띠는 두 가지가 있었다. 띠의 길이가 1m 안팎의 것을 '새', 그리 고 60cm 안팎의 것을 '각단'이라고 한다. '새'와 '각단'은 '새왓'에서 마련하였다. '새왓'은 잡초와 잡목을 제거하는 등, 관리를 잘하지 않으면 안 되었다. 장마 때 '새왓'의 잡초 억새를 베어내 버리면 억 새의 뿌리는 저절로 삭기도 하였다. 나머지 잡초는 숙전熟田에서 김매기가 이루어지듯 '골갱이'호미로 뽑아냈다. 그리고 잡목의 뿌리는 괭이로 파냈다. '새' 수확은 음력 11월 1일 이후에 이루어졌다. '새왓' 1천 평에서 '새' 30비리 정도가 생산되었다. 특히 신축한 초가집 지붕에는 억새를 덮고 나서 띠를 덮어주었다. 이때 억새와 띠는 각각 초가지붕 평당 12단이 소요되었다. 그리고 처마 끝 서까래 아래에 지붕을 누르는 줄을 묶기 위한 장대를 '거왕'이라고 하였다. '거왕'은 2~3년에 한 번씩 갈아 주었다.

제주도 초가지붕은 띠로 지붕을 덮고, 또 줄을 꼬아 '정'井 자 모양으로 얽어 묶었다. 이때의 줄을 '집줄'이라고 한다. 제주도 '집줄'은 새끼줄처럼 맨손으로 꼴 수 없었다. '집줄'을 만들 수 있는 일정한 도구가 필요하였다.

줄 놓기와 집줄 어울리기

한 사람이 각단을 먹여나가는 대로, 한 사람은 '호롱이'를 돌리며 앞으로 꼬아 나가는 것을 '줄 놓는다'고 한다[도1-31]. 줄 굵기는 1.5cm 정도이다. 그리고 두 개의 줄이 하나가 되게 맞추고 서로 꼬면 '집줄'이 된다. 이 일을 '집줄 어울린다'라고 한다. '집줄' 굵기는 3cm 정도이다[도1-32]. '집줄' 놓기와 어울리기에는 여러 가지 도구가 쓰인다.

① **호롱이**1: 줄을 놓는 도구다. 이것은 상가리^{애월읍} 양치도^{1924년}

78

도1-31 줄 놓기 1968년 2월, 조천읍 신촌리, 현용준 촬영.

초가지붕을 얽어맬 '집줄'을 놓는 1단계 과정이다. 이쪽의 남정네 두 사람은 각각 '각단'을 적당히 들어 꼬아지게 먹여주고 있고, 저쪽의 아낙네 두 사람은 각각 '호롱이'를 돌리며 줄을 꼬고 있다. 이런 일을 '줄 놓는다'고 한다.

도1-32 집줄 어울리기 1960년대, 홍정표 촬영.
한 노인이 뒤치기 뒤에 앉아 두 개의 줄을 맞추고 뒤치기에 끼운 다음 손잡이에 걸어 돌리고 있다. 이때 맞은쪽에서는 두 사람이 '호롱이'에 줄을 걸어 돌리고 있을 것이나 사진에서는 보이지 않는다. 그동안 젊은 사람은 두 개의 줄을 맞추어 어울리고 있다. 이 일을 '줄 어울린다'고 한다. 이렇게 되면 '집줄'이 완성된다.

생,남 씨 집에 있는 것이다. 소나무 기둥에 구멍 하나를 냈다. 그 구멍에 손잡이가 있는 'Z' 자 모양의 막대기를 끼웠다. 손잡이 맞은쪽에 쇠못을 박았다. 쇠못에 각단 여러 겹을 걸어 한쪽에서 먹여주는 대로 줄을 꼬았다[도1-33].

② **호롱이2**: 이것은 상가리^{애월읍} 양치도^{1924년생,}남 씨 집에 있는 것이다. '쿳가시낭'^{구지뽕나무} 기둥에 구멍 하나를 냈다. 나머지 구조는 '호롱이1'과 같다[도1-34].

③ **뒤치기**: 줄 2개를 '뒤치는' 도구다. 이것은 상가리^{애월읍} 양치도

도1-33 호롱이1 길이 115.0cm(좌). 도1-34 호롱이2 길이 112.0cm(우).

1924년생, 남 씨 집에 있는 것이다. 줄 2개를 마주 대고 뒤치기 구멍에 끼워서 손잡이에 걸었다. 두 사람은 각자 '호롱이'에 줄을 걸어 시계 방향으로, 그리고 뒤치기에 있는 사람은 그 반대 방향으로 돌렸다. 뒤치기 쪽에서 돌리는 일을 '뒤친다'고 한다[도1-35].

④ 어울리게: 외가닥 줄을 꼬아 나가는 동안 나머지 한 사람이 두 줄의 균형을 잡아주기 위해 쓰는 도구다. 이것은 상가리^{애월읍 양치도}1924년생, 남 씨 집에 있는 것이다. '노가리낭'[朱木]에 두 개의 줄을 걸 수 있게 홈이 나 있다. 두 가닥의 줄이 어우러지면서 '집줄'이 되었다[도1-36].

도1-35 뒤치기
가로 5.2cm, 세로 8.0cm, 높이 65.0cm(좌).
'집줄'을 어울릴 때는 'ᄀ레'(맷돌)나 통나무 따위에 뒤치기를 박아 고정한다.

도1-36 어울리게
가로 5.7cm, 세로 6.0cm, 높이 39.7cm(우).

지붕이기

 2007년 2월 24일, 강임룡1948년생, 남 씨를 비롯한 여러분이 힘을 모아 제주민속촌에서 초가지붕을 이는 모습을 들여다보았다. 제주도 동부 지역의 지붕이기는 해마다 섣달과 정월에 이루어졌다. 섣달에는 날을 가리지 않고 지붕을 이었지만, 정월에는 택일하거나 방사防邪에 신경을 썼다. '뱀날'[巳日]에는 지붕을 이지 않았다. 그리고 지붕을 이어두고 내려올 때는 지붕 위에 오줌을 싸거나 물을 뿌려주었다. 다음의 순서에 따라 지붕을 이었다.

① **묵은 집줄 잘라내기**: 작년에 묶어두었던 가로줄이를 '진줄'이라고 한다.과 세로줄이를 '즈른줄'이라고 한다.을 모두 잘라냈다. 이때의 '집줄'을 '묵은줄'이라고 한다. '묵은줄'은 땔감으로 썼다[도1-37].
② **알 박기**: 초가지붕의 처마는 비바람에 삭아 축 늘어지는 일도 있었다. 이런 모양을 바로잡으려고 처마 밑으로 띠를 욱여넣었다. 이때의 띠를 '알' 또는 '가제'加除, 그리고 욱여넣는 일을 '박는다'라고 하였다. 3칸 집에 '알' 박는 데는 '새'띠 30단 정도가 소요되었다. 이때의 띠를 '알 박는 새'라고 하였다. 2년에 1회 정도 '알'을 박았다[도1-38].
③ **새 깔기**: 초가지붕을 덮은 비교적 긴 띠를 '새'라고 한다. 초가지붕에 '새'를 이는 일을 '새 깐다'라고 한다. 이는 '새를 펴 놓는다'는 말이다. 시곗바늘 돌듯이 처마 끝에서부터 지붕 마루 쪽으로

도1-37 묵은 집줄 잘라내기 2007년 2월 24일, 제주민속촌.
남정네 한 사람이 가위로 묵은 '집줄'을 잘라내고 있다.

도1-38 알 박기 2007년 2월 24일, 제주민속촌.

차차 올라가며 새 잎사귀가 지붕 아래로 내려가게 깔았다. 다
만, 초가지붕이 팬 데는 줄기가 아래쪽으로 가게 깔아놓고 다시
그 위에 새의 잎사귀가 아래로 가게 깔아주었다[도1-39].

④ **집줄 묶기**: '새'로 지붕 이는 대로 '집줄'을 묶어주었다. '집줄' 묶
기도 순서에 따라 이루어졌다. 지붕은 직사각형이다. '진줄'과
'ᄌᆞ른줄'의 간격은 25~30cm 정도였다. '집줄'도 처마 쪽에서부
터 마루 쪽으로 차차 묶어 나갔다[도1-40].

ㄱ 즈른줄 묶기: 초가지붕의 세로 끝 지점 좌우 양쪽에 두 개의 'ᄌᆞ
른줄'을 묶는다.

도1-39 새 깔기 2007년 2월 24일, 제주민속촌.

도1-40 집줄 묶기 2007년 2월 24일, 제주민속촌.

ⓛ진줄 묶기: 초가지붕의 가로 끝 지점 좌우 양쪽에 두 개의 '진
줄'을 묶는다.

ⓒ ᄌᆞ른줄 묶기: 초가지붕의 세로 좌우 양쪽에 세 개의 'ᄌᆞ른줄'을
묶는다.

ⓔ진줄 묶기: 초가지붕의 가로 좌우 양쪽에 세 개의 '진줄'을 묶는다.

ⓜ ᄌᆞ른줄 묶기: 초가지붕의 세로 좌우 양쪽에 두 개의 'ᄌᆞ른줄'을
묶는다.

ⓐ~ⓜ까지 '집줄'을 묶고 나서 지붕 마루를 덮었다. 이런 일을 '무루 짊은다'고 하였다. 우선 띠의 줄기를 마루 쪽으로 앉히며 장 방형으로 돌아가며 덮어주었다. 그 위에 지붕 마루를 따라 좌우로 띠의 줄기가 동북향으로 가게 쪽 덮어주었다. 이 집은 서남향으로 앉아 있었으니, 띠의 줄기는 하늬바람이 타는 쪽으로 덮었다 [도1-41].

ⓑ 마룻줄 묶기: 지붕 마루를 중심으로 지붕의 가로로 세 개의 '진줄'을 묶는다. 이때의 '진줄'을 '마룻줄'이라고 한다.

도1-41 지붕마루 덮기 2007년 2월 24일, 제주민속촌.

ⓐ 주른줄 묶기: 지붕마루를 중심으로 지붕의 세로로 하나의 '주른줄'을 묶는다.

ⓞ 진줄 묶기: 나머지 모두 11개의 '진줄'을 차근차근 묶는다.

ⓩ 주른줄 묶기: 나머지 모두 25개의 '주른줄'을 차근차근 묶는다 [도1-42].

초가지붕의 '집줄'은 '진줄' 24개, '주른줄' 40개가 되었다. 일주일 후에 '집줄'을 다시 조여 묶었다. 이런 일을 '집줄 방우린다'라고 한다.

이엉도 용마름도 없는 제주도 초가지붕에는 '집줄'이 강조되었다. '집줄'을 만드는 여러 가지 도구들이 전승되고 있음도 돋보였다. 그리고 지붕이기도 순서에 따라, 그리고 초가집의 좌향坐向을 가늠하며 이루어냈다.

도1-42 ᄌᆞ른줄 묶기 2007년 2월 24일, 제주민속촌.

조명과
조명 도구 [15)

       인간은 자연발생적으로 일어나는 불
에서 힌트를 얻어 마찰과 충격을 이용하여 불을 일으켰다. 그것으
로 난방, 취사, 조명 등에 이용해왔다. 원시에는 불의 세 가지 기능
이 미분화상태였다. 차차 그 기능은 분화되고 발전을 거듭하였다.

  1982년 12월 13일, 제주도 교래리조천읍 송봉년1901년생, 남 씨 집
'정지'부엌에 박혀 있는 '봉덕'을 실측하였다. 그 집은 2칸짜리 오막
살이집이었다. 송 씨 가족은 겨울 동안 봉덕에서 불을 피워 난방
과 조명의 효과를 동시에 얻고 있었다 [도1-43]. 제주민속촌 남부
농가의 집 마룻바닥에 돌그릇이 박혀 있다. 2칸짜리 오두막집 정지

---

15) 이 글은 《濟州學》 제4호(1999년 겨울)에 발표하였던 〈照明과 照明具〉를 수정, 보
    완한 것이다.

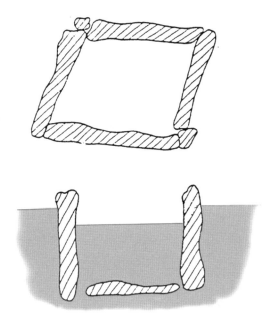

에 있던 '봉덕'이 3칸 집으로 진화하면서 마루로 옮겨온 듯 하다[도1-44].

　제주도 법화사法華寺 발굴 현장에서는 청동青銅으로 만든 등잔이 출토되었다. 등잔 에는 '법화경전등잔차양사시 주주경'法華經前燈盞此樣四施主朱景

이라고 글자가 새겨져 있다[도1-45]. 청동 등잔은 '지원육년기사시 중창십육년기묘필'至元六年己巳始重創十六年己卯畢이라고 새겨진 기와와 같이 나온 것으로 보아, 고려 원종 10년[1269]~충렬왕 5년[1279] 즈음 에 만들어진 것으로 추정된다.

　조선왕조 선조 34년[1601]에 제주 어사로 왔던 김상헌金尙憲, 1570~1652은《남사록南槎錄》을 남겼는데, 두 편의 시문에서 '백랍촉' 白蠟燭과 '어고등'魚膏燈을 노래하였다.

백랍촉을 밝히니 밝기가 대낮같네(白蠟燭晃朗如晝)
밤에는 등불에서 생선기름 냄새나네(夜燈愁對海魚膏)

91

도1-44 마루에 박힌 봉덕 1999년 7월 7일, 제주민속촌.

도1-45 '화경전등잔차양사시주주경'(法華經前燈盞此樣四施主朱景)이라 새긴 청동 등잔

백랍촉의 백랍은 제주도 산야에 흔한 '개꽝낭'쥐똥나무에 붙어사는 벌레이고, '어고등'魚膏燈의 '어고'魚膏는 상어 기름일 가능성이 크다.

제주도에 석유와 양촉洋燭이 등장한 것은 잠수기어업자潛水器漁業 者들로부터였다. 1935년에 아마노 토시노스케天野壽之助는 조선잠 수기어업수산조합朝鮮潛水器漁業水産組合에게 부탁을 받고《조선잠수 기어업연혁사朝鮮潛水器漁業沿革史》를 출간했다. 그 속에는 제주도에 석유와 양초가 상륙하게 된 배경이 가늠되는 내용이 들어 있다.

1879년 4월 요시무라 요사브로오(吉村與三郎) 소유 잠수기가 거제도(巨濟島) 근해에 등장하였다. 그 후 제주도 비양도(飛揚 島)에 상륙을 시도했지만 실패하고 말았다. 그 바람에 쓰시마(對 馬島)에서 2~3년 동안 조업하였다. 1882년 나카무라 마타자에 몽(中村又左衛門) 소유 잠수기가 제주도 무인도 '형제섬' 상륙에 성공하였다. '형제섬'에는 들쥐가 들끓었다. 그 바람에 가파도(加 波島)에 접근하여 성냥, 양촉, 설탕 등 선물로 섬사람들을 유혹 시키고 나서 상륙에 성공하였다.

제주도 사람들보다 가파도 사람들이 석유와 양촉의 문명 혜택 을 먼저 받게 되었다. 대한제국농상공부수산국은 1908년 2월에서 부터 11월까지 약 10개월 동안 제주도를 조사하여《한국수산지韓 國水産誌》를 출간했다. 그 당시 제주도 수입 품목 중에는 석유와 성 냥 등의 조명 물품들이 제법 들어 있었다.

제주읍(지금의 제주시) 안에 일본인과 중국인이 경영하는 상점에 수입품을 팔고 있었다. 잠수기 어업이나 기타 사업에 종사하는 일본인들이 도자기, 석유, 성냥, 옷감, 설탕을 수입하여 팔고 있는 것이다.

제주도에 처음 전기가 들어오기 시작한 것은 제주전기주식회사가 설립되어 1926년 4월 21일 건입동 1,285번지에서 영업을 시작하면서부터이다.**16)** 1929년에는 해운업이 활발해지면서 일본으로부터 석유, 양초, 성냥 등이 본격적으로 수입되기에 이르렀다.**17)** 그해에 제주도에서 조사하여 출간된《생활상태조사生活狀態調査》에 따르면, 전등을 켜는 집은 지금의 제주시와 그 부근 561호뿐이었고, 그 나머지 대부분이 석유 불을 밝혔다.**18)**

이이노 사다오飯野貞雄는 〈등화구燈火具〉에서 조명의 문화는 연소광원燃燒光源에 따라 자연물연소용등화구自然物燃燒用燈火具, 등유연소용등화구燈油燃燒用燈火具, 납촉연소용등화구蠟燭燃燒用燈火具, 석유연소용등화구石油燃燒用燈火具로 분류하였다.**19)** 이이노 사다오의 조명 문화 분류에 따라 제주도의 조명과 조명 도구를 들여다보고자 한다.

---

16) 고시홍(1996), 〈땅이름과 옛터〉,《건입동지(健入洞誌)》, 건입동향토문화보존회, 126쪽.

17) 부산상공회의소(1929),《제주도와 그 경제(濟州島とその經濟)》.

18) 조선총독부(1929),《생활상태조사(生活狀態調査)》, 132쪽.

19) 飯野貞雄(1985), 〈등화구(燈火具)〉,《민구연구 핸드북(民具硏究ハンドブック)》, 雄山閣, 127-131쪽.

자연물 연소와 조명 도구

직녀織女는 땔나무를 태워 그 불빛으로 베를 짰고, 서생書生은 설
광雪光으로 글을 읽었다고 한다. 이 고사 속의 조명은 자연물 연소
와 조명 도구에 해당한다.

•등경돌: 소나무 송진松津이 많이 엉긴 관솔을 '솔칵'이라고 하였고,
그것으로 밝힌 불을 '솔칵불'이라고 하였다. '솔칵'을 올려놓고 불
을 밝히던 돌기둥을 '등경돌'이라고 하였다. '등
경燈檠은 등잔걸이라는 말이다. 등경돌 윗면은
살짝 오목하게 만들었다. 그 자리에 재를 놓고
그 위에 '솔칵'을 올려놓고 불을 피웠다[도1-46].

•솔칵등: '솔칵'을 꽂고 불을 붙여 밤길에 들고
다녔던, 돌멩이로 만든 등이다. 돌멩이로 종처
럼 다듬어 만들었다. 한가운데 구멍을 뚫어놓
았다. 구멍 위는 직경 3.5cm, 구멍 가운데는 직
경 1.5cm, 그리고 구멍 밑은 직경 2cm 정도다.

도1-46 등경돌 가로 18.0cm, 높이 39.5cm, 탐라목석원.

도1-47 솔칵등 가로 11.0cm, 높이 14.0cm, 제주민속촌.

구멍 위쪽에 '솔칵'을 꼽고 불을 붙이면 재[灰]는 구멍 밑으로 빠졌다. 특히 어린이들이 어두컴컴한 밤에 통시에 뒤보러 갈 때 불을 밝혀 들고 다니는 경우가 많았다 [도1-47].

등유 연소와 조명 도구

제주도에서 전통적인 등유燈油는 고기 기름, 나무 열매 기름, 씨앗 기름이 전승되었다.

•**고기 기름**: 상어의 기름주머니를 솥에서 달여 만든 기름이다. 마라도 김창부1911년생, 여 씨에게 가르침 받았다.
'빅게'수염상어와 '도렝이'괭이상어에 들어있는 기름주머니를 빼내어 솥에서 삶아 기름을 만들었다. 그 기름을 병에 담아 보관해두면서 보시기에 기름을 부어놓고 실을 꼬아 심지를 만들어 불을 밝혔다. 상어 기름은 고린 냄새가 나기 때문에 '구린지름'이라고 하였다. 등유를 담고 거기에 심지를 꽂는 그릇을 '각지'라고 하였다. '각지'는 '구제기'소라 껍데기로 만들기도 하였다. 접시가 귀했던 마라도에서는 '구제기' 껍데기로 만든 '각지'를 많이 썼다. '구린지름'은 마라도에서 가장 손쉽게 구할 수 있는 등유였다.

• 나무 열매 기름: 제주도 사람들은 '쒜돔박방'사람주나무과 동백나무 열매에서 기름을 얻는 경우가 많았다.

'쒜돔박방' 기름은 송당리구좌읍 김두향1923년생, 남 씨에게 가르침 받았다. 가을에 '쒜돔박방'에서 열매를 땄다. 나무 한 그루에서 1되 정도의 열매를 얻을 수 있었다. '덩드렁마께'라는 방망이로 '쒜돔박방' 열매를 으깨어 껍질을 깠다. '쒜돔박방' 알맹이를 '쒜돔박방' 쌀이라고 하였다. 기름틀에서 '쒜돔박방' 쌀로 기름을 짰다. '쒜돔박방 기름'이라고 하였다.

동백기름은 제주도 선흘리조천읍 오태권1916년생, 남 씨에게 가르침 받았다. 가을에는 동백나무 열매가 저절로 떨어졌다. 이를 '동백쌀'이라고 하였다. '동백쌀'을 햇볕에 말렸다. 'ᄀ레'맷돌에서 갈았다. 이런 일을 '검핀다'고 하였다. '푸는체'[箕]에서 폈다. 껍질과 속살을 분리하였다. 기름틀에서 기름을 짜냈다.

• 씨앗 기름: 기름나물 씨앗과 참깨에서 기름을 얻었다. 제주도 행원리구좌읍 이중춘1933년생, 남 씨에게 가르침 받았다. 기름나물 씨

앗과 참깨를 기름틀에 넣고 각각 기름을 짰다. 기름나물 기름을 '나물기름', 참깨 기름을 '참기름'이라고 하였다. '나물기름'은 일 상생활에서 등유로 썼고, 참기름은 굿할 때 제상에 등유로 썼다. 어느 것이나 접시에 참기름을 붓고, 얇은 창호지로 심지를 꽂아 불을 붙였다. 등유를 연소시키는 조명 도구를 '등잔'이라고 하였 다. 등잔은 다양하게 전승되었다.

• **등잔대1**: 등잔을 적당한 높이에 얹도록 한 일종의 등대燈臺다. 느 티나무로 만든 둥그런 쟁반 한쪽에 기둥을 비스듬히 세웠다. 기 둥 위쪽에 구멍을 뚫어놓은 전복껍데기를 끼워 고정하여 등잔걸 이로 삼았다. 전복껍데기가 비교적 흔한 제주도다운 등잔이다. 전복껍데기를 등잔으로 쓸 수 있게 만든 셈이었다[도1-48].
• **등잔대2**: 팽나무 토막을 다듬어 만든 등잔이다. 위에 깊이 2.8cm 의 홈을 내고 그 위에 '각지불'등잔불을 올려놓기 좋게 만들었다 [도1-49].
• **등잔대3**: 죽순대[孟宗竹]를 다듬어서 만들었다. 제주도에는 죽순대 가 없었다. 풍랑을 타고 바닷가에 밀려온 것을 주워다가 만들었 던 모양이다. 가운데 홈을 내어 조명에 따른 필요한 도구를 놓아 두기도 좋게 만들었다[도1-50].
• **등잔대4**: 팽나무 토막을 다듬어서 만들었다[도1-51].
• **등잔대5**: 정지 벽면에 흙으로 '코굴' 형태의 붙박이 등잔을 만들어 놓기도 했다 [도1-52].

도1-48 등잔대1

가로 24.2cm, 높이 40.0cm, 제주대학교박물관.

도1-49 등잔대2

가로 12.0cm, 높이 43.1cm, 제주교육박물관.

도1-50 등잔대3

가로 14.5cm, 높이 37.6cm, 제주교육박물관.

도1-51 등잔대4

가로 16.7cm, 높이 31.0cm, 제주민속촌.

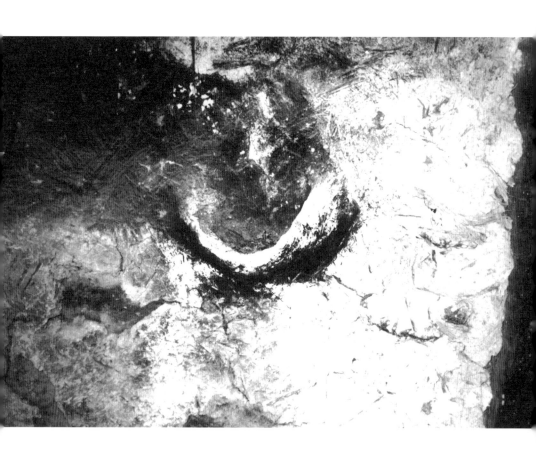

도1-52 등잔대5 1999년 2월 11일, 구좌읍 행원리, 김순자 촬영.

납촉 연소와 조명 도구

백랍으로 만든 초를 '백랍초'[白蠟燭]라고 했다. 제주시 건입동 고봉만1931년생,남 씨에게 가르침 받았다.

'백랍초'는 심지가 훤히 보일 정도로 맑고 투명하였다. 그래서 달리 '묽은초'라고 했다. 맑은 초라는 말이다. 백랍은 겨울을 나려고 백랍들이 '개꽝낭'쥐똥나무에 지어놓은 집이나 다름없었다. 그 속에 백랍들이 가득 웅크려 있다. 겨울 전후에 그것을 많이 따왔다. 물 끓는 솥에 백랍이 가득한 자루를 넣었다. 끓일수록 그 기름은 물 위에 떴다. 물 위에 뜬 기름을 '웃국'이라고 하였다. 헝겊 주머니를 주무르며 다시 솥에 놓아 끓일수록 웃국은 다시 떴다. 나중에는 모아두었던 웃국을 솥에서 다시 끓였다. 이는 다름이 아니라, 웃국에 스며들었을지도 모를 물기를 완전히 제거하기 위함이었다.

왕대나무를 한쪽 마디가 있게 잘라 놓고, 다시 세 조각으로 쪼개었다. 그 속에 심지를 묻고, 그 사이에 백랍 기름을 부어 굳혔다. 왕대나무를 세 조각내는 데도 요령이 요구되었다. 마디가 있는 쪽에 송곳으로 뚫으며 길을 만들어 놓은 후에 쪼개야 올곧게 쪼개졌다.

마디 쪽 세 조각난 바로 그 지점에 무명실로 만든 심지를 꽂았다. 심지를 꽂고 나서 대나무를 다시 얽어 묶었다. 심지가 한가운데 고정되게 한쪽을 잡아 중심을 잡고, 그 사이로 백랍 기름을 부

었다. 어느 정도 굳었다고 생각되면 대나무째 물에 담갔다. 그래
야 빨리 얼렸다. 대나무를 뜯어내면 '백랍초'가 나왔다.

석유 연소와 조명 도구

1905년의 조사 자료《한국토지농산조사보고韓國土地農産調査報告》에 따르
면, 한국 사람 중에서 극소수가 등유로 동물 기름이나 식물 기름
을 쓰고 있었고, 대다수는 미국에서 수입하는 석유를 쓰는데, 그
에 따른 양철로 만든 등잔을 시장에서 팔고 있더라고 하였다.

- 등잔대6: 양철로 만든 등잔에는 심지도 둘을 꽂아놓을 수 있게 만
  들었다. 이와 같은 등잔은 일정한 공장에서 만들었음은 물론이
  었다[도1-53].

등유를 집안에서 마련하던 시대에는 등잔도 집안에서 만들었
다. 이 시대의 등잔은 실로 다양하였다. 등유를 수입에 의존하는
시대의 등잔은 공장에서 만든 것이었다. 이때부터 등잔의 다양성
은 찾아볼 수 없게 되었다.

도1-53 등잔대6 가로 17.8cm, 높이 49.6cm, 농협중앙회 농업박물관.

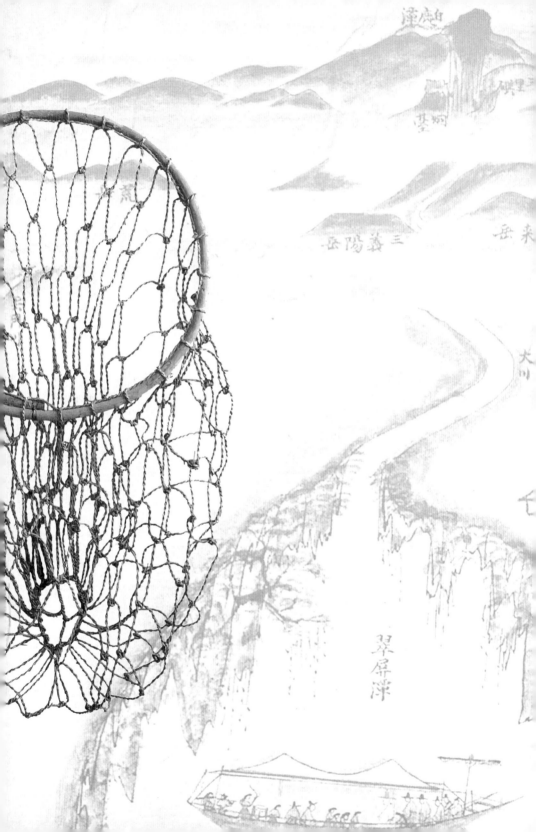

2장

생산 도구의
생활사

《탐라순력도》 속의 해녀
방울과 낙인

《탐라순력도》속의
해녀[1]

머리말

《탐라순력도^{耽羅巡歷圖}》는 이형상^{李衡}
^{祥, 1653~1733} 목사의 순력 내용을 담은 그림책이다. 이형상은 1702
년^{숙종 28} 11월에 탐라제주도를 순력하였다. 순력하는 동안에 화공^畵
^工 김남길^{金南吉}은 모두 41점의 그림을 그렸다.

《탐라순력도》 그림의 틀은 3단 구성이다. 상단에는 그림의 이
름을 적고, 중단에는 그림을 그리고, 하단에는 그림의 내용을 기
록하였다. 그런데 그림 41점 하단에 아무런 기록이 없는 것이 있

---

1) 이 글은 《무형유산》 제6호에 발표하였던 〈탐라순력도(耽羅巡歷圖) 속의 해녀 연
   구〉(국립무형유산원, 2019)를 수정, 보완한 것이다.

다. 그것이 〈병담범주屛潭泛舟〉다. '병담'屛潭은 '취병담'翠屛潭을 말하는데 '용연'龍淵이라고도 한다. 〈병담범주〉는 '용연'에서 뱃놀이를 하는 그림이다[도2-1].

　뱃놀이는 탐라 순력耽羅巡歷의 대상이 아니었을까. 그래서 그 하단에 아무 기록을 남기지 않았던 것일까. 그런데 이 그림에 해녀가 등장한다. 제주도 해녀가 있는 최초의 그림이다.《탐라순력도》속의 해녀는 무슨 옷을 입고, 무엇을 들고, 무엇을 따고 있었을까. 그리고 '망사리'는 어떤 것이었을까를 추적하는 것이 이 글의 목적이다. '망사리'는 제주도에서, 잠녀들이 채취한 해산물 따위를 담아 나르는 그물주머니다.

《탐라순력도(耽羅巡歷圖)》 속 해녀는 무엇을 따고 있을까

　《탐라순력도》 속의 해녀는 무엇을 따고 있을까. 수수께끼 같은 이 그림의 속내를 밝혀내지 못하면, 이 그림은 한없이 미궁 속을 헤매게 될 것이다.

〈병담범주屛潭泛舟〉 속의 해변

　우선, 〈병담범주〉 속의 해변을 들여다보자[도2-1].

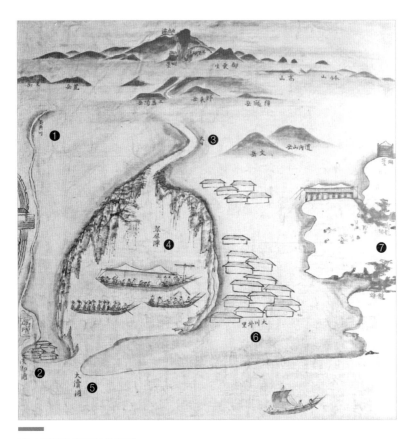

도2-1 병담범주(屏潭泛舟)(일부)

① **병문천**屏門川: 지금의 제주시 오등동 남쪽, 한라산의 1,500m 고지에서 발원하여 벌랑포伐郎浦를 지나 바다로 나간다.

② **벌랑포**伐郎浦: 병문천 하류에 있는 갯가의 이름이다. 마을 사람들은 이곳을 '부러릿개'라고 한다.

③ **대천**大川: 한천漢川이라고도 한다. 제주도에서 가장 긴 하천이다. 한라산 정상에서 발원하여 취병담翠屏潭을 지나 바다로

간다.

④ **취병담**^{翠屛潭}: 대천 하류 지역에 있는 물웅덩이다. 달리 병담^屛
^潭, 용추^{龍秋}, 용연^{龍淵}이라고 한다.

⑤ **대독포**^{大瀆浦}: 대천 하류에 있는 갯가의 이름이다. 이 일대를
'한대기'라고 한다. 대독포^{大瀆浦}의 '대독'은 '한대기'의 한자를
차용한 표기다. 마을 사람들은 이곳을 '냇깍'이라고 한다. 사
리 썰물에는 걸어서 건널 정도로 물이 줄어든다.

⑥ **대천외리**^{大川外里}: 그 당시 제주목^{濟州牧}에서 볼 때 대천 바깥에
있는 마을이라는 말이다. 대천을 경계로 동쪽에 있는 마을을
'동한두기', 서쪽에 있는 마을을 '서한두기'라고 한다. '대천외
리'는 '서한두기'가 된다. 지금의 용담1동에 속한다.

⑦ **용두**^{龍頭}: 동쪽 '용두'와 서쪽 '용두'가 있다. 동쪽의 용두를 '엉
코지'라고 한다. '엉물'이라는 식용 용출수^{湧出水} 동쪽에 있는
코지라는 말이다. 서쪽의 '용두'를 '용머리코지'라고 한다. '엉
코지'와 '용머리코지' 사이 후미진 곳을 '엉개낭'이라고 한다.
병담범주 그림 속에서 장막^{帳幕}을 친 곳이다. '엉개낭' 앞에는
'패선여'가 있다. 해녀들의 어장이면서, 어부들이 자리돔을
잡는 어장이기도 하다.

〈**병담범주**^{屛潭泛舟}〉와 《**탐라록**^{耽羅錄}》의 뱃놀이

〈병담범주〉 그림 속 취병담에서는 뱃놀이가 한창이다. 취병담

에서 뱃놀이하는 그 순간, '엉개낭' 앞바다에는 다섯 해녀가 물질을 하고 있다. 해녀들은 무엇을 잡고 있을까. 이원조李源祚, 1792~1872의 《탐라록耽羅錄》1764에 실마리가 보인다.

조선왕조 헌종 9년1843 윤3월 24일, 그 당시 제주목사 이원조는 용연龍淵에서 뱃놀이를 했다. 그 내용을 《탐라록》에 기록하였는데, 일부 내용은 다음과 같다.

> 용연에서 약간 떨어진 곳으로 자리를 옮겼다. 언덕 하나를 넘으니, 좌우 모두 괴상하게 생긴 돌이다. 돌 한 덩어리가 마치 수 칸짜리 집채와 같았고, 바닷가 쪽으로 구부리고 누워 있다. 머리의 뿔 모양이 완연히 용 모양이다. 언덕마루가 평평한 곳에 장막을 쳤다. 가느다란 풀잎과 푸른 가시나무가 바람과 햇볕을 받으니 곱고 아름답다. 일찍 밀려왔던 조수가 이제 막 빠져나가니 파도는 일지 않았다. 대소화탈도(大小火脫島)는 마치 상투나 주먹처럼 보였다. 고깃배들은 점점이 오갔다. 잠녀 수십 명을 불러들였다. 해삼과 전복을 받았다. (중략) 점심밥이 오기 전에 잠녀들에게 쌀과 콩을 주니 모두 기뻐하며 돌아갔다[도2-2].

이형상의 〈병담범주〉는 이원조의 용연 선유기를 그림으로 그려 놓은 것과 다름없으니, 이원조의 선유기로 이형상의 〈병담범주〉를 들여다볼 수가 있다. 그 당시 용연의 뱃놀이는 제주 목사들의 부정기적 연례행사였고, 그럴 때마다 잠녀들은 물속으로 뛰어들

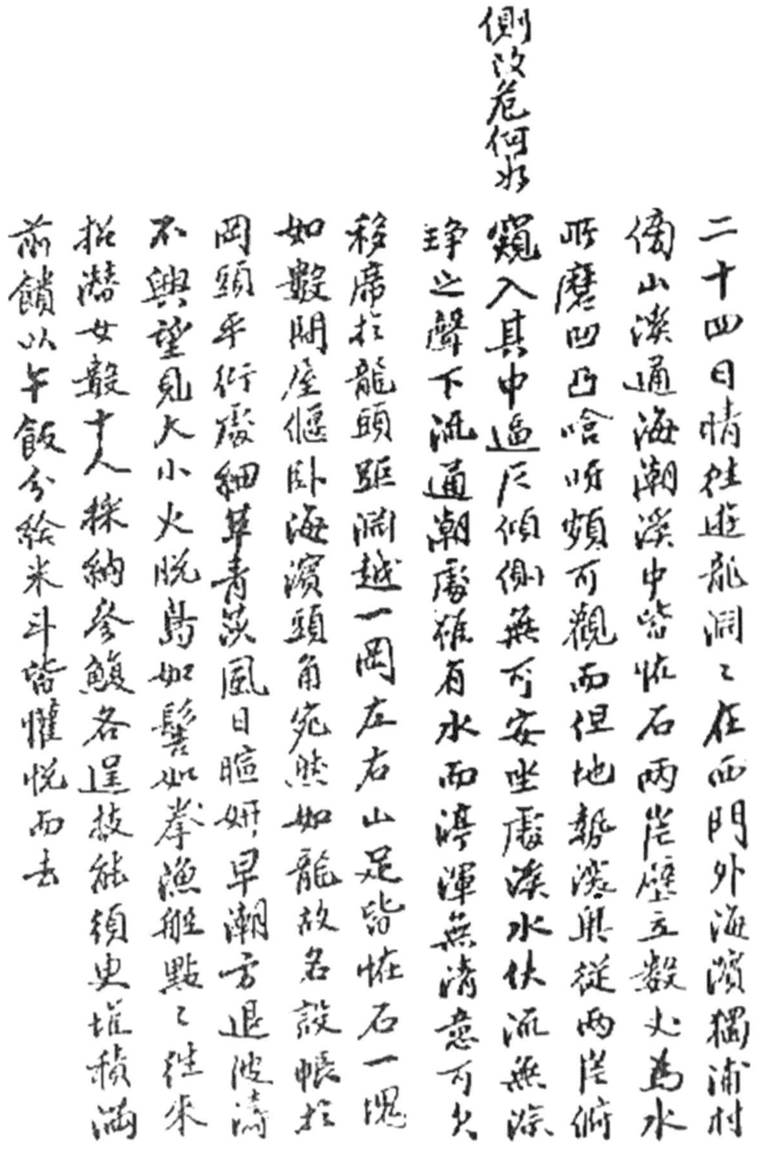

側政危何水

二十四日晴往遊龍洞々在西門外海濱獨浦村

傍山溪通海潮溪中峕石兩岸壁立毅丈為水

所磨凹凸呤呀頗可觀而但地勢溪與從兩岸俯

窺入其中乊際傾側無可安坐處溪水伏流無涂

琤乊聲下洫通潮處雅有水而潭渾無清意可火

移席於龍頭距淵越一岡左右山足皆峠石一塊

如毅開屋偃卧海濱頭角宛然如龍故名設帳於

岡頭平行履細草青茨風日晴妍早潮方退波涛

不與望見大小火脫島如鬢如峯漁舩點乊往來

扗潜女毅丈採納參飯各呈技能須史堆積滿

前饋以午飯分給米斗皆懽悦而去

도2-2 이원조의 《탐라록(耽羅錄)》 신축년 윤3월 24일의 기록.

111

어 무엇인가를 채취하였던 것이다.

이원조 목사의 취병담 뱃놀이는 음력 윤3월 24일이었다. 물때는 '한물'한무날이다. 조수간만潮水干滿이 미미한 조금 때다. 사리 썰물 때 취병담의 물은 거의 빠져버린다. 뱃놀이를 할 수 없을 정도다. 그러니 취병담의 뱃놀이는 조금 때만 이루어졌을 가능성이 크다.

오전에 취병담에서 뱃놀이를 할 동안 잠녀들은 '엉개낭'이라는 바다밭에서 물질을 했다. 〈병담범주〉는 바로 이 순간을 포착한 그림이다.

점심때가 다가올 무렵에, 뱃놀이 일행은 장막을 쳐놓은 '엉개낭'으로 자리를 옮겼다. 해녀들을 불러 해삼과 전복을 받고 그 값으로 쌀과 콩을 주고 돌려보냈다는 것이다.

조선왕조 헌종 9년1843 윤3월 24일 오전, 물때는 조금이다. 해녀들은 뱃놀이하는 사람들에게 바칠 전복과 해삼을 따고 있었다. 그림 속의 해녀는 전복을 따는 '빗잠녀'들이다. 왼손이나 오른손에 들고 있는 것은 '빗창'이다.

제주도의 해삼은 붉은빛이 감도는 홍삼紅蔘이다. 제주 사람들은 이를 '미'라고 한다. '미'는 여름이 가까워지면 암초 밑에 숨어들어 여름잠을 자다가 겨울이 다가와 수온이 내려가 추워지면 왕성하게 활동한다. 이 무렵윤3월 24일은 '미'해삼가 깊은 바닷속으로 숨어들 시기다. 이 시기에 '미'는 귀해서 "4월에 잡은 '미'는 사돈집에 가지고 간다."라는 속담이 전승된다. 〈병담범주〉 속의 '빗잠녀'들은 귀한 '미'해삼를 채취한 것이다.

《탐라순력도》와 〈잠녀설潛女說〉 속의 해녀

　《탐라순력도》 속의 다섯 해녀는 전복을 따고 있는 '빗잠녀'들이고, 제주도 해녀 역사에서 최초로 소상하게 '빗잠녀'를 기록한 것은 〈잠녀설潛女說〉1760이다.

　〈잠녀설〉은 김춘택金春澤, 1670~1717의 한문 수필이다. 그는 조선왕조 제19대 왕 숙종1661~1720의 장인, 만기萬基의 손자다. 제주도와 인연이 남다르다. 숙종 15년1689년부터 5년 동안 귀양살이하는 부친과 함께 제주도에서 머문다. 제주도와 첫 번째 인연이다. 그리고 숙종 32년1706부터 6년 동안 제주도에서 귀양살이를 한다. 제주도와 두 번째 인연이다. 이때 〈잠녀설〉을 쓴다.

　김춘택의 〈잠녀설〉은 '빗잠녀'에 대한 기록이다. 제주도 해녀 사회에서는 '빗잠녀'라는 말이 전승된다. '빗'전복을 따는 잠녀해녀라는 말이다. 김춘택의 〈잠녀설〉은 미역 따는 해녀에 초점을 맞춘 이건李健, 1614~1662의 〈제주풍토기〉1712와 쌍벽을 이룬다.

　김춘택은 어느 날 '빗잠녀'를 만난다. '빗잠녀'의 생활사를 마음속에 새겨 놓았다가 〈잠녀설〉을 지었다. 김춘택의 〈잠녀설〉은 그 시대 서민생활사 연구자의 올바른 자세를 보여준다. 다음의 원문 해석에서 제주어를 묘사하는 한자어의 경우, 제주어로 표현한다. 예를 들어 철첨鐵尖, 쇠꼬챙이는 '빗창'이라는 말이다. 이 경우 '빗창'[鐵尖]이라고 한다. 다음은 김춘택이 '잠녀'해녀에게 들은 내용을 기록한 것이다[도2-3].

① 나는 갯가로 갑니다. 땔감을 부려 놓고 불을 지핍니다.

② 알몸[赤身] 가슴에 '테왁[匏]'을 붙이고, '테왁'에 '망사리'[繩囊]를 묶습니다. '본조갱이'[舊甲]를 망사리에 담고 손에는 '빗창'[鐵尖]을 잡습니다.

③ 유영(遊泳)하다가 물속으로 들어가서 물 밑에 이릅니다. 한 손으로 바윗돌을 더듬어 전복이 붙어 있음을 알아냅니다. 전복은 단단한 껍데기가 엎어진 모양으로 돌에 딱 달라붙어 있습니다. 견고(堅固)해서 쉬이 따내지 못합니다. 전복껍데기는 검습니다. 돌멩이와 같은 색입니다. '본조갱이'를 뒤집어 놓습니

潛女說

有所謂潛女者業潛水採藿或採鰒然採藿
甚難而苦有過之其容黧然悴有憂困求衆之狀余爲
勞之仍問其事之詳對曰吾就浦邊置薪而爇火吾
赤吾身著匏於胸以繩囊繫於匏所採者鰒之
甲盛于囊手持鐵尖以游以泳遂以潛焉及乎水底
以一手撫其厓石知其有鰒而鰒之黏於石者堅而
舊甲仰而置之以識其處爲其裏面光明在水中可
察見也於是吾氣甚急卽出而抱其匏以息之其聲
劃然父者不知凡幾然後得生遂復潛焉以赴其當

職也吾雖不得以爲吾衣食之資每思官人與其所
備諸官人之食又以給諸官人之所餽於人者是吾
吾小民也鰒美味也以小毗取美味以充　上供以
難余曰汝今採鰒人且從汝而買何汝之自買爲曰
惘然又前而言曰公知採鰒之難乎不知吾買鰒之
者相望吾雖幸生而苦病焉試觀吾容色也余爲之
則衆故與吾同業者以急欲以寒欲以石與虫物噬
多且水底之石或康利觸之則衆其虫蛇惡物噬之
潛不見鰒再潛不果採者有之凡採一鰒其幾欲者
慄不可堪雖六月亦然遂就温於薪火以得生或一
識處以鐵尖採之納於繩囊而出至浦邊則寒凍戰

도2-3 김춘택의 〈잠녀설(潛女說)〉(일부)

다. 그곳을 분별하기 위함입니다. 전복 속껍데기[裏面]에서 빛
이 납니다. 그래서 물속에서 살펴도 알아낼 수 있게 됩니다.
이때 나의 숨은 급해져서 물 바깥으로 나옵니다. '테왁'을 껴
안고 숨[息]을 몰아쉽니다. 그 '숨비소리'[聲]는 얼마나 오래
나는지 모릅니다. 생기가 돌아서 다시 물에 들어갑니다. '본조
갱이'를 놓아둔 곳에 이릅니다. '빗창'으로 전복을 따서 망사리
에 담고 물 바깥으로 나옵니다. 갯가에 이르면, 견디지 못할
만큼 추워서 몸이 부들부들 떨립니다. 비록 6월이라도 말입니
다. 모닥불을 쬐니 생기가 돕니다. 간혹 물속으로 들어가도 전
복을 못 보면 전복을 따지 못합니다.

④ 전복을 따다가 죽는 경우도 많습니다. 물 밑의 돌은 뾰족하고
날카롭습니다. 이것에 부딪치거나 벌레나 뱀 같은 악한 것에
물리면 죽기도 합니다. 그러므로 나와 같은 동업자(同業者)가
급사(急死)하고, 한사(寒死)하고, 돌멩이에 치거나 벌레에 물
려 죽어가는 꼴을 봅니다. 나는 다행히 살아 있으나 병으로 고
생입니다. 나의 얼굴색을 보십시오.

①에서, '빗잠녀'는 바닷가 '불턱'에서 불을 지핀다. '불턱'은 '잠
녀'가 바다에서 물질하고 나와, 불을 피워 언 몸을 녹이기도 하고
쉬는 공간이다. 성냥이 귀한 때이니, '빗잠녀'는 무엇엔가 불씨를
담고 갔을 것이다. 불씨로 불을 살려내고 불씨도 묻어 두었을 것
이다. 그래야 바다에서 나오자마자 곧바로 언 몸을 녹일 수 있게

된다.

②는 '빗잠녀'의 도구들이다. '본조갱이'와 '빗창'이 돋보인다.

'본조갱이'는 자그마한 전복껍데기다. '빗잠녀'가 물속에서 전복을 발견하였지만, 호흡이 달려 그것을 바로 잡을 수 없다고 판단할 때, 그것을 다시 찾기 쉽게 표석처럼 놓아두는 징표의 도구다. '빗잠녀'는 물속으로 들어가 전복을 보고도 따내지 못하면 이것을 놓아두고 물 바깥으로 나와 숨을 고른다. 그리고 다시 '본조갱이'를 보고 물속으로 들어가 전복을 따내는 것이다. 이때 '본조갱이'의 반사작용은 '빗잠녀'에게 물속의 등불과 같다. 제주도 해녀 사회에서 '눈'이라는 물안경이 등장한 후에도 '본조갱이'는 전복이 붙어 있는 위치를 탐지하는 징표의 도구로 사용된다[도2-4].

'빗창'은 '빗'을 따는 창槍이다. '빗'은 전복의 우리말이다. 암컷을 '암핏', 수컷을 '숫핏', 중성을 '마드레'라고 한다. '잠녀'가 '정게호미'로 미역을 따듯이, '빗잠녀'는 '빗창'으로 전복을 딴다. '빗창'은 길쭉하고 납작한 쇠붙이다. 동그랗게 말아진 머리는 구멍이 난 모양이다. 이것에 손잡이 끈을 단다.

③은 전복을 따는 과정이다. 물안경이 없던 시절에 '빗잠녀'들은 잠수하여 전복이 붙은 바윗돌을 맨손으로 어루만지며 찾아냈다. 암전복은 비교적 햇빛이 드는 바윗돌 위에, '숫전복'은 햇빛이 가려지는 '엉'이라는 바위 그늘에 붙어 있는 경우가 많다. 그래서 '숫전복'을 '엉전복'이라고도 한다. 바위 그늘에 붙어 있는 전복은 찾아내고도 곧바로 따지 못한다. 이때 전복 주변에 '본조갱이'를

도2-4 '본조갱이'를 차고 있는 해녀 1997년 5월 8일, 현용준 촬영.
1977년 5월 8일, 어버이날에 납읍초등학교에서 민속경연대회가 펼쳐졌다. 한 해녀가 물질하는 모습을 보여주고 있다. 허리에 전복껍데기를 차고 있다. 전복을 딸 때 전복의 위치를 가늠하여 두는 징표의 도구다. 제주도 해녀들은 이 전복껍데기를 '본조갱이'라고 한다.

징표로 놓아둔다. 그리고 물 바깥으로 올라와 "호오이, 호오이" 휘파람 불듯 소리를 내며 숨을 고른다. 탄산가스를 내뿜고 산소를 들이마시는 모습이다. 이를 '숨비소리'라고 한다.

④는 잠녀들의 생사경生死境이다. 지형의 악조건과 위해물危害物의 피습 때문이다. 다음 두 가지의 사례를 소개한다.

[사례1] 제주시 조천읍 조천리 고○○¹⁹¹⁹년생, 여 씨

1988년 음력 8월 초여드렛날이다. 물때는 조금이다. 동풍샛바람이 부는 날이다. 이 마을 '잠녀'들은 동풍의 안전지대 '새배바다'에서 물질을 한다. 물질이 거의 끝날 무렵이다. 사람은 보이지 않고 '테왁'만 둥둥 떠다니는 것이다. 매우 불길한 조짐이다. 이를 목격한 나이 어린 잠녀들은 발만 동동 구른다. 나이 많은 한 잠녀가 바다로 뛰어든다. 이런 일을 당했을 때 앞서는 것은 나이 많은 '잠녀'들의 몫이다. 고 씨가 나선다. 한 잠녀가 바위틈에 손목이 끼어 목숨을 잃었다. 전복을 따다가 벌어진 일이다.

[사례2] 제주시 구좌읍 행원리 홍복순¹⁹³¹년생, 여 씨

'잠녀'들은 물속에서 물벌레에 쏘이기도 한다. 이때의 물벌레를 '늦'이라고 한다. '늦'은 살갗이 여린 부분을 쏘는 경우가 많다. 그 고통은 말로 다하지 못한다. '늦'은 처녀가 죽은 귀신의 화신化身이라고 한다. 그래서 '늦'에 쏘였을 때는 남자가 안아주거나 업어주어야 통증이 풀린다고도 한다. 1970년대 초부터 물옷 대신 고무옷을 입게 되면서 이와 같은 사례는 뜸한 편이다.

김춘택의 〈잠녀설〉은 잠녀들의 물안경인 '눈'이 없던 시절의 사례다. 그 무렵에 전복을 딸 때는 '본조갱이'가 절대적이었다. 제주도 해녀 사회에서 물안경이 등장하고 나서부터 전복을 따는 기술은 변모하였을 것이다. 그러나 아직 이러한 변천사에 관한 연구는

거의 없다. 제주도는 화산섬이다. 바닷속도 화산암과 화산석으로 뒤엉켜 있다. 김춘택이 만난 '빗잠녀'는 해녀가 물속의 뾰족하고 날카로운[廉利] 바위에 부닥뜨려 죽음에 이르는 경우가 많다고 했다. 이 같은 사례는 지금까지도 이어지고 있다. 그러나 위해물 '늣' 의 실체는 아직 제대로 밝혀내지 못하고 있다.

《탐라순력도》 속 해녀복

해녀복은 제주도 해녀들이 갯밭에서 일할 때 입었던 통시적通時的이고 공시적共時的인 노동복이다. 제주도 해녀복은 세월에 따라 변천하였다. 제주도 해녀들이 갯밭에서 일할 때 입었던 해녀복의 변천사를 통시적으로 들여다보고자 한다.

아랫도리 해녀복

제주도 해녀복을 들여다볼 수 있는 최초의 기록은 이건李健, 1614~1662의 《제주풍토기濟州風土記》1712다. 《제주풍토기》는 제주도 풍속을 다룬 한문 수필집이다. 이건은 인조 6년1628부터 13년1635 까지 7년간 제주도에서 귀양살이하는 동안 이 기록을 남겼다.

《제주풍토기》는 제주도 사람들의 생활사를 들여다볼 수 있는 자료집이다. 15단락 중 9단락이 제주도 해녀潛녀 기록이라는 점에서 그 가치가 높다.

이건은 《제주풍토기》에서 미역을 따는 잠녀에 주목하였다. 그
중에서 '적신노체'赤身露體에 대한 기록의 실상實狀에 대한 논의가
분분하다. 현용준은 《제주도 사람들의 삶》2009에서 다음과 같이 지
적하였다.

> 해녀복을 '물옷'이라고 한다. 언제부터 물옷을 입기 시작했는지
> 절대 연대는 알 수 없으나, 조선 후기의 관리나 일제강점기 때의
> 관리들이 독촉하여 입기 시작한 것으로 생각된다. 처음에는 무
> 명, 다음에 광목으로 변해갔으나 근래에는 '고무옷'을 입는 것이
> 보통이다.2)

조선 후기의 관리나 일제강점기 관리들이 독촉하여 해녀복을
입기 시작하였다는 현용준 학설의 바탕에는 이건의 《제주풍토기》
에 있는 '적신노체'라는 표현이 있다. 그러나 과연 '적신노체'는 아
무것도 걸치지 않은 알몸이었을까.

이건은 조선왕조 인조 13년1635에 제주도 귀양살이를 마쳤다.
그로부터 67년의 세월이 흐른 조선왕조 숙종 28년1702에 이형상
李衡祥, 1653~1733은 《탐라순력도耽羅巡歷圖》를 남겼다. 그 내용 속에는

---

2) 현용준(2009), 《제주도 사람들의 삶》, 민속원, 128쪽.

도2-5 이형상의 《탐라순력도(耽羅巡歷圖)》〈병담범주(屛潭泛舟)〉 속의 잠녀
물옷을 입은 모습이 보인다.

〈병담범주屛潭泛舟〉도 들어 있다. 〈병담범주〉의 한쪽 갯밭에서는 잠녀 5명이 전복을 따고 있는데3), 모두 아랫도리 해녀복을 입고 있다.[도2-5]

아래옷은 하얀색이다. 어떤 이들은 이형상 목사가 제주도 잠녀들이 알몸으로 물질하는 것을 금지시켰다고 하지만 구체적이지 않은 내용이다. 이형상의 치적 중에서 제주도 잠녀의 알몸 물질을

3) 고광민(2016), 〈탐라순력도 속의 잠녀는 무엇을 따고 있을까〉, 《제주 생활사》, 한 그루, 505~511쪽.

금지하였다는 기록은 없다. 이건이 제주도 잠녀들이 아래옷만 입고 가슴을 내놓고 물질하는 모습을 '적신노체'라고 표현하였을 뿐이다.

조선 영조 40년¹⁷⁶⁴에 잠시 제주도에 왔던 신광수申光洙, 1712~1775는 《잠녀가潛女歌》1764를 남겼다. 제주도의 '잠녀'들은 '적신소고'赤身小袴를 하고 있었다고 하였다. 여기에서 '소고'小袴는 아랫도리 해녀복일 가능성이 크다.

일본인 문화인류학자 토리이 류우조오鳥居龍藏는 1913년 감포지금의 경북 경주시 감포읍에서 제주 출가 해녀를 유리원판에 담았다. 가슴을 드러낸 채 아랫도리 해녀복만 입고 있는 모습이다.[도2-6]

이형상의 〈병담범주〉 속 해녀들의 해녀복, 신광수의 〈잠녀가〉의 소고小袴, 그리고 토리이 류우조오가 감포에서 만난 제주도 출가 해녀가 입고 있는 해녀복은 모두 가슴을 내놓은 아랫도리 해녀복이다. 아랫도리 해녀복은 어떤 구조였을까.

1999년 12월 17일, 제주도 역사 속에서 기부 천사로 우러러 받들고 있는 김만덕金萬德, 1739~1812 기념관에는 제주도 전통복식이 전시되어 있었다. 그 자료를 가지고 서귀포시 대포동 김순정1927년생, 여 씨에게 제주도 전통복식에 대해 가르침 받았다. 그 속에는 제주도의 원초적인 아랫도리 해녀복을 가늠할 수 있는 자료도 들어 있었다. 김 씨는 원초적인 아랫도리 해녀복을 '소중이'라고 하였다. 김 씨가 말하는 아랫도리 해녀복 '소중이'는 다음과 같다.[도2-7]

도2-6 감포에서 만난 아랫도리 해녀복을 입고 있는 제주도 해녀 1913년, 토리이 류우조오(鳥居龍藏) 촬영. 현재 이 사진은 국립중앙박물관에 보관되어 있다.

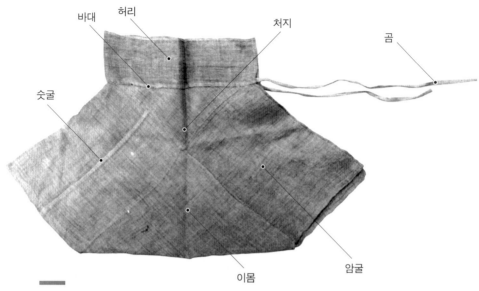

바대　허리　처지　곰

숫굴

이몸　암굴

도2-7 소중이 김만덕기념관 소장.

아랫도리 해녀복 '소중이'는 마포(麻布)와 목면포(木棉布)로 만들었다. 제주도 사람들은 마포를 '베', 목면포를 '미녕'(무명)이라고 하였다. 베로 만든 '소중이'를 '베소중이', '미녕'으로 만든 '소중이'를 '미녕소중이'라고 하였다. '소중이' 구조는 크게 허리와 바대로 구성되었다. 허리와 바대 사이에 끈이 있다. 이를 '진곰'이라고한다. '진곰'은 기다란 '곰'(옷고름)이라는 말이다. 바대는 옷감 조각을 '이몸', 좌(左)의 왼쪽 조각을 '숫굴', 우(右)의 오른쪽 조각을 '암굴'이라고 한다. 상하좌우(上下左右) 4개로 구성되었다. 상(上)의 위쪽 조각을 '처지', 하(下)의 아래쪽 조각을 '이몸', 좌(左)의 왼쪽 조각을 '숫굴', 우(右)의 오른쪽 조각을 '암굴'이라고 한다.

'숫굴'과 '암굴'을 눈여겨볼 필요가 있다. '숫굴'은 막힌 가랑이다. 한쪽 다리를 '숫굴'에 들이민다. '암굴'은 터진 가랑이다. '암굴'을 나머지 한쪽 다리에 붙이고 나서 '옷곰'옷고름을 묶는다. 이때의 '옷곰'을 '짧른곰'이라고 한다. 허리에 붙인 기다란 곰보다 짧은 곰이라는 말이다.

아랫도리 해녀복은 일상日常의 속옷이었다. 해녀들은 겉옷을 벗어 놓고 '소중이'만 입고 물질하였던 것이다. 이것이 제주도 해녀 사회에서 전승되었던 원초적인 아랫도리 해녀복이었다.

제주도 해녀복은 '아랫도리 해녀복'에서 '원피스 해녀복'으로 변천되었다. 원피스 해녀복은 1917년부터 보인다. 아랫도리 해녀복과 원피스 해녀복의 차이는 허리 모양에 있다. 아랫도리 해녀복의 허리 상하 길이는 9.7cm로 허리만 감싸게 되어 있고, 원피스 해녀복의 허리 상하 길이는 18.0cm로 가슴까지 감싸게 되어 있다. 그리고 아랫도리 해녀복에는 어깨에 걸치는 '멜빵'메친이 없지만, 원피스 해녀복에는 '멜빵'이 있다는 점이다. 아랫도리 해녀복이 일상의 속옷 겸용이었다면, 원피스 해녀복은 일상의 속옷이 아닌 해녀들이 잠수할 때만 입는 본격적인 해녀복이었다.

이후 원피스 해녀복은 고무 해녀복으로 변천되었다. 고무 해녀복은 1971년부터 드러나고 있다. 그 당시 고무 해녀복은 형평성 논쟁이 일기도 하였다. 그렇지만 고무 해녀복은 오늘날 제주도 해녀들의 보편적인 노동복이 되었다.

원피스 해녀복

이 글에서는 아랫도리와 가슴을 감출 수 있는 해녀복을 원피스 해녀복이라고 부르고자 한다. 1917년에 출간된 《전남사진지全南寫眞誌》에는 제주도에서 어린 해녀들이 기량技倆을 겨루는 한 컷의 사진이 실려 있다.[도2-8] 어린 해녀들은 모두 원피스 해녀복을 입고 있다. 이 사진은 원피스 해녀복이 처음으로 등장하고 있다는 점에서 주목하고자 한다.

1930년, 일본인 나까마 테루히사仲摩照久는 《일본지리풍속대계日本地理風俗大系》[17卷, 朝鮮(下)](1930)를 출간했다. 이 책은 관광 홍보의 목적도 다분히 있어 보인다. 이 책 〈제주도濟州島〉에 실린 해녀 사진한 장이 돋보인다.4) 해녀는 검은색 원피스 해녀복을 입고 있다.

도2-8 원피스 해녀복을 입고 기량을 경주하고 있는 해녀 출처: 〈전남사진지全南寫眞誌〉.

---

4) 나까마 테루히사(仲摩照久, 1930), 《일본지리풍속대계(日本地理風俗大系) 제17권 조선》, 新光社, 69쪽.

도2-9 가슴을 노출하고 원피스 해녀복을 입은 해녀 출처: 일본지리풍속대계(日本地理風俗大系).

가슴을 노출하고 원피스 해녀복을 입은 제주도 해녀는 물에서 헤엄칠 때 쓰는 수경(水鏡)을 이마에 걸치고 있다. 이를 '족세눈'이라고 한다. 왼손에는 '테왁'과 '망사리'를 잡고 어깨에 올려놓았고, 오른 손에는 '빗창'(전복 따는 도구)을 들고 있다.

제주도 해녀 사회에서 원피스 해녀복은 가슴을 가릴 목적으로 고안되었는데, 사진 속의 해녀는 가슴을 드러내고 있다[도2-9].

이 사진을 찍은 사람이 선정적煽情的 장면을 담을 목적으로 가슴 노출을 연출했다. 어쨌든 제주도 해녀 사회에서 원피스 해녀복은 이 책이 출간된 1930년 전후에 전승되고 있었음을 미루어 짐작할 수 있게 된다.

1939년 5월 24일부터 6월 3일까지 일본인 농학자 타카하시 노보루高橋昇 일행은 제주도의 농법을 조사하였다. 그동안 사진 여러 컷을 남겼다. 1939년 5월 29일, 타카하시 노보루는 성산리성산읍에서 해녀 모습을 카메라에 담았다. 이날은 음력 4월 11일이니 해녀들의 미역 따기는 끝이 났을 때였다. 제주도 해녀 사회에서 미역 따기를 금지하였다가 마을에서 허채許採를 결정하고 나서 동시에 미역을 따는 일을 '미역조문'이라고 한다. 그리고 거름용 해조류, 전복, '구제기'소라 등을 자유롭게 따는 일을 '헛물에'라고 한다. 타카하시 노보루는 이 마을에서 해녀들의 헛물에 모습을 카메라에 담았다. 해녀 4명이 헛물에를 끝내고 갯밭으로 걸어 나오는 모습을 눈여겨보고자 한다.[도2-10]

해녀 4명은 모두 머리에 수건을 쓰고 있다. 해녀들이 물질하는 동안에 머리에 쓰는 수건을 '물수건'이라고 한다. '물수건'은 무명 조각으로 만들었을 것이다. 해녀 4명은 모두 원피스 해녀복을 입고 있다. 원피스 해녀복은 모두 검은색이다. 맨 뒤쪽에 있는 해녀만 하얀색 윗옷을 입고 있다. 해녀들이 갯밭에서 잠수할 때 입는

도2-10 원피스 해녀복을 입고 있는 제주도 해녀 1939년 5월 29일, 성산읍 성산리, 타카하시 노보루(高橋 昇) 촬영.
출처: 《사진으로 보는 조선반도의 농법과 농민(寫眞でみる朝鮮半島の農法と農民)》.

윗옷을 '물적삼'이라고 한다.

2002년 5월, 나는 제주도와 그 주변 지역에서 전승되고 있는 어구漁具를 모아 제주대학교 개교 50주년 기념 기획전을 열었던 적이 있다. 그때 제주도 구좌읍 행원리의 장문옥1934년생, 여 씨는 나에게 원피스 해녀복과 '물적삼'[도2-11]을 만들어주었다. 행원리 마을 사람들은 원피스 해녀복을 '물소중이'라고 하였다.[도2-12]

고무 해녀복

2004년 5월 7일, 귀덕1리한림읍 사무소에서 고무 해녀복 분쟁을 기록으로 남겨 놓은 문서를 카메라에 담았다. 고무 해녀복 분쟁에 관한 문서 제목은 〈해녀복 관계 회의록〉이었다. 그 당시 이 마을 해녀 12명은 고무 해녀복을 입고 물질하기 시작하였다. 고무 해녀복은 일본에서 수입된 것이었다. 마을에서는 형평성을 잃었다는 여론이 분분하였다. 이 때문에 회의가 벌어진 것이었다.

해녀복 관계 회의는 1971년 3월 20일 오후 9시 20분부터 다음 날 새벽 2시까지 무려 5시간 가까이 진행되었다. 이장이 개회사를 선언하였다. 고무 해녀복 때문에 충돌이 일어나고 있는데, 오늘 좋은 타협안을 이끌어내 달라는 내용이었다[도2-13].

고무 해녀복을 입어야겠다는 12명의 해녀 대표'공월'이라는 사람는 고무 해녀복을 입는 것에 대한 세금을 마을에 납부하는 한이 있더라도 기필코 고무 해녀복을 입겠다고 주장했다. 고무 해녀복을

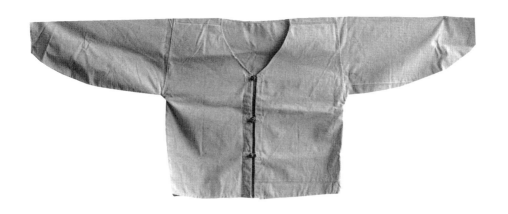

도2-11 물적삼

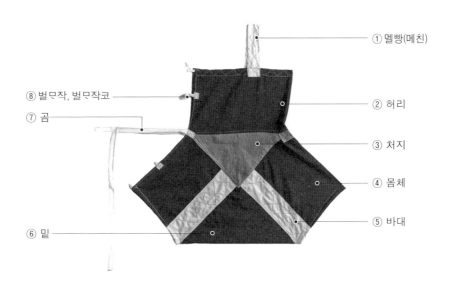

도2-12 원피스 해녀복
① 멜빵(메친), ② 허리, ③ 처지, ④ 몸체, ⑤ 바대, ⑥ 밑, ⑦ 곰, ⑧ 벌ᄆ작, 벌ᄆ작코

① 멜빵(메친)
② 허리
③ 처지
④ 몸체
⑤ 바대
⑥ 밑
⑦ 곰
⑧ 벌ᄆ작, 벌ᄆ작코

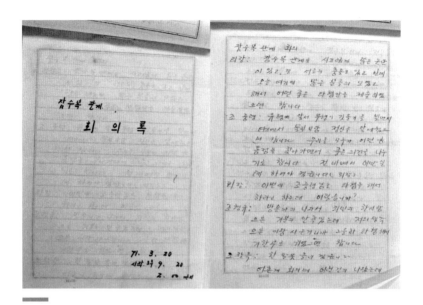

도2-13 해녀복 관계 회의록(일부)

입지 못하게 하겠다는 해녀 대표^{해녀회장}는 어느 누구라도 고무 해
녀복을 입고 물질할 수 없다고 주장했다. 이장은 다음과 같은 내
용의 중재仲裁를 제안提案한다. 음력 3월 15일^{양력 4월 10일}까지만 고
무 해녀복 착용을 한시적으로 허락하기로 하자. 그 이후에도 고무
해녀복을 착용하였을 경우에는 이장과 어촌계장이 앞장서서 고
무 해녀복을 찢겠다는 것이다. 고무 해녀복을 입겠다는 해녀들은
중재 제안을 거절하면서 퇴장해버렸다. 사회자는 다음 날부터 해
녀들이 고무 해녀복을 입고 물질하는 것을 저지하기 위한 행동대
원을 결성하면서 폐회를 선언하였다.

《탐라순력도》 속 해녀의 테왁과 망사리

　초가지붕에 올라앉아 있는 박을 따다가 물 위에 뜰 수 있게 만든 것이 '테왁'이다. '테왁'은 '트는 박'[匏]이라는 말에서 비롯되었다. 제주도 사람들은 '뜨다'[浮]를 '트다'라고 발음한다. '테박'이 '테왁'이 된 것은 'ㅂ' 탈락 현상이 일어났기 때문이다.《표준국어대사전》국립국어원은 표제어 '테왁'의 뜻풀이를 "박의 씨 통을 파내고 구멍을 막아서 해녀들이 작업할 때 바다에 가지고 가서 타는 물건"이라고 하였다.[5]《표준국어대사전》은 제주도 해녀 사회에서 전승되는 표제어 '망사리'에 대한 뜻풀이를 "제주도에서, 해녀가 채취한 해물 따위를 담아두는, 그물로 된 그릇"이라고 하였다. 과연 '테왁'은 해녀들이 바다에서 타고 있을 목적만으로 만들어진 도구일까. 그리고 망사리는 해녀가 채취한 해물 따위를 담아두려는 목적만으로 만들어진 도구일까.

　제주도 해녀 사회에서 전승되는 '테왁'과 '망사리'의 뜻풀이는 다분히 김영돈의 '테왁'과 '망사리' 기능에 대한 연구 성과를 참고하고 있다. 제주도 해녀 연구의 선구자 김영돈은《한국의 해녀》

---

5)《디지털제주시문화대전》은 테왁의 정의를 "제주특별자치도 제주에서 해녀들이 해산물을 채취할 때 사용하는 부력(浮力) 도구"라고 하였다. 그리고《디지털서귀포문화대전》은 테왁의 정의를 "제주특별자치도 서귀포 지역에서 해녀들이 바다 작업을 할 때 쓰는 어로 용구"라고 하였다.

1999에서 '테왁'과 '망사리'의 기능을 다음과 같이 말하고 있다.

> '테왁'과 '망사리'는 不可分離로 반드시 하나로 묶인 것이기 때
> 문에, '테왁'과 '망사리'를 통튼 이름이 있음직한데 실은 없다. 대
> 로 결은 갓양태와 말총으로 결은 갓모자를 합쳐서 갓이 이루어
> 지는 경우와는 다르다. 그 차이는 갓과 '테왁'·'망사리'가 지니는
> 機能 때문이라고 볼 수 있지 않을까? 곧 갓은 머리에 쓴다는 한
> 가지 기능뿐이지마는 하나로 묶이기는 했어도 '테왁'은 '테왁'대
> 로, '망사리'는 '망사리'대로 그 기능이 다르다. '테왁'은 그 浮力을
> 이용해서 가슴을 얹혀 헤엄치거나 水面에서 쉴 때 쓰이고, 또한
> '망사리'를 매다는 기능을 지니며, '망사리'는 캐어낸 해산물을 넣
> 는 데 쓰인다. '테왁'과 '망사리'가 한 몸이라면 '테왁'은 머리요
> '망사리'는 꼬리다. '망사리'는 반드시 '테왁'에 부속품처럼 달리는
> 것이므로 그다지 부각되지 않는다.**6)**

윗글에서 '테왁'은 부력浮力을 이용해서 해녀들이 가슴을 얹어
헤엄치는 도구, 수면에서 쉴 때 쓰는 도구, 그리고 망사리를 매다
는 도구이고, 캐어낸 해산물을 넣는 데 쓰는 도구라고 설명하고
있다. 그럼 '테왁'과 '망사리'는 어떻게 구성되었는지 살펴보자.

---

6) 김영돈(1999),《한국의 해녀》, 민속원, 123쪽.

태왁의 종류

 김영돈은 제주도 해녀들이 '태왁'을 만드는 과정을 기록으로 남
겼다.[7] 11월 말쯤이면 지붕에서 박을 따냈다. '태왁' 만들기에 알
맞은 단단하게 굳은 것을 골라서 '정지'^{부엌} 천정에 매달아 천천히
말렸다. 연말에서 2월 사이에 말린 박으로 '태왁'을 만들었다. 직
경 2cm쯤의 자그만 구멍을 꼭지 쪽에서 뚫고 댓개비 따위로 속에
든 박 씨를 전부 꺼낸다. 뚫린 구멍은 고무 따위로 막고 나서 정
해진 방법에 따라 끈을 얽어매면 '태왁'이 만들어졌다[도2-14].
 '태왁'을 얽어매는 끈의 재료는 다음과 같이 여러 가지로 변천

도2-14 테왁

7) 김영돈, 앞의 책, 122쪽.

했다. 대체로 사람의 머리털 → '미' → 신사라[新西蘭]8) → 나일론 끈의 순서다. '미'란 억새꽃이 피기 전에 그것을 싸고 있는 껍질을 말한다. 1960년대 중반에 이르러 '테왁'은 이른바 '나일론테왁'으로 바뀌었다. '테왁'도 그 크기에 따라서 '족은테왁, 중테왁, 큰테왁'이 있었다.

망사리의 종류

해녀들이 바닷속에 들어가 채취하는 해산물에 따라 망사리도 다양한 형태로 전승되었다. 제주도 행원리구좌읍에서는 네 가지 '망사리'가 전승되었다. 해녀들은 해산물 채취 목적에 따라 다른 형태의 '망사리'를 사용하였다. 그물코 길이가 긴 순서대로 망사리의 종류를 들여다보기로 한다.

① **고지기망사리**: 해녀들이 '고지기'라는 거름용 바다풀을 딸 때 테왁에 달아매는 망사리다.[도2-15]

---

8) 백합과의 여러해살이풀이다. 높이는 1.5미터 정도이며, 잎은 뿌리에서 모여 자라는데 긴 칼 모양이며 섬유가 잘 발달하여 있다. 7~8월에 어두운 붉은색 또는 노란색의 꽃이 두세 개의 꽃줄기 끝에 피고 열매는 삭과(蒴果)로 10월에 익는다. 온대에서도 재배가 가능한 유일한 경질 섬유 원료 식물로 끈, 밧줄, 직물, 제지의 원료로 쓰인다. 뉴질랜드 늪지대가 원산지로 제주특별자치도의 중산간 지역과 해안가의 집 주변에 자생하거나 식재된다.(《표준국어대사전》, 국립국어원)

② **초불미역망사리**: 첫 번째 허채許採 때, 해녀들이 미역을 딸 때 테왁에 달아매는 망사리다.[도2-16]

③ **두불미역망사리**: 두 번째 허채 때, 해녀들이 미역을 딸 때 테왁에 달아매는 망사리다.[도2-17]

④ **우미망사리**: 해녀들이 '우미'우뭇가사리를 딸 때 테왁에 달아매는 망사리다.[도2-18]

네 가지 망사리에는 모두 바다풀 이름이 붙었다. 다만 전복이나 소라를 딸 때는 '우미망사리'로 대신하였다. 나는 제주도의 전통적인 망사리를 만들 줄 아는 사람을 찾다가 2000년 어느 날, 제주도 행원리구좌읍에서 태어나 한평생 해녀로 삶을 꾸려온 강생주1921년생, 여 씨의 도움으로 네 개의 망사리를 복원했다. 네 가지 망사리 그물은 신사라 줄로 떴다.

도2-15 고지기망사리

나무를 둥그렇게 만들어 그물을 거기에 끼워 고정하는 둥그런 테두리를 '에움'이라고 한다. '에움' 재료는 다래나무이고 지름은 57.8cm다. '고지기망사리' 맨 아래쪽에 ⊗자 모양의 그물코가 있다. 이를 '알코'라고 한다. '알코'는 '고지기망사리' 그물코의 출발점이다. '고지기망사리' 그물코는 모두 255 개다. 그물코 길이는 22cm다. 이를 '망사리코'라고 한다. 그중 세 개 그물코의 길이는 7.5cm다. 이를 '군코'라고 한다. 이때의 '군'은 '여분으로 꼭 필요한 것 이외'의 뜻을 지닌 말이다. 어느 망사리에서나 '군코'를 놓아야 망사리의 배가 불룩하게 되는 것이다. .

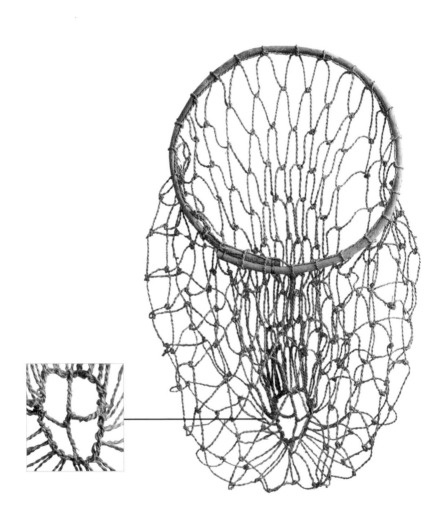

도2-16 초불미역망사리

'초불미역망사리'의 '에움' 재료는 상동나무이고 지름은 51.0cm다. '초불미역망사리' 맨 아래쪽 '알코'
는 '초불미역망사리' 그물코의 출발점이다. '초불미역망사리'의 그물코는 모두 386개다. '망사리코'
의 길이는 14.0cm이고 10개의 '군코' 길이는 7.0cm다.

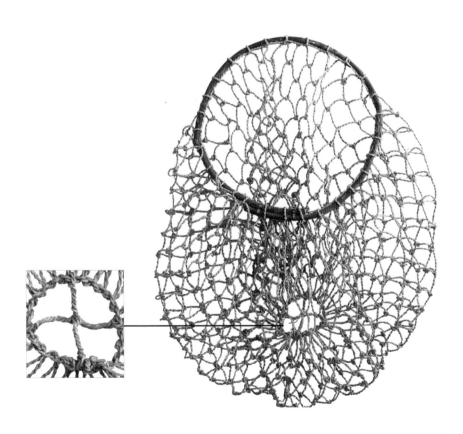

'두불미역망사리'의 에움 재료는 상동나무이고 지름은 53.3cm다. '두불미역망사리' 맨 아래쪽에 그
물코의 출발점인 '알코'가 있다. '두불미역망사리'의 그물코는 모두 412개다. '망사리코'의 길이는
13.0cm이고 그중 12개의 '군코'의 길이는 7.0cm다.

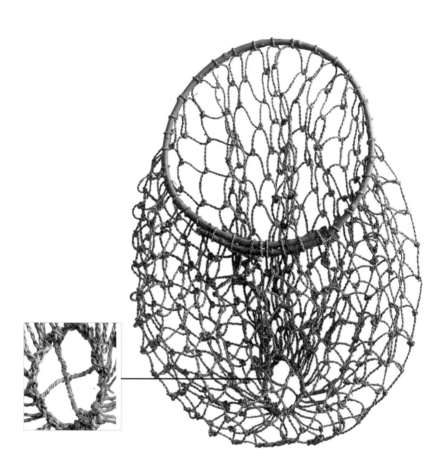

140

도2-18 우미망사리

'우미망사리' '에움' 재료는 상동나무이고 지름은 48.0cm다. '우미망사리' 맨 아래쪽 '알코'는 '우미망사리' 그물코의 출발점이다. '우미망사리'의 '망사리코' 길이는 8.5cm, '우미망사리'의 '군코' 길이는 4.0cm다. '망사리코'와 '군코'의 개수는 '두불미역망사리'보다 많다.

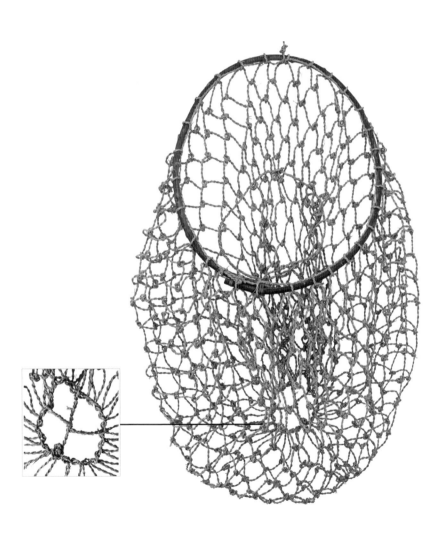

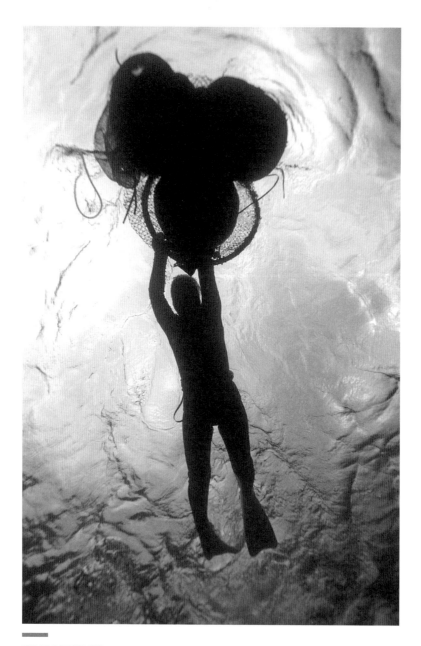

도2-19 수중 미역 운반 2017년, 성산읍 온평리, 촬영 박정근.

맺음말

《탐라순력도》병담범주 속의 해녀가 무엇을 따고 있는지는 수수께 끼와 같은 물음이었다. 여기서 이원조의 《탐라록》으로 미루어보 면, 해녀들은 제주 목사와 그 일행들이 부정기적으로 취병담에서 뱃놀이를 하고 난 뒤 점심상에 올릴 전복 등을 따고 있었음이 드 러났다.

《탐라순력도》 속의 해녀는 전복을 따는 '빗잠녀'들이다. '빗잠녀' 손에 들고 있는 것은 전복을 따는 도구인 '빗창'이다. '빗잠녀'가 잠 수하여 채취하는 물질에 대해서는 김춘택의 〈잠녀설〉에서 더욱 소상하게 드러난다.

《탐라순력도》 속 해녀의 해녀복은 가슴이 드러나는 '아랫도리 해녀복'이다. 제주도 해녀 사회에서 '아랫도리 해녀복'은 1917년 무렵까지 이어졌던 것 같다. 1917년에 출간된 《전남사진지》에서 최초로 가슴을 가리는 '원피스 해녀복'이 등장하고 있기 때문이다.

그리고 《탐라순력도》 속 해녀의 '망사리'는 제주도 해녀 사회에 서 전승되는 4개의 망사리고지기망사리, 초불미역망사리, 두불미역망사리, 우미 망사리 중에서 그물코 길이가 가장 짧은 '우미망사리'다. 제주도 해 녀들은 '우미망사리'를 테왁에 달아매어 전복, 소라 등 '헛물에' 물 질을 하였기 때문이다.

방울과
낙인

　　　　　　　　　한반도와 그 주변 도서 지역 사람들
의 소 기르기와 제주도 사람들의 소 기르기는 썩 달랐다. 한반도
와 그 주변 도서 지역 사람들은 소를 고삐에 묶어 길렀다[이하, 삭목
(索牧)이라고 함]. 1993년 8월, 조약도[전라남도 완도군에 속하는 섬]에서 한 노
인이 소고삐를 채운 소를 끌고 다니면서 소를 먹이고 있는 것처
럼 말이다[도2-20].

　제주도 사람들은 소를 놓아 길렀다[이하 방목(放牧)이라고 함]. 제주도
풍토적 관점에서 방목 문화의 배경은 어떠할까. 제주도는 동서
75km, 남북 31km로 달걀 모양의 섬이다. 한라산[1,950m]은 제주도
한가운데서부터 남쪽으로 조금 치우쳐 있다. 한라산에 비가 쏟아
지면 빗물은 높은 곳에서 낮은 곳으로 급하게 흘러내린다. 그 물
길은 제주도 여기저기에 건천乾川을 만들어 놓았다. 한라산 정상

도2-20 삭목(索牧) 1993년 8월, 전라남도 완도군 조약면 해동리.
한 노인이 소고삐를 채운 소를 끌고 다니면서 소를 먹이고 있다.

도2-21 방목(放牧) 1950년대, 제주도, 홍정표 촬영.

부에서부터 생긴 내를 '산벌른내'라고 한다. '벌른'의 '벌르다'는 '쪼
개다'의 제주도 방언이다. '산벌른내'는 한라산 북쪽의 '한내', 그리
고 한라산 남쪽의 '도순내'와 '영천내'가 그것이다. 그리고 한라산
중턱에서부터 발원發源한 내를 '허릿내'라고 한다. 제주도 여기저
기 폭우의 빗물이 만들어 놓은 건천들은 소를 방목하는 동안 하
나의 울타리가 되어주었으니, 건천과 건천 사이는 자연 방목지가
될 수 있었다.

그리고 한라산 비탈면은 소가 먹을 풀이나 나뭇잎의 싹트기와
시들기의 이동을 뚜렷하게 만들어주었다. 풀과 나뭇잎의 싹트기
는 한라산 낮은 데서부터 꼭대기까지 천천히 올라갔다. 다시 풀과

나뭇잎의 시들기는 한라산 꼭대기에서부터 낮은 갯가까지 서서히 내려왔다. 소들은 '산벌른내'와 '허릿내' 사이에서 상하上下로 옮겨 다니며 풀을 뜯었다. 제주 사람들은 절기節氣의 확인만으로도 소들이 지금 어디쯤에서 풀을 뜯고 있는지 가늠할 수 있게 되었다. 이렇게 제주도가 갖는 풍토적 조건이 제주도 소 가꾸기의 방목 문화를 만들어 놓았다[도2-21].

이러한 사실은 방울과 '낙인'烙印에서 극명하게 드러난다. 한반도와 그 주변 도서 지역 소의 굴레에는 방울을 매달아 놓았고[도2-22], 제주도 소의 엉덩이에는 '낙인'이라는 징표를 찍어 놓았다[도2-23]. 한반도와 그 주변 도서 지역 소의 굴레에 매달린 방울은 소가 주인에게 자신의 위치를 소리로 알리려는 의사 전달 수단으로 작용하였다면, 제주도 소의 엉덩이에 찍힌 낙인은 주인은 물론

도2-22 방울
1993년 8월, 전라남도 완도군 조약면 해동리.

도2-23 상(上) 자 낙인을 찌른 소 1991년 8월 3일, 구좌읍 송당리 대천동.
이 마을 김두향(1923년생, 남) 씨는 '上' 자 낙인의 농우를 소유하고 있었다. 소의 나이는 15세이고,
5년 전에 지금의 애월읍 어느 마을에서 산 것이다. '上' 자 낙인은 상천리(안덕면) 박씨 문중 공동 소
유의 것이었다.

산야를 오가는 모든 사람에게 자기 주인이 누구임을 알리려는 징
표로의 의사 전달 수단으로 작용하였다. 한반도와 그 주변 도서
지역의 방울과 제주도의 낙인은 두 지역 소 기르기의 삭목과 방
목의 차이를 드러내는 유산인 셈이다.

낙인 만들기

  '낙인' 만들기는 상천리^{안덕면} 박정환^{1935년생,}남 씨에게 가르침 받았
다. '낙인'은 대장간에서 만들었다. 낙인 주인은 우선 고사 제물祭物

부터 마련하였다. 고사 제물은 쌀 1되, 술 1병, 건어乾魚 1마리 정도였다. 대장장이는 제물을 차려 고사를 지내고 나서 '낙인'을 만들었다. '낙인' 만드는 일을 '낙인 친다'고 하였다.**9)**

'낙인'을 치러 간 사람은 가격 흥정 등 이런저런 이야기를 삼갔다. '낙인'을 치는 값은 보통 물건 만들기 값보다 4~5배 정도 비쌌다. 옛날에 이 마을 사람들이 '낙인' 하나를 만들러 갈 때 콩 20말을 모으고 소 두 마리에 싣고 갔다는 이야기가 전설처럼 전승될 정도로 '낙인'을 만드는 값은 비쌌다. '낙인'은 술일戌日과 인일寅日에만 만들었다. 그리고 '낙인'을 만들어 가지고 온 날에는 방목지 일정한 곳에서 고사를 지내기도 하였다.

낙인 찌르기

'낙인' 찌르기는 상가리애월읍 현원경1921년생, 남 씨에게 가르침 받았다. 소 엉덩이에 낙인으로 징표徵標하는 일을 '찌른다'고 하였다. 우선 소를 결박하고 나서 '낙인'을 숯불 따위에 달구었다. 소의 엉덩이에 불에 익은 낙인을 찔렀다. '낙인'을 잘못 찔러 징표가 뚜렷하게 보이지 않는 수도 있었다. 이런 모양의 '낙인'을 '범벅가부 낙

---

9) 쇠침도 대장간에서 만들었는데, 대장간에서 쇠침을 만드는 일도 '쇠침 친다'고 하였다.

인'이라고 하였다. '범벅가부'는 '뒤범벅'이라는 말이다. 소 엉덩이에 찔렀던 '낙인'이 세월을 이기지 못하고 올곧게 드러나지 못하는 수도 있었다. 그럴 때는 짚신에 썩은 오줌을 먹인 것으로 엉덩이를 비벼대면 '낙인' 징표가 간신히 드러나기도 하였다.

낙인 소유 구조

낙인 소유 구조는 다양하게 전승되었다.

[사례1] 제주시 아라2동 양지규1927년생, 남 **씨**

제주시 아라2동은 '걸머리, 간드락, 원두왓, 베리왓' 4개의 자연마을로 구성되었다. 아라2동에는 '巨' 자 낙인이 전승되었다[도2-24]. 이 낙인은 마을 '걸머리'와 '원두왓'에 거주하는 양씨 문중이 공동으로 소유하였다. '걸머리'에 거주하는 양씨들은 '낙인'을 세워서 찔렀고, '원두왓'에 거주하는 양씨들은 '낙인'을 눕혀서 찔렀다. 이는 '낙인' 징표를 다르게 표시하려는 수단이었다.

[사례2] 서귀포시 성산읍 수산1리 김윤옥1921년생, 남 **씨**

이 마을 사람들은 보통 30가호가 소 40~50마리 정도를 한데 모아 방목하였다. 이렇게 한데 모아 가꾸는 소를 '에움쇠'라고 하였다. '에움쇠'는 '사방을 빙 둘러싸다'라는 의미의 '에우다'와 '소'로 이루

도2-24 거(巨) 자 낙인 가로 11.0cm, 세로 6.5cm, 높이 62.5cm, 고광민 소장.

'巨' 자 낙인이다. 손잡이(길이 19.0cm)는 '족낭'(때죽나무)으로 만들었다.

어진 말이다. 그리고 '에움쇠' 공동 방목 집단을 '에움접'이라고 하였다. '에움접' 구성원들은 입하5월 5일경부터 망종6월 6일경까지 개별적으로 소를 방목하였다. 이를 '방둔'放屯이라고 하였다.

망종부터 추분9월 23일경까지는 하루에 1가호에서 1~2명이 출역出役하여 윤번제로 '에움쇠'를 돌보았다. 이때 소를 먹이는 사람을 '차례'라고 하였다. '차례'는 낮에는 소를 먹였고, 밤에는 자기네 밭으로 소를 몰아넣고 똥오줌을 받았다. 이렇게 거름 목적으로 소의 똥오줌을 받는 일을 '바령', 이때의 밭을 '바령밭'이라고 하였다. 추분부터 입동11월 8일경까지 '차례'는 하루씩 윤번제로 '에움쇠'를 먹였다. 이때는 밤에 '에움통'이라는 일정한 곳에 가두었다.

그리고 '낙인'은 '에움접'마다 하나씩 소유하고 있었다. 김씨 '에움접' 공동 소유는 '㠛' 자 낙인이었다. 입동 이후에 '에움쇠' 중에서 그해에 태어난 송아지를 대상으로 '낙인'을 찔렀다. 그 이후에 '에움쇠'를 해산시켰다. 그러면 입동부터 이듬해 입하까지 집집마다 외양간에 소를 매어놓고 월동했다.

[사례3] 서귀포시 성산읍 삼달1리 강태춘1932년생, 남 씨

이 마을에는 '에움접' 3개가 있었다. '에움접'마다 '낙인' 하나를 공동으로 소유하였다. 낙인은 큰 '才' 자 '낙인', 작은 '才' 자 '낙인', 그리고 '干' 자 '낙인'이었다. '낙인'은 '에움접' 공동 방목 집단 중에서 소를 가장 많이 소유하고 있는 가호에서 보관하였다.

[사례4] 서귀포시 회수동 이동기^{1916년생, 남} 씨

이 마을에는 '水', '土', 그리고 '回' 자 3개 '낙인'이 전승되었다. '水' 자 '낙인'은 이 마을 양씨 문중 공동 소유, '土' 자 낙인은 이 마을 송씨 문중 공동 소유, 그리고 '回' 자 낙인은 이 마을 공동 소유 낙인이었다[도2-25].

[사례5] 서귀포시 중문동 고병현^{1930년생, 남} 씨

이 마을 사람들은 '곶'숲에서 방목하는 소를 '곶쇠'라고 하였다. 제주도 '곶쇠'는 '4·3사건'¹⁹⁴⁸ 때 자취를 감춰버렸다. 1962년 고 씨를 비롯한 19명은 '곶쇠'를 가꾸려고 각자 2~3살짜리 암소 3~4마리, 그리고 공동으로 수소 2마리를 갖추었다. '곶쇠'는 모두 68마리가 하나의 집단을 이루었다.

청명^{4월 5일경} 무렵에 어느 빈 밭에 몰아넣고 '中' 자 '낙인'을 찔렀다[도2-26]. '곶쇠'를 녹하지오름^{621m} 위에 있는 낙엽수림의 지대에 풀어놓았다. 그리고 하지^{6월 21일경} 무렵부터 '곶쇠'들을 볼레오름^{1,351m}으로 이동시켰다. 볼레오름 북쪽, 속칭 '못벵듸'^{1,200m} 일대는 습지대이다. 못벵듸 가까운 곳에 가뭄에도 물이 마르지 않는 '소못'이라는 우마 급수용 우물이 있었다. '곶쇠'는 '볼레오름' 주변에서 풀을 뜯다가 '소못'에서 물을 먹었다. '곶쇠'들은 상강^{10월 23일}경부터 월동장으로 내려왔다. '곶쇠'의 월동장은 녹하지오름 자락에 있는 '화등이케'^{600m}였다. '화등이케'는 낙엽수림을 이루고 있는 곳이었다. 구성원들은 이곳에 돌담을 보수하고 월동장을 마련

도2-25 회(回) 자 낙인 가로 9.8cm, 세로 9.8cm, 높이 63.0cm, 제주대학교박물관 소장.
'回' 자 낙인이다. 손잡이(길이 23.6㎝)에는 무쇠 자루가 놀지 않게 철사로 동여 묶었다.

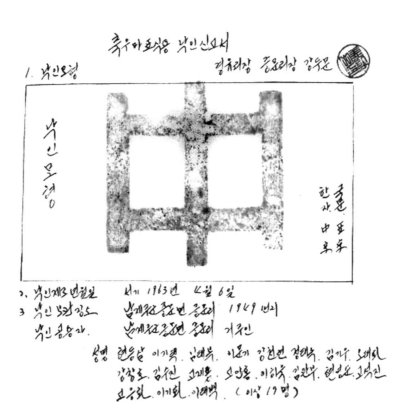

축우마 포삼용 낙인신고서

경축회장 중요리장 강우문 ㊞

1. 낙인모형

낙인모형

중 토 목
한 사 中 목 목

2. 낙인제조 년월일   서기 1963년 4월 6일
3. 낙인 보관 장소   남계군 중요면 중요리 1969 번지
   낙인 사용자   남계군 중요면 중요리 거주인

성명 현응삽 이기록 남태욱 이문기 강천연 정태욱 김가우 오태욱
강창호 김수인 고계웅 오영웅 이하욱 김환우 현응오 고복진
고응욱 이기욱 이대백 (이상 19명)

위와 같이 본인등이 사용하고 있는 낙인임을 신고합니다.

서기 1963년 6월 16일
남계군 중요면 중요리 1969 번지
현영순 ㊞

끝

도2-26 중(中)자 낙인

1962년, 고병현 씨를 비롯한 19명의 '곶쇠' 공동 사육 구성원들이 공동으로 낙인을 마련하고 그 내용을 마을에 신고하였다. 그 당시 문서는 지금도 이 마을회관에 보관하고 있었다.

하여 '곳쇠'를 몰아넣었다. 그리고 각자 그 주변에 월동 사료를 쌓아두었다.

1963년 2월 1일, 제주도에는 재해대책위원회를 소집할 정도로 폭설이 내렸다. 이날 '화등이케'에서 월동하던 '곳쇠'들은 폭설을 피하려고 그 주변에 있는 동굴 속으로 들어가겠다고 몰려가는 바람에 모두 압사壓死하는 참변을 당하고 말았다. 그 바람에 고 씨를 비롯한 구성원들의 '곳쇠' 사육은 실패로 끝나버렸다.

[사례6] 서귀포시 안덕면 감산리 고병수1916년생, 남 씨

이 마을에는 '巳' 자와 '七' 자 낙인이 전승되었다. '巳' 자 낙인은 이 마을 강姜씨 문중 공동 소유의 것이었다. 고씨들은 강씨 낙인을 빌려다가 낙인을 찔렀다. 그리고 '七' 자 낙인은 이 마을 공동 목장 소유의 것이었다.

[사례7] 서귀포시 안덕면 상천리 박정환1935년생, 남 씨

이 마을에는 '上' 자 낙인과 돌쩌귀 모양 낙인 3개가 전승되었다[도2-23]. ①'上' 자 '낙인'은 이 마을 박朴씨 문중 공동 소유의 것이었다. ②돌쩌귀 모양 낙인은 이 마을 강姜씨 문중 공동 소유, ③돌쩌귀 발 아래쪽에 둥근 점을 붙인 낙인은 이 마을 소蘇씨 문중 공동 소유, 그리고 ④돌쩌귀 발이 비틀어진 낙인은 이 마을 이李씨 문중 공동 소유의 것이었다. 이 마을에서 낙인을 갖추지 못한 각 성바지들은 ①, ②, ③, ④ 낙인을 빌려다가 거꾸로, 또는 가로로 소

엉덩이에 찔렀다.

[사례8] 서귀포시 안덕면 서광리 이갑부[1924년생, 남] 씨

이 씨는 이 마을 이씨 문중 공동 소유 낙인을 사용하였다. 이 마을 이씨 문중 사람들은 '乙' 자 낙인을 공동으로 소유하였다. 그 낙인은 종손 집에 늘 보관하고 있었다. 이 씨는 상강[10월 23일경] 이전에 인일[寅日] 날에 낙인을 찔렀다.

[사례9] 제주시 애월읍 어음리 강형준[1935년생, 남] 씨

강 씨는 해마다 '텟쇠'를 방목하였다. '텟쇠'는 "테떼의 제주어를 지어 다니는 소"라는 말이다. 월동 사료가 부족할 때는 청명, 그리고 월동 사료가 충분할 때는 입하[5월 6일경] 무렵부터 '텟쇠'를 방목했다. 강 씨네 '텟쇠'의 월하장[越夏場]은 '석악'[石岳, 869m]과 그 주변이었다. 이 일대는 낙엽수림의 지대이면서 '안덕계곡'[안덕면 감산리에 있는 골짜기 이름]의 발원지다. 상강 무렵에는 해발 220m쯤에 있는 그루밭에서 풀을 뜯다가 동지 무렵에는 마을 주변으로 내려왔다. 이때 강 씨는 그해에 태어난 소를 대상으로 낙인을 찔렀다. 낙인은 이 마을 강씨 문중 공동 소유 '主' 자 ' 낙인'이었다. 해마다 마을 서쪽에 있는 '소낭밭'[500평]에 '텟쇠'를 가두어놓고 건초를 먹이며 겨울을 보냈다.

[사례10] 제주시 애월읍 상가리 현경원[1921년생, 남] 씨

이 마을에는 낙인 세 가지가 전승되었다. 마을 공동 소유의 것 1개와 문중 소유의 것 2개였다. 마을 공동 소유는 상가上加 자 낙인, 변邊씨 문중 소유는 '占' 자 낙인, 그리고 강姜씨 문중 소유는 '正' 자 낙인이었다. 타성바지들은 세 개의 낙인 중 어느 것이나 빌 어다가 낙인을 찔렀다. 타성바지들이 '낙인'을 할 때는 조금 비틀 어지게 하여 바르게 찍은 낙인과 구별하였다.

[사례11] 제주시 애월읍 광령리 신동진[1936년생, 남] 씨

해마다 신 씨는 청명 무렵에 '텟쇠'를 '지슨못'[광령리 2811번지, 해발 200m] 근처까지 몰고 가 풀어 놓았다. '지슨못' 일대의 위쪽에 있는 농경지는 1년 1작의 여름 농사 지대였다. '텟쇠'들은 하루에 하나 의 밭에서 새로 나온 풀을 뜯어 먹으며 '월하장'으로 올라갔다. 신 씨네 '텟쇠' '월하장'은 '쳇망오름'[1,354.9m]이었다. 여름 농사의 파종 이 끝나고 대서[7월 23일경] 무렵에 신 씨는 '쳇망오름'으로 가서 '텟쇠' 를 살펴보기도 하였다. 텟쇠는 상강[10월 24일경] 무렵에 '쳇망오름'에 서 해발 220m쯤에 있는 '재비든밭'으로 내려왔다. 이곳은 목초牧草 와 모초茅草의 수확을 끝낸 10정보의 공동 소유 밭이었다. 타인의 밭이라도 농사가 끝난 그루밭에 자유롭게 우마를 놓아먹였다. 그 리고 동지[12월 22일경] 때는 마을 가까운 곳에 있는 '좁은밭'[700평]으로 이동했다. '텟쇠'는 이곳에서 건초를 먹으며 겨울을 났다.

신 씨는 12마리 정도의 '텟쇠'를 거느렸다. 청명[4월 5일경]이 다가

올 무렵에 '텟쇠'의 엉덩이에 '낙인'을 찔렀다. '낙인' 찍기 대상은 성장하여 올해 처음으로 '텟쇠'에 참여하는 소들이었다. 낙인은 광령光令 자로 이 마을 공동 소유의 것이었다.

삭목索牧으로 소를 쳤던 한반도와 그 주변 도서 지역 사람들은 소의 목에 소리로의 전달 수단인 방울을 매달았고, 방목放牧으로 소를 쳤던 제주도 사람들은 소의 엉덩이에 징표徵標로의 전달 수단인 낙인을 찔렀다. 제주도 사람들은 대장간에서 낙인 만드는 일을 '낙인 친다', 그리고 소 엉덩이에 낙인으로 소유 표시하는 일을 '낙인 찌른다'고 하였다.

낙인 소유 구조는 3가지가 전승되었다. 사례 1, 4, 6, 7, 8, 9, 10의 마을에서는 문중 공동 소유 낙인, 사례 4, 6, 10, 11의 마을에서는 마을 공동 소유 낙인, 그리고 사례 2, 3, 5의 마을에서는 방목 집단 공동 소유 낙인이었다.

3장

운반 도구의
생활사

인력, 우력, 마력
구덕과 차롱

인력, 우력, 마력

물건의 소재所在와 위치를 이동, 변경
시키는 것을 운반, 사람이 오고 가게 하는 것을 교통이라고 하고
자 한다. 원초경제사회 때 운반과 교통의 수단으로는 인력人力, 축
력畜力, 자연력自然力이 있었다. 여기서는 인력과 축력만 들여다보
고자 한다. 축력은 소의 힘을 이용하여 운반하는 우력牛力과 말의
힘을 이용하여 교통하는 마력馬力이다.

인력人力 운반과 도구

인력 운반과 도구는 남자 인력 운반과 도구, 그리고 여자 인력
운반과 도구로 나눈다.

남자 인력 운반과 도구

남자 인력 운반의 대표적인 도구는 지게이다. 제주도 행원리^구좌읍 홍문표^{1918년생, 남} 씨에게 지게에 대해 가르침 받았다. 홍 씨는 손수 지게를 만들어 사용하고 있었다. 장나무에서 뒤쪽으로 갈라져 뻗어 나간 가지를 '지겟가달'이라고 하였다. '지겟가달'이 달린 소나무 2개를 마련하였다. 그 사이사이에 4개의 나뭇가지를 끼웠다. 이를 '새장'이라고 하였다. '새장'은 위에서 아래로 동백나무-윤노리나무-가시나무-가시나무의 나뭇조각이었다. 그리고 지게 장나무 한가운데는 '텅갯줄'^{탕갯줄} 대신 철사를 조였다. 철사 가운데 구멍은 비녀장 자리다. 비녀장은 보이지 않는다. 철사로 조였기에 비녀장이 필요 없게 되었기 때문이다. 지게 위 아래로 끈을 걸었다. 이를 '지게친'^{밀삐}이라고 한다. 등이 닿는 곳에 등받이를 달았다. 이를 '지게방석'이라고 한다. 그리고 맨 아래 '새장' 뒤쪽으로 줄을 묶었다. 지게에 올려놓은 짐을 걸어 묶는 줄이다. 이를 '떼꼬리'라고 한다[도3-1]. 그리고 지게를 버티어 세우는 작대기를 '지게작대기'라고 한다. 지

도3-1 지게 가로 49.0cm, 세로 44.0cm, 높이 93.5cm. 제주도 행원리(구좌읍) 홍문표(1918년생, 남) 씨가 만들어 쓰던 것이다.

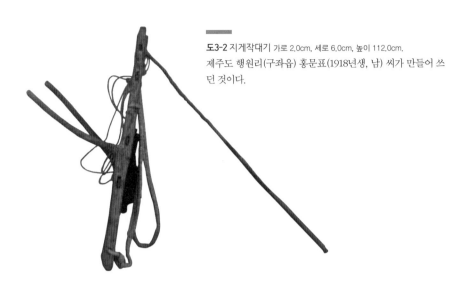

도3-2 지게작대기 가로 2.0cm, 세로 6.0cm, 높이 112.0cm. 제주도 행원리(구좌읍) 홍문표(1918년생, 남) 씨가 만들어 쓰던 것이다.

게를 지고 다닐 때 지팡이 구실도 하였고, 지게를 세울 때는 두 갈래로 갈라져 있는 윗부분을 '새장'에 걸어 놓기도 하였다. '지게작대기'는 윤노리나무로 만들었다[도3-2].

지게 위에 바로 올려놓을 수 없는 거름 따위를 지어 나를 때는 소쿠리 모양의 보조 도구가 필요하였다. 이를 '바작'이라고 하였다. 제주도 행원리구좌읍 한주섭1930년생, 남 씨는 '바작'을 손수 만들어 쓰고 있었다[도3-3]. 순비기나무를 나일론 줄로 엮어 만들었다. 나일론 줄이 흔해지기 전에는 '미줄'을 사용하였다. '미줄'은 '미삐쟁이'참억새의 줄기 끝에 이삭같이 좀 뭉툭하게 된 부분로 꼬아 만든 줄이라는 말이다. 그리고 '바작'을 얹은 지게를 바지게라고 하였다. 바지게로 거름, 미역, 톳 따위를 지어 나르는 경우가 많았다.

한반도와 그 주변 도서 지역에서도 지게 보조 도구 '바작'은 전

164

도3-3 바작1 가로 120.0cm, 세로 72.5cm.
제주도 행원리(구좌읍) 한주섭(1930년생, 남) 씨가 만들어 쓰던 것이다.

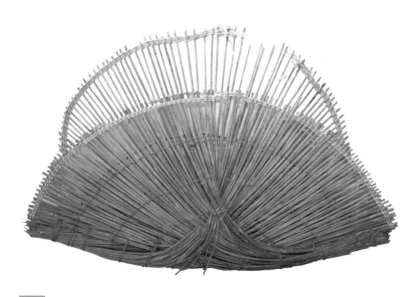

도3-4 바작2 가로 121.0cm, 세로 80.0cm, 전라남도 신안군 도초면 지남리.

승되고 있었다. 전라남도 신안군에 있는 도초도 지남리 배조식1932년생, 남 씨가 쓰던 '바작'을 들여다보았다. '신우대'구릿대를 짜서 접었다 폈다 할 수 있게 되어 있다. 그리고 앞쪽 한가운데를 도드라지게 높였다. 퇴비 따위의 짐이 앞으로 넘어나지 않게 만들었다는 점이 돋보인다. 끈으로 두 개의 고리를 달아서 얹을 때 지겟가지에 끼운다. 1990년, 배 씨는 이웃 비금도 사람에게 사서 쓰고 있었다[도3-4].

예외적으로, 여자가 지게를 지고 다니는 수도 있었다. 1960년 전후, 홍정표는 '자리'자리돔를 지게에 지고 다니면서 팔고 있는 아낙네 모습을 사진으로 기록하였다. 제주도에서 자리를 잡는 일은 남자들의 몫이고, 이를 파는 일은 여자들의 몫이었다. 제주도 아낙네들은 자리 맛이 뛰어난 늦봄에서 초여름 사이에 자리를 팔러 다니는 경우가 많았다. 갓 잡은 자리에서 비릿한 냄새의 소금물이 흘러내리기 일쑤였다. 비릿한 소금물 따위로 옷이나 몸이 젖지 않게 '구덕바구니' 밑을 받쳐주는 장치가 필요하였다. 이를 '고에가죽'이라고 하였다. '고에가죽'은 소의 가죽으로 만들었다. '고에가죽'은 '질빵'여성들이 짐 따위를 지는 줄으로 지고 다니는 구덕이라는 바구니 밑에 까는 것보다 지게에 깔아서 지고 다니는 것이 안정적이었다. 그래서 아낙네들은 생선을 팔러 다닐 때는 고기를 담은 '구덕'이라는 바구니를 지게에 올려놓고 지고 다니는 경우가 종종 있었다[도3-5].

도3-5 자리 팔기 1960년대, 홍정표 촬영.
아낙네가 '구덕'을 지게에 올려놓고 지고 다니면서 '자리'(자리돔)를 팔고 있다. 제주도 사람들은 자리를 분량으로 거래하였다. 이때 밥사발은 자리를 되는 그릇으로 작용하였다.

여자 인력 운반과 도구

　제주도 남자 인력 운반과 도구는 한반도와 그 주변 도서 지역 남자 인력 운반과 도구와 같았지만, 제주도 여자 인력 운반과 도구는 그렇지 않았다. 한반도와 그 주변 도서 지역 여자들은 물건을 머리 위에 올려놓아 운반하는 경우가 많았지만, 제주도 여자들은 물건을 등에 지어 운반하는 경우가 많았다. 그래서 김정金淨 1486~1521도 《제주풍토록濟州風土錄》에서, 제주도 여자들의 운반법을 '부이부대'負而不戴라고 꼬집었다. 제주도 사람들은 등에 질지언정 머리에 이어 나르지 않았다는 것이다.

도3-6 또가리 가로 15.0cm, 세로 18.0cm, 높이 3.5cm.
'또가리'(똬리)도 두 가지가 전승되었다. 무게보다 부피가 큰 짐, 예를 들어 땔나무 따위를 이어 나를 때 쓰는 것과 부피보다 비교적 무거운 짐, 예를 들어 물동이 따위를 이어 나를 때 쓰는 것이다. 이것은 땔나무 따위를 이어 나를 때 머리에 받치는 '또가리'다. 볏짚으로 틀을 잡고 헝겊을 감아놓았다. 한쪽에 나일론 줄을 묶어놓았다. '또가리줄'이라고 한다. '또가리줄'은 땔나무 따위를 머리에 일 때 입에 무는 수도 있다.

도3-7 갯밭으로 가는 해녀 1971년 여름, 조천읍 신흥리, 현용준 촬영.

한반도와 그 주변 도서 지역 여자 인력 운반과 도구, 그리고 제주도 지역 여자 인력 운반과 도구는 서로 달랐다. 전라남도 진도군에 딸린 조도군도鳥島群島에 속한 눌옥도에서 여자 인력 운반과 도구를 들여다보았다. 눌옥도 박상례¹⁹³⁹년생, 여 씨는 여자들이 짐을 머리에 일 때 머리 위에 받치는 고리 모양의 도구를 '또가리'똬리라고 하였다 [도3-6]. '또가리'는 한반도와 그 주변 도서 지역 여자들의 두상 운반을 위한 도구였다. 이렇게 한반도와 그 주변 도서 지역 여자들은 두상 운반頭上運搬으로 물건을 이어 나르는 경우가 많았다.

1971년 여름 어느 날, 현용준은 제주도 신흥리조천읍에서 해녀들이 '지들커'땔감, '테왁', '망사리'를 담은 '질구덕'이라는 바구니를 등에 지고 바다로 가는 모습을 사진으로 기록하였다.¹⁾ 제주도 사람들은 여자들이 등에 짐을 지고 다닐 짐 따위에 걸어 매는 줄을 '질빵'이라고 하였다. '질빵'은 제주도 여자들의 운반 도구였다[도3-7].

제주도에는 여러 가지 '질빵'이 전승되었다. 제주대학교박물관 유물번호 2577에는 '말총'말의 갈기나 꼬리의 털으로 꼬아 만든 질빵이 있다. 이를 '총배질빵'이라고 한다. '총배질빵'은 제주도 '질빵' 중에서 고급스러운 것이다[도3-8]. 그리고 서귀포시 호근동 김희창¹⁹⁴⁰년생, 남 씨는 헝겊으로 만든 질빵을 간직하고 있었다. 이를 '헝겊질빵'이라고 한다. '헝겊질빵'은 제주도 질빵 중에서 가장 흔한 것이다[도3-9].

---

1) 현용준(2004), 《민속사진집 靈》, 도서출판 각, 104쪽.

도3-8 총배질빵 길이 524.0cm, 제주대학교박물관 소장.

도3-9 헝겊질빵 폭 5.0cm, rlf이 393.0cm.

1970년 전후에 김희창(1940년생, 남) 씨 부인이 재봉틀에서 만든 것이다. '질구덕'이라는 바구니 안에 '차롱'이라는 자그마한 바구니가 들어 있다.

제주도 여자 인력 운반과 도구인 '구덕과 차롱', 제주도 해녀들이 바닷속에서 갯가까지 여러 가지 해산물을 운반하는 도구인 '테왁'과 '망사리'는 다른 장에서 다루고자 한다.

우력牛力 운반과 도구

우력 운반의 대표적인 도구는 '질매'길마다. 제주도 감산리안덕면 오기남1916년생, 남 씨는 생전에 '질매'를 만들어 쓰다가 〈감산리민속자료실〉에 기증하였다. 오 씨 '질매'는 다음과 같이 구성되었다[도 3-10].

① 앞가지: '질매' 앞에 있는 '∧' 자 모양의 가지다. 멀구슬나무 조각을 붙여 만들었다. '질매' '앞가지'는 질매 뒷가지보다 높고 폭이 좁다. '앞가지'가 얹히는 소의 등에 맞추어 만들었기 때문이다.

② 뒷가지: '질매' 뒤에 있는 '∧' 자 모양의 가지다. 구실잣밤나무로 만들었다. '뒷가지'는 '앞가지'보다 낮고 폭이 넓다. 뒷가지가 얹히는 소의 등에 맞추었기 때문이다.

③ 드물: '앞가지'와 '뒷가지'를 고정하는 나뭇조각이다. 앞뒤로 턱지게 홈을 낸 두 개의 나뭇조각이 질매 좌우 양쪽을 받치면서 '앞가지'와 '뒷가지'를 고정한다.

도3-10 질매 감산리민속자료실 소장.
제주도 감산리(안덕면) 오기남(1916년생, 남) 씨가 생전에 만들어 쓰던 것이다.

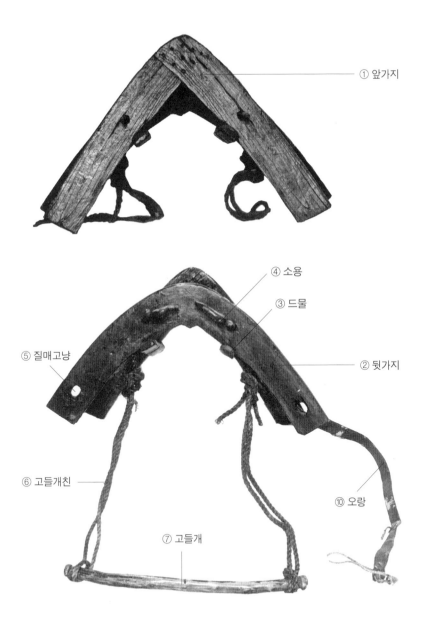

① 앞가지

④ 소용

③ 드물

⑤ 질매고냥

② 뒷가지

⑥ 고들개친

⑩ 오랑

⑦ 고들개

④ **소용**: '드물' 위쪽에 꽂힌 둥그런 나무막대다. '드물'과 '소용'은 서로 줄로 묶어 '앞가지'와 '뒷가지'를 고정함과 동시에 '앞가지' 쪽에는 '오량'뱃대끈이라는 줄, 그리고 '뒷가지' 쪽에는 '고들개친'을 묶는다. 그리고 '뒷가지' 쪽 '소용'은 그 바깥쪽에 고리가 달렸다. 이를 '질매공쟁이'라고 한다. '질매'에 비교적 부피가 큰 짐이를'북짐'이라고 한다.을 지울 때 '쉐앗배'북두 고리 구실을 한다. '쉐앗배'는 소의 '질매'에 실을 짐을 얽어매는 줄이다.

⑤ **질매고냥**: '질매'길마의 '고냥'구멍이라는 말이다. '질매'에 싣는 짐은 크게 두 갈래로 구분된다. '돗거름'돼지우리에서 생산한 거름, '허벅'식수를 길어 나르는 동이, 쌀 등 부피는 크지 않지만 보다 무거운 짐을 '춘짐'이라고 한다.을 실어 나를 때는 '질매'에 짐을 지워놓고, '질매고냥'에 '쉐앗배'를 걸어 묶는다. '쉐앗배'도 짐의 종류에 따라 길이가 다르다. '북짐'을 묶는 '쉐앗배'는 6발, '춘짐'을 묶는 '쉐앗배'는 4발이다.

⑥ **고들개친**: '고들개'의 두 끝을 묶은 '친'끈이다. '고들개친'은 '소용'에 걸어 묶는다.

⑦ **고들개**: 무거운 짐을 싣고 비탈을 내려갈 때 '질매'가 앞으로 쏠리지 않도록 소 엉덩이에 걸치는 나무막대다. 표준어 '밀치'에 해당한다. '질매'에 짐을 가득 지운 소가 비탈길을 내려갈 때, '고들개'는 항문에 닿는 수도 있다. '고들개'가 소 항문에 부닥뜨리면 간지럼을 태우게 된다. 소는 간지럼을 참지 못하고 발버둥질하는 수도 있다. 그러니 어떤 경우에라도 '고

들개'가 항문까지 올라가지 못하게 조절해야 한다. '고들개'와 '오랑'뱃대끈 사이에 다시 줄을 묶는다. 이 줄을 '살숙이'라고 한다. 그리고 "고들개 길이는 '한 자 두 치'라야 한다."는 말도 전승된다. '한 자 두 치'는 약 36.3cm이다. 옛날 어떤 사람이 '질매'길마에 짐을 가득 싣고 소를 몰며 어디론가 가고 있었다. 옹기를 등에 지고 가는 사람과 '질매'에 짐을 지우고 걸어가는 소가 서로 부닥치는 바람에 옹기는 소의 '고들개'에 맞아 왕창 깨어지고 말았다. 옹기를 지고 가던 옹기장수는 소 임자를 상대로 송사訟事를 걸었다. 관청官廳에서는 '고들개'를 가지고 오라고 하였다. '고들개' 길이는 한 자 두 치였다. 만약 '고들개'의 길이가 그것보다 길었더라면 소의 임자가 변상하였을 것이다. '고들개' 길이가 한 자 두 치를 벗어나지 않았기 때문에 옹기장수는 손해배상損害賠償을 받지 못한다는 판결을 내렸다. 그러니 '고들개' 길이는 한 자 두 치를 넘지 않게 만들었다는 것이다.[2]

⑧ **도금**: '질매' 밑에 까는, 짚방석 같은 물건이다.

⑨ **등태**: '도금'이 소 등에 배기지 않게 걸치는 헝겊 따위다.

⑩ **오랑**: '질매'를 소의 등에 얹고 배를 둘러 졸라매는 줄이다. 표준어 '뱃대끈'이다. '오랑' 줄은 질매 소용이라는 막대 좌우에 묶는다.

---

2) 이 이야기는 덕수리(안덕면) 송영화(1922년생, 남) 씨에게 가르침 받았다.

1960년 전후, 홍정표는 인력과 우력으로 동시에 짐을 운반하는 모습을 사진으로 기록하였다[도3-11]. 이 사진은 제주도 원초경제 사회 때 인력 운반과 우력 운반을 동시에 보여주고 있는 소중한 자료다. '질매'에 지운 짐은 억새꽃이 많이 보이는 것으로 보아 '지들커'땔감다. 부부 같은 두 사람은 모두 질빵으로 '지들커'를 지고 있다. 왜 남자는 남자 인력 운반의 대표적인 도구인 지게로 짐을 지고 나르지 않고 여자 인력 운반의 대표적인 도구인 질빵으로 짐을 지고 나르고 있을까. 지게보다 질빵으로 짐을 가볍게 지고서 두 마리 소를 몰 필요가 있었기 때문이다.

　　제주도 사람들은 운반 대상의 짐을 크게 두 가지로 구분하였다. 무게보다 부피가 큰 짐을 '북짐', 부피보다 무게가 큰 짐을 '촌짐'이라고 하였다. '촐'우마 월동 사료인 목초, '지들커', '새'[茅, 지붕을 이는 재

도3-11 인력 운반과 우력 운반 1960년 전후, 홍정표 촬영.

료] 따위는 '북짐', 장작, 거름, 식수, 쌀 따위는 '촌짐'이라고 하였다. 사진 속의 짐은 '북짐'인 셈이다. '질매'에 지운 짐은 한쪽으로 기울어지기 일쑤다. 그러면 기운 반대쪽 '쉐앗배'에 돌멩이 따위를 찔러 무게 중심을 잡아주었다.

마력馬力 교통과 도구

원초적으로 사람을 오고 가게 하는 교통수단으로 마력을 이용하기 위한 대표적인 도구는 안장鞍裝이었다. 1960년 전후, 홍정표는 말에 안장을 지운 모습을 사진으로 기록하였다. 이 사진은 제주도 원초경제사회 때 마력 교통의 대표적 도구인 안장을 보여주고 있다는 점에서 그 가치가 매우 높다. 안장은 아기자기하게 구성되었다[도3-12].

① **무제미**: 말을 부리기 위하여 머리와 목에서 '물석'고삐에 걸쳐 얽어매는 줄이다. 아가리 위쪽 줄을 '콧등지'또는 광대, 아가리 아래쪽 줄을 '강타귀'또는 목배라고 한다.

② **졸레석**: 말의 목에 매는 줄이다.

③ **물석**: '고삐'라는 제주도 말이다.

④ **자갈**: '재갈'이라는 제주도 말이다. 말 아가리에 가로 물리는 가느다란 쇠막대다. 풀을 먹일 때는 자갈을 풀어 주었다.

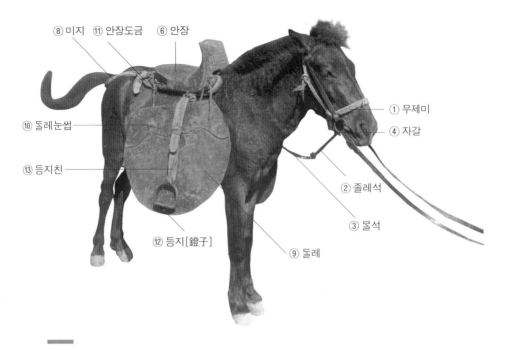

⑧ 미지 ⑪ 안장도금 ⑥ 안장

⑩ 돌레눈썹

⑬ 등지친

① 무제미

④ 자갈

② 졸레석

③ 몰석

⑫ 등지[鐙子]

⑨ 돌레

도3-12 안장 지운 말 1960년 전후, 홍정표 촬영.

⑤ **방울**: 말의 목에 단다.

⑥ **안장**: 말을 타기 편하도록 말 등에 얹어 놓는 틀이다. 사람이
앉는 부분을 '안장판', 손잡이를 '안장코'라고 한다. 조선왕조
영조 41년¹⁷⁶⁵에 편집된 《증보 탐라지^{增補耽羅誌}》김영길 번역본에
서는 안장을 만드는 장인을 '안자장'^{鞍子匠}이라고 하였다.

⑦ **오랑**: 안장을 고정하기 위하여 말 앞가슴을 휘감아 안장 양
쪽에 묶은 줄이다. 사진에서는 보이지 않는다.

⑧ **미지**^{또는 '밀추'}: 안장 뒤쪽에서 궁둥이로 연결하여 다시 안장을
고정함과 동시에 사람이 타서 비탈길을 내려올 때 앞으로 쉬

치우쳐짐을 막기도 하는 끈이다. 달리 '밀추'라고 한다.

⑨ 돌레: 말이 걸어갈 때에 흙이 튀지 않도록 안장 양쪽으로 드리우는 가리개다. 가죽으로 만든다. 《증보 탐라지增補耽羅誌》김영길 번역본에서는 '돌레'를 만드는 장인을 '월라장'月羅匠이라고 하였다.

⑩ 돌레눈썹: '돌레'를 안장에 고정하기 위하여 그 양쪽에 끼워 묶을 수 있게 장치된 곳이다.

⑪ 안장도금: 안장을 얹어 놓을 때 말 등이 상하지 않도록 등에 덮어 주는 것이다.

⑫ 등지[鐙子]: 말을 타고 앉아 두 발로 디디게 되어 있는 물건이다. 안장에 달아 말의 양쪽 옆구리로 늘어뜨린다.

⑬ 등지친: 등지가 매달린 안장에서 내려뜨린 끈이다.

2011년 6월, 제주도 설문대여성문화센터는 기획전 〈제주의 혼례婚禮〉를 열었다. 이때 1955년에 제주시 도두동에서 거행된 혼례 행렬 사진을 발굴하여 전시하였다. 신랑은 안장을 지운 말을 타고 있었고, 하인下人은 신랑이 타고 있는 말의 '밀석'고삐을 잡아끌고 있었다. 그리고 신부는 가마를 타고 있었는데, 하인 두 사람이 가마를 어깨에 메고 있었다[도3-13].

1988년, 김기삼사진작가은 제주도 하도리구좌읍에서 '테우리'[牧者]가 안장을 지우지 않은 말을 타고 소의 떼를 몰고 있는 모습을 사진으로 기록하였다. '테우리'는 '밀석'고삐을 손에 나누어 잡고 말을 조종하고 있다. 이렇게 안장을 지우지 않은 말을 타고 사람이 이동하는 모습이 이채롭다. '테우리'는 '동고량'대그릇 도시락을 담은 '약도리'노끈 따위로 그물같이 맺어 둘레에 고를 대고 긴 끈을 단 주머니를 등에 짊어지고 있다. 이때 '약도리'는 남자들이 등에 지는 운반 도구라고 할 것이다[도3-14].

제주도의 원초적인 운반과 교통 문화를 인력, 우력, 마력으로 나누어 들여다보았다. 인력 운반과 도구는 남자 인력 운반과 도구, 여자 인력 운반과 도구로 나누었다. 남자 인력 운반의 대표적인 도구는 지게, 보조 도구는 '바작'이었다. 지게와 '바작'은 한반도

도3-13 혼례 행렬 1955년, 제주시 도두동, 고순애 기증.

도3-14 소 떼 이동 1988년, 구좌읍 하도리, 김기삼 촬영.
'테우리'가 안장을 지우지 않은 말을 타고 가면서 소 떼를 몰고 있다.

와 그 부속 도서 지역에서 전승되는 것과 다르지 않았다. 여자 인력 운반의 대표적인 도구는 질빵이었다. 그것은 '부이부대'負而不戴, 등에 질지언정 머리에 이지 않는다.의 제주도 여자 인력 운반 문화의 유산이었다. 질빵은 두상 운반頭上運搬에 익숙한 한반도와 그 주변 도서 지역 여자 인력 운반의 대표적인 도구인 똬리와 대조를 이루었다.

우력 운반의 대표적인 도구는 '질매'길마였다. '질매'는 '북짐'무게에 비하여 부피가 큰 짐과 '춘짐'부피보다 무거운 짐을 동시에 지우기 좋게 만든 것이었다. 그리고 마력 교통의 대표적인 도구는 안장이었다. 더러 안장을 지우지 않은 말을 타고 오가는 경우도 있었다.

구덕과
차롱[3]

머리말

제주도를 포함한 한반도와 그 주변 도서 지역에는 댓가지로 만든 대그릇과 싸릿개비로 만든 싸리그릇이 동시에 전승된다. 한반도와 그 주변 도서 지역 중에서 남부 지역 사람들은 대그릇에 익숙하였고, 북부 지역 사람들은 싸리그릇에 익숙하였다.

대그릇 재료인 대나무는 아열대 및 열대에서 온대 지방까지 널리 퍼져 있는 식물이다. 한반도와 그 주변 도서 지역 중에서 남부 지역에는 대나무가 있고, 그것으로 대그릇을 만들었다. 대나무가

3) 이 글은 《무형유산》 제4호에 발표하였던 〈구덕과 차롱 -부이부대(負而不戴)의 유산-〉(국립무형유산원, 2018)을 수정, 보완한 것이다.

귀한 북부 지역 사람들은 싸리나무로 여러 가지 싸리그릇을 만들었다. 대그릇 문화권과 싸리그릇 문화권 사이에는 여러 가지 넝쿨로 그릇을 만드는 문화권도 있었다.

한반도와 그 주변 도서 지역에서 전승되는 대그릇 문화는 머나먼 남쪽 나라에서 왔다. 인도네시아 사람들은 대그릇을 '바기'[bagi]라고 한다. 오키나와 사람들은 대그릇을 '바아키'[バーキ]와 '소오키'[ソーキ]라고 한다. 오키나와의 '바아키'는 운반 도구, '소오키'는 식생활 도구다. 한반도와 그 주변 도서 지역 중에서 남부 지역 사람들은 대그릇을 바구니와 소쿠리라고 한다. 섬진강蟾津江을 기점으로 서쪽 지역 사람들은 바구니라는 대그릇을 비교적 많이 썼고, 섬진강을 기점으로 동쪽 지역 사람들은 소쿠리라는 대그릇을 비교적 많이 썼다. 인도네시아의 '바기', 오키나와의 '바아키', 한반도 남서부 지역의 바구니는 같은 말에서 비롯되었을 가능성이 크다. 그리고 오키나와의 '소오키'와 한반도 남동부 지역의 '소쿠리'는 같은 말에서 비롯되었을 가능성이 크다.

제주도 지역은 대그릇 문화권에 속하지만, 대그릇을 두고 바구니 또는 소쿠리라고 하지 않고 '구덕' 또는 '차롱'이라고 한다. '구덕'은 제주도 여자들이 등에 지어 나르기 좋게 직사각형으로 만든 대그릇이고, '차롱'은 아래위 두 '착'짝이 한 벌을 이루는 대그릇이다. 제주도 지역에서 전승되는 '구덕'과 '차롱'의 전승 실태를 들여다보려는 것이 이 글의 목적이다.

'구덕'은 바구니에 해당하는 제주도 말이다. 제주도 '구덕'은 제주도 여자들이 등에 지어 나르기 좋게 직사각형으로 만들었다. 그리고 '차롱'은 아래위 두 '착'짝이 한 벌을 이루는 '롱'籠, 바구니이라는 말에서 비롯되었다. '차롱'도 직사각형이다. '차롱'을 '구덕'에 담아 다니는 경우가 많았기 때문이다. '구덕'과 '차롱'은 제주도 여자 인력 운반의 보조 도구라고 할 것이다. 제주도 여자들이 질빵이라는 운반 도구에 '구덕'과 '차롱'을 걸어 등에 지어 나르는 경우가 많았기 때문이다. 제주도에서 '구덕'과 '차롱'은 매우 다양하게 전승되었다.

김정金淨, 1486~1521은 《제주풍토록濟州風土錄》에서, '부이부대'負而不戴라고 지적하였다. 제주도 사람들은 운반 대상의 짐을 등에 질지언정 머리에 이어 나르지 않았다는 것이다. 한반도와 그 주변 도서 지역 남자들이나 제주도 지역 남자들의 운반문화는 어떠한 물건을 지게 또는 바지게에 올려놓고 등에 지어 나르는 것이었으니, 김정의 '부이부대'는 한반도와 그 주변 도서 지역 여자들의 두상頭上 운반문화와 제주도 지역 여자들의 배부背負 운반문화를 대비적 관점에서 지적한 것이다. 한반도와 그 주변 도서 지역 여자들은 머리에 이나 등에 지어 나르지 않았고, 제주도 지역 여자들은 등에 지나 머리에 이어 나르지 않았기 때문이다.

1923년에 조사하고 1924년에 출판된 《미개의 보고 제주도未開の寶庫 濟州島》는, 제주도 여자들의 운반문화 일면을 다음과 같이 기록하였다.

짐을 머리에 이는 일은 없다. 작은 짐은 '롱'(籠)에 넣어서 허리에 차고, 무거운 것은 등에 진다. 또 여자가 외출할 때는 가진 물건이 없어도 '소롱'(小籠)을 차고 다니는 기풍(奇風)이 있다.**4)**

제주도 지역 여자들이 비교적 작은 짐을 담아 허리에 차고 다니는 '롱'籠은 'フ는대출구덕'으로, 가는 대오리로 짜서 만든 '구덕'이라는 말이다. 제주도 사람들은 '가늘다'[細]를 'フ늘다', 그리고 '허리에 물건을 달다'는 의미의 '차다'[佩]를 '추다'라고 한다. 'フ는대출구덕'은 가는 대오리로 짜서 허리에 차고 다니는 '구덕'이라는 말이다. 제주도 지역 여자들이 비교적 "무거운 것은 등에" 지는 '구덕'을 '질구덕'이라고 한다. 그리고 "외출할 때 가진 물건이 없이도 '소롱'小籠을 차고 다닌다."에서 '소롱'은 'フ는대출구덕'이다. 'フ는대출구덕'은 부조扶助 물품인 쌀을 담고 다니는 대그릇으로 쓰이는 경우가 많았다.

제주도 여자들이 사돈집, 친척 집, 이웃집에 쌀 부조를 주고 나서 돌아올 때 텅 빈 'フ는대출구덕'을 옆구리에 차고 다니는 경우가 흔했다. 이러한 모습이 일본인의 눈에는 기이한 풍속, 곧 '기풍' 奇風으로 보였던 모양이다.

이이즈미 세이이치泉靖一는 문화인류학적 관점에서 연구한《제주도濟州島》를 출간했다.**5)** 《제주도》에는 제주도 풍속 사진 80컷이

---

4) 전라남도 제주도청(1924),《미개의 보고 제주도(未開の 寶庫 濟州島)》, 20쪽.
5) 이이즈미 세이이치(泉靖一, 1996),《제주도(濟州島)》, 동경대학 동양문화연구소.

실려 있다. 촬영 연월일이 표시되지 않은 사진은 1935년부터 1937년까지 2년 사이에 일본인 이이다 타츠오飯山達雄와 타무라 요시오田村義也가 촬영한 것이다. '제주의 풍속濟州の風俗이라는 캡션의 사진[도3-15]은 1935년부터 1937년 사이에 이이다 타츠오와 타무라 요시오가 찍은 사진일 가능성이 크다. '제주의 풍속' 사진 속에서는 제주도 여자 두 사람이 나란히 걸어가고 있는데, 왼쪽 여자는 무슨 짐을 질빵에 걸어 등에 지어 걸어가고 있고, 오른쪽 여자는 무슨 물건이 담긴 'ᄀ는대출구덕'을 허리에 차고 걸어가고 있다. '제주의 풍속'은 제주도 지역 여자들이 등에 지어 나르는 운반문화와 허리에 차고 나르는 운반문화를 동시에 보여주고 있어 주목된다[도3-15].

도3-15 제주의 풍속 이이즈미 세이이치(泉靖一, 1966), 《제주도(濟州島)》, 동경대학 동양문화연구소.

조선총독부가 1927년에 조사하고 1929년에 출판한《생활상태조사生活狀態調查》는, 제주도 여자들의 운반문화를 다음과 같이 기록하였다.

　　　　육지 방면의 여자는 물품을 고체나 액체나 머리 위에 올려놓고 운반하지만, 제주도의 여자는 반드시 등짐으로 운반한다. 보다 가벼운 것은 허리뼈 위에 올려놓고 손으로 잡아 운반하는 것을 보았다.**6)**

한반도와 그 주변 도서 지역 여자들은 두상頭上 운반, 그리고 제주도 여자들은 배부背負 운반에 익숙하였다는 것이다.

부이부대負而不戴의 실상實相

김정이 지적한 '부이부대'의 실상을 한반도와 그 주변 도서 지역 여자들의 운반문화와 제주도 지역 여자들의 운반문화의 대비적 관점에서 들여다보고자 한다.

보릿단 운반의 경우다. 1999년 5월 20일, 전라남도 청산면완도군에 있는 대모도의 추정연1927년생,남 씨 밭에서 보리 운반이 벌어

---

6) 조선총독부(1923),《생활상태조사(生活狀態調查)》, 142쪽.

졌다. 남자들은 보릿단을 지게로 지어 나르고 있었고, 여자들은 보릿단을 머리에 이어 나르고 있었다[도3-16]. 1939년 6월 3일, 타카하시 노보루高橋昇는 지금의 제주도 화북동제주시에서 보릿단을 질빵에 걸고 등에 지어 나르는 모습을 사진으로 기록하였다[도3-17]. 한반도와 그 주변 도서 지역이나 제주도 지역에서 남자들의 운반문화는 지게로 지어 나르는 것이지만, 대모도 지역 여자들의 운반문화는 두상頭上으로, 그리고 제주도 지역 여자들의 운반문화는 배부背負로 보릿단을 운반하는 것이다.

식수 운반의 경우다. 1936년 8월 18일, 《조선다도해여행각서朝鮮多島海旅行覺書》 일행은 전라남도 영광군에 있는 낙월도에서 물동이를 이고 가는 여인의 모습을 사진으로 기록하였다.[7] 앞의 여인은 옹기 물동이를 이고 있고, 뒤의 여인은 목통木桶 물동이를 이고 있다[도3-18]. 1960년 전후, 홍정표는 제주도 어느 마을에서 식수 운반의 모습을 사진으로 기록하였다. 제주도 여자들이 식수를 등에 지어 나르는 모습이다. 제주도에서 식수를 담아 등에 지어 나르는 그릇을 '허벅'이라고 한다. '허벅'은 모양이 둥글며 배가 불룩하고 아가리는 좁다. 한 아낙네는 등에 '허벅'을 지고, 두 손에는 식수가 담긴 양푼을 들어 운반하고 있다. 한 모금의 식수라도 더 운반하려고 애를 쓰고 있는 모습이다. 제주도 지역에는 이런 속담

7) 애틱 뮤지엄(アチック ミューセアム, 1936),《조선다도해여행각서(朝鮮多島海旅行覺書)》, 13쪽.

도3-16 한반도와 그 주변 도서 지역의 보리 운반 1999년 5월 20일, 대모도.

도3-17 제주도 지역의 보리 운반 1939년 6월 3일, 타카하시 노보루(高橋 昇) 촬영.

도 전승되었다. "물항굽 몰르민 살림 노고롯 못흔다."물항아리 바닥에 물이 마르면 살림이 넉넉하지 못한다.고 말이다. 제주도 여자들은 식수 마련에 게으를 겨를이 없었다[도3-19].

부조 물품인 쌀을 운반하는 경우다. 원초경제사회 때 친족 집이나 이웃집의 부조는 쌀이었다. 이토 아비토伊藤亞人는 오랫동안 진도珍島에 머물면서 문화인류학적 자료를 수집하였다. 그 속에는 한반도와 그 주변 도서 지역 여자들이 부조할 쌀을 운반하는 모습의 사진도 들어 있다.8) 진도 어느 마을 아낙네들이 동네 부조하러 가려고 길거리에 삼삼오오 모였다. 부조할 쌀을 담은 '청동거렁지'나 양은양푼을 머리에 이고 있다. '청동거렁지'는 '청동'댕댕이덩굴으

도3-18 한반도와 그 주변 도서 지역의 식수 운반 1936년 8월 18일, 낙월도, 《조선다도해여행각서》 일행 촬영.

도3-19 제주도 지역의 식수 운반 1960년 전후, 홍정표 촬영.

로 삼태기처럼 짜서 만든 그릇이다[도3-20]. 1960년대 어느 겨울 날, 윤세철은 제주도 서귀포에서 'ᄀ는대질구덕'을 지고 어디로 가는 세 여자 모습을 사진으로 남겼다. 아마 가까운 친족 집이나 사돈집에 부조 갔다가 집으로 돌아가는 중의 모습인지도 모른다[도3-21].

　보릿단, 식수, 부조할 쌀인 경우, 한반도와 그 주변 도서 지역 여자들은 머리에 이어 운반하였고, 제주도 지역 여자들은 등에 지거나 허리에 차서 운반하였다. 한반도와 그 주변 도서 지역에서 전승되는 여자 인력 운반의 대표적인 도구는 똬리, 그리고 제주도

8) 이토 아비토(伊藤亞人, 2006), 《한국몽환(韓國夢幻)》, 新宿書房, 87쪽.

도3-20 한반도와 그 주변 도서 지역의 부조 물품을 머리에 이고 가는 여자들

이토 아비토(伊藤亞人, 2006), 《한국몽환(韓國夢幻)》, 新宿書房.

도3-21 제주도 지역의 부조 물품을 등에 지어 나르는 여자들 1960년대, 서귀포시 송산동, 윤세철 촬영.

지역에서 전승되는 여자 인력 운반의 대표적인 도구는 질빵이다. 그리고 제주도 지역 여자 인력 운반의 보조 도구는 '구덕'과 '차롱'이다. 제주도 지역에서 '구덕'과 '차롱'은 어떻게 전승되었을까.

구덕의 종류

'구덕'은 '구덕'과 'ᄀᆞ는대구덕' 두 가지가 전승되었다. '구덕'과 'ᄀᆞ는대구덕'은 다양하다.

구덕의 전승 실태

'구덕'은 가로줄 대오리 폭이 0.6cm 정도로 비교적 거칠게 걸어 만든 대그릇이다. 그래서 '구덕'은 비교적 거친 짐을 지어 나르는 대그릇이다. 1971년 여름 어느 날, 현용준은 제주도 신흥리조천읍에서 해녀들이 '지들커'땔감, '테왁'9), '망사리'10)를 담은 '질구덕'이라는 대그릇을 등에 지고 바다로 가는 모습을 사진으로 기록하였다.11) 제주도 사람들은 여자들이 짐 따위에 걸어 매는 줄을 '질빵'이라고 한다. '질빵'이 제주도 여자들의 운반 도구라면, '질구덕'은 제주도 여자들의 운반 보조 도구다[도3-22]. 제주도 지역에서 전승되는 '구덕'의 전승 실태는 다음과 같다.

도3-22 질구덕을 지고 가는 제주도 해녀 1971년, 조천읍 신흥리, 현용준 촬영.

피고리

'피고리'[도3-23]는 피^[稷] 이삭을 담아 말리는 대그릇이다. '피고리'는 운반 보조 도구라기보다 피를 탈곡^{脫穀}하는 보조 도구다. 이것은 제주도 성읍리^{표선면} 한시준^{1927년생,}남 씨가 복원한 것이다. '피고리'는 제주도의 일반적인 '구덕'

도3-23 피고리 가로 65.0cm, 세로 67.5cm, 높이 65.0cm.

처럼 '수리대'^{구릿대} 대오리로 짜서 만들었다. 다만 일반적인 '구덕'과는 달리 '바위'^{테두리}가 둥근 모양이다. '피고리' 밑바닥이 직사각형이 아니라 정사각형에 가깝기 때문이다. 제주도에서 피 재배는 동부 지역에서 비교적 많이 이루어졌다. 하지^{6월 21일경}에 피를 파종하고 상강^{10월 23일경} 무렵에 거두어들였다. '눌'^{노적가리}을 만들어 저장했다. 겨울에 시간이 날 때마다 '눌'에서 피

---

9) '테왁'은 제주도 해녀들이 망사리에 담긴 해산물 따위를 운반하려고 씨 통을 파내고 구멍을 막아 바다 위에 둥둥 뜰 수 있게 만든 박[匏]이다.

10) '망사리'는 제주도 해녀들이 채취한 해산물 따위를 담아 바다에서 육지까지 운반하려고 '테왁'에 매달 수 있게 만든 그물주머니다.

11) 현용준(2004), 《민속사진집 靈》, 도서출판 각, 104쪽.

를 베어 묶은 단을 빼어내어 줄기와 이삭을 분리했다. 집의 '정지' 부엌 한쪽에 평평한 돌멩이를 사각형으로 세워 묻어놓고 불을 지피는 붙박이 화로를 마련하였다. 이를 '봉덕'또는 부섭이라고 하였다. 붙박이 화로 위에 네 발이 달린 사각형 틀을 세웠다. 높이는 약 50cm 정도였다. 이를 '고리틀'이라고 하였다. 그 위에 '피고리'를 올려놓고, 피 이삭을 담았다. '봉덕'의 불기운으로 '피고리'에 담긴 피 이삭을 말렸다. 피의 껍질은 여러 겹으로 이루어져 있어 피 이삭 말리기는 간단하지 않았다. 말린 피 이삭은 멍석 위에 펼쳐놓고 발로 밟거나 비비며 탈곡하였다. 이렇게 '피고리'는 피의 탈곡 보조 도구였던 셈이다.

아기구덕

'아기구덕'[도3-24]은 제주도 여자들이 밭에 일하러 갈 때 아기를 눕히고 지어 나르는 대그릇이면서 요람搖籃이다. 이것은 1964년에 제주도 감산리안덕면 오기남1916년생, 남씨가 만든 것이다. 그해에 오씨의 첫 손자가 태어났다. 제주도에서는 손자를 본 조부모가 '아기구덕'을 마련해주

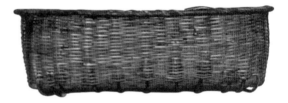

도3-24 아기구덕 가로 64.7cm, 세로 23.5cm, 높이 25.7cm.

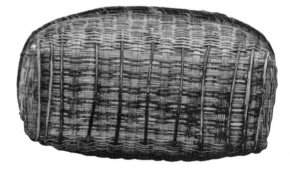

는 것이 하나의 관습법으로 작용하였다. 오 씨네 가족은 이 '아기구덕'에서 여섯 아기를 키워냈다. 오 씨 가계도에서 여섯 아기를 들여다보았다.

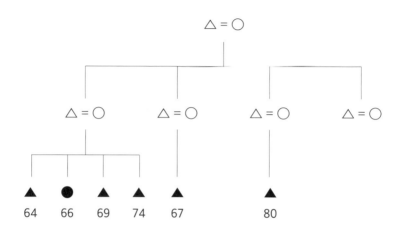

여섯 아기를 검은 점으로 표시했다. 숫자는 태어난 해이다. 그러니 1964년부터 1980년까지 오 씨의 세 아들 몸에서 태어난 여섯 손자이다. 오 씨 손자들은 생후 1년 동안 바로 이 '아기구덕'에서 자랐다. '아기구덕' 바닥에는 직경 0.8cm의 삼동나무 11개를 끼워 받쳤다. '아기구덕' 밑바닥에서부터 15cm쯤 높이에 '井' 자 모양으로 줄을 얽어맸다. 이를 '도들'이라고 한다. 여름에는 '도들' 위에 삼베 조각, 그리고 겨울에는 보릿짚 따위를 깔았다.**12)**

---

12) 고광민(1999), 〈구덕과 차롱〉, 《제주학(濟州學)》, 사단법인 제주학연구소, 186~187쪽.

물구덕

‘물구덕’[도3-25]은 제주도 여자들이 식수 운반용 옹기그릇인 허벅을 담고 등에 지어 나르는 대그릇이다. 이것은 제주대학교박물관에 있는 것이다. ‘물구덕’은 ‘질구덕’보다 얕게 만들었다.[13] ‘물구덕’ 밑바닥에 왕대 조각 여덟 개를 엮어 붙였다. 그래야 ‘물구덕’ 밑바닥이 쉬 헐리지 않았을 뿐만 아니라 질빵을 걸치기도 좋았다.[14]

질구덕

‘질구덕’[도3-26]은 제주도 여자들이 비교적 거친 짐 따위를 담고 질빵에 걸어 등에 지어 나르는 운반 도구 중에서 가장 큰 대그릇이다. 제주도 호근동서귀포시 김희창1940년생, 남 씨가 만든 것이다. 제주도 해녀들이 갯밭으로 물질하러 갈 때 ‘질구덕’ 속에 땔감, 옷가지, ‘테왁’, ‘망사리’ 등 여러 가지 물질 도구를 담고 질빵에 걸어 지어 나르는 경우가 많았다.[15]

출구덕

‘출구덕’[도3-27]은 ‘질구덕’보다 작고, ‘조레기’보다 큰 ‘구덕’으로 허리에 차는 대그릇이다. 이것은 제주도 토평동서귀포시 김홍식1939

---

13) 죽세공들은 손 뼘으로 그 높낮이를 가늠하였다. ‘물구덕’은 한 뼘 높이, 그리고 ‘질구덕’은 한 뼘에 중지 한 ‘모작’(마디)을 더하여 높이를 가늠하였다.
14) 고광민, 위의 논문, 188쪽.
15) 고광민, 위의 논문, 187-188쪽.

년생, 남 씨 집에 있는 것이다. 김 씨 외삼촌 오○○[1904년생] 씨가 생전에 만들어 준 것이다. 제주도 사람들은 '허리에 물건을 달다'라는 의미의 말을 '차다'[佩]라고 한다. 고사리를 꺾은 것, 들나물을 캔 것, 갯밭에서 식용 해조류인 가시리 등을 딴 것을 담아 나를 때 등이나 허리에 차고 나르는 대그릇이다. 더러 메밀을 파종할 때 메밀 씨앗과 재거름 섞은 것을 담아 나르는 그릇으로도 쓰였다.

조레기

'조레기'[도3-28]는 '출구덕'보다 작은 대그릇이다. 이것은 제주

도 호근동^{서귀포시} 김희창^{1940년생, 남} 씨가 만든 것이다. '조레기'는 음력 3월 중에 달래나 냉이 등 산나물을 캔 것, 허채^{許採}가 끝난 갯밭에서 톳의 이삭을 줍거나 딴 것 따위를 담아 나를 때 등이나 허리에 차고 다니는 대그릇이다. 이때 어른들은 허리에, 아이들은 등에 차는 경우가 많았다.**16)**

---

16) 고광민, 위의 논문, 189쪽.

ᄀᆞ는대구덕의 전승 실태

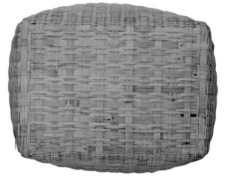

'ᄀᆞ는대구덕'은 가로줄 대오리 폭이 0.1cm 정도로 촘촘하게 걸어 만든 대그릇이다. 'ᄀᆞ는대구덕'은 비교적 정성이 요구되는 짐을 담아 나르는 그릇으로 쓰이는 경우가 많았다. 제주도 지역에서 전승되는 'ᄀᆞ는대구덕'의 전승 실태는 다음과 같다.

제물ᄀᆞ는대질구덕

'제물ᄀᆞ는대질구덕'[도3-29]

은 산야에서 토신제土神祭를 지낼 제물 따위를 담아 지어 나르는 대그릇이다. 제주도에서 전승되는 'ᄀᆞ는대구덕' 중에서 가장 크다. 이것은 제주도 대포동서귀포시 이지환1925년생, 남 씨 집에서 쓰던 것이다. 토신제는 제주도 사람들이 장례葬禮를 치르기 전에 토신에게 올리는 제사다. 토신제 제주祭主는 몸이 비리지 않아야 할 뿐만 아니라 축문祝文을 쓰거나 송독誦讀할 수 있어야 했다. 이 씨 아버지는 축문을 쓰고 송독할 수 있었을 뿐 아니라, 이웃의 부탁을 거절하지 못하는 마음이 여린 사람이었다. 그래서 이웃집에 초상初

喪이 나면 이 씨 아버지는 토신제 제물을 마련하고 토신제를 지내는 경우가 많았다. 이때 토신제 제물을 담아 지어 나를 목적으로 마련한 대그릇이다.

ᄀ는대질구덕

'ᄀ는대질구덕'[도3-30]은 'ᄀ는대구덕' 중에서 제주도 여자들이 물건을 담아 등에 지어 나르는 대그릇이다. 이것은 제주도 도련동 제주시 변규서^{1938년생,} 남 씨가 만든 것이다. 변 씨가 만든 'ᄀ는대질구덕'의 가로 날줄은 12개, 세로 날줄은 11개다. 제물이나 부조할 물건을 담고 지어서 갈 때, 신당神堂에 제물을 담아 지어 나르는 대그릇이다. 그리고 사돈집이나 친척 집 대사大事 때는 보통 쌀 5되 정도를 부조하였는데, 이때 부조할 쌀을 담고 질빵에 걸어 지어 나르는 경우가 많았다.

도3-30 ᄀ는대질구덕
가로 34.0cm, 세로 26.5cm, 높이 20.0cm.

ᄀ는대출구덕①

'ᄀ는대출구덕'① [도3-31]은 제주도에서 전승되는 'ᄀ는대구덕' 중에서 부조扶助할 쌀 3되 정도를 담아 제주도 여자들이 옆구리에 끼고 다니는 대그

가로 28.0cm, 세로 23.0cm, 높이 18.0cm.

가로 23.4cm, 세로 17.5cm, 높이 17.0cm.

릇이다. 그래서 'ᄀ는대출구덕'①을 '석되부조ᄀ는대구덕'이라고
도 한다. 이것은 제주도 대포동서귀포시 이지환¹⁹²⁵년생, 남 씨 집에서
쓰던 것이다. 1960년대에 제주시에 거주하는 친족에게 부탁하여
그 당시 쌀 3되 값을 주고 샀다. 이 마을 사람들은 비교적 먼 친족
이나 먼 사돈댁 대사 때는 보통 쌀 3되 정도를 부조하였다.

ᄀ는대출구덕②

'ᄀ는대출구덕'②[도3-32]는 제주도에서 전승되는 'ᄀ는대구덕'
중에서 부조할 쌀 2되 정도를 담아 옆구리에 끼고 다니는 대그릇

이다. 그래서 'ᄀ는대출구덕'②를 '두되부조ᄀ는대구덕'이라고도
한다. 이것은 제주도 대포동서귀포시 이지환1925년생, 남 씨 집에서 쓰
던 것이다. 이 마을 사람들은 동네 대사 때 보통 쌀 2되를 부조하
였다.

ᄀ는대떡구덕

제주도 여자들이 친정 부모 제삿날 정성스레 만든 떡을 담아가
는 대그릇이다. 달리 '떡들렝이'라고도 한다. 이것은 제주도 영평
동제주시 강여옥1913년생, 여 씨가 쓰던 것이다. 1948년에 제주시 관
덕정 오일장에서 샀다. 'ᄀ는대떡구덕'[도

도3-33 ᄀ는대떡구덕
가로 22.0cm, 세로 18.6cm, 높이 13.5cm.

3-33]은 'ᄀ는대질구덕'에 담고 질빵에 걸
어 지어 나르는 경우가 많았다. 'ᄀ는대떡
구덕'의 테두리가 헐리자 '바늘상자'반짇고
리로 쓰고 있다.

차롱의 종류

1982년 2월 6일음력 정월 13일, 제주도 송
당리구좌읍 본향당에서는 당굿이 벌어졌
다. 이 마을 사람들은 여러 가지 제물을

담은 '차롱'을 'ᄀᆞ는대질구덕'에 넣고 질빵을 걸고 지어 '본향당'本鄕堂으로 모여들었다. 그리고 '차롱'에 메, 떡, 건어乾魚, 과일 따위를 넣고 제단에 올렸다. '차롱'은 제주도 여자들의 운반 보조 도구임과 동시에 제물 따위를 담아 '본향당'本鄕堂 제단에 올리는 대그릇인 셈이다[도3-34]. 제주도 지역에서 전승되는 '차롱'의 전승 실태는 다음과 같다.

합상지

제주도 여자들이 산야나 갯가에 제를 지내러 갈 때 여러 가지 제물을 한데 모아 담고 'ᄀᆞ는대질구덕'에 넣어서 질빵에 걸어 등

도3-34 송당 본향당 당굿 제물 진설 1982년 2월 6일.
송당 본향당(本鄕堂)을 신앙하는 사람들이 여러 가지 제물을 '차롱'에 담아 제단에 올려놓고 있다.

에 지어 나르는 대그릇이다. 이것은 제주도 호근동서귀포시 김희창
1940년생,남 씨가 만들어 쓰던 것이다[도3-35]. '합상지'는 여러 가지
제물 합친 것을 담아 나르는 '상지'라는 말에서 비롯되었다. '상지'
는 상지箱子라는 제주도 말이다. '상지'는 '차롱'을 달리 이르는 말
이기도 하다. 혼사婚事 때는 돼지고기를 썰어 담아두는 그릇으로도
쓰였다.17)

도3-35 합상지
밑짝 | 가로 32.5cm, 세로 24.0cm, 높이 10.7cm.

도3-36 상지착
밑짝 | 가로 26.0cm, 세로 21.0cm, 높이 8.5cm.

17) 고광민, 위의 논문, 192~193쪽.

상지착

제주도에서 마을 신을 모신 본향당本鄕堂에서 당제를 지낼 때 여러 가지 제물을 담고 'ᄀ는대질구덕'에 넣어서 질빵에 걸어 등에 지어 나르는 대그릇이다. 이것은 제주도 호근동서귀포시 김희창1940년생,남 씨가 만들어 쓰던 것이다[도3-36]. '상지'는 상자箱子, '착'은 짝[配]이다. '상지착'은 밑짝과 위짝으로 구성된 '상지'라는 말이다.18) 여기에서 '상지'는 '차롱'을 달리 이르는 말이다.

제물고령

제주도 여자들이 친정집이나 친척 집에 제사 보러 갈 때 정성스레 마련한 '전기떡'이나 시루떡을 담고 'ᄀ는대질구덕'에 넣어 질빵에 걸어서 지어 나르는 대그릇이다. 이것은 제주도 토평동서귀포시 김홍식1939년생,남 씨 집에 있는 것이다[도3-37]. 김 씨 외삼촌 오희권1904년생 씨가 생전에 만들어 준 것이다. '고령'은 '차롱'을 달리 이르는 말이다. 그리고 '전기떡'은 고운 메밀가루 반죽을 기름을 두른 번철이나 프라이팬 따위에 얇게 펴 놓고 가운데에 양념한 무채 소를 넣고 말아서 지진 떡이다.

적차롱

'적차롱'[도3-38]은 적이나 묵 따위의 제물을 담아 나르는 대그

---

18) 고광민, 위의 논문, 193~194쪽.

룻이다. 이것은 제주도 토평동서귀포시 오남호^{1942년생} 씨네 집에 있는 것이다. 오 씨 아버지^{1898년생}가 생전에 만든 것이다. '적차롱'의 위짝은 갓난아기를 재우는 그릇으로도 쓰였다. 오 씨의 아버지는 1963년에 첫 손자를 보았다. 손자를 '적차롱' 위짝에 눕혀 재우려고 만들었다. 아기를 출산하면 3일 뒤에 첫 목욕을 시키고 '봇디창옷'^{갓난아기가 태어났을 때, 몸을 감쌀 수 있게 만든 간편한 옷}을 입혔다. 그리고 '적차롱' 뚜껑 안에 보릿짚이나 '새'^[茅]를 깔았다. 다시 보릿짚이나 '새' 위에 보자기를 깔아놓고 아기를 눕혔다. 이때의 '적차롱' 뚜껑을 '아기눕히는차롱'이라고 하였다. '적차롱' 뚜껑에 갓난아기를 닷

새쯤 눕혔다. 그 뒤로는 '아기구덕'에 아기를 눕혔다. 그러니 태어나서 3일부터 5일 동안은 '적차롱' 뚜껑에 눕혔던 셈이다. 오 씨 부친은 1965년에 첫 손녀, 1967년에 두 번째 손녀, 1969년에 세 번째 손녀, 1971년에 네 번째 손녀, 그리고 1975년에 막냇손자를 보았다. 오 씨의 여섯 손자는 이 '아기눕히는차롱'에 눕혔다. '적차롱' 아래짝이 적炙을 담아 두거나 운반하는 대그릇이라면, '적차롱' 위짝은 적이 담긴 '적차롱' 아래짝의 뚜껑임과 동시에 '아기눕히는차롱'이었다.

마무리

원초경제사회 때, 제주도 여자들은 짐을 머리에 이어 나르지 않았다. 김정金淨, 1486~1521이 남긴 《제주풍토록濟州風土錄》에서, '부이부대'負而不戴라고 지적한 것처럼, 제주도 지역 여자들의 배부背負 운반문화의 역사는 매우 깊었다. 한반도와 그 주변 도서 지역의 남자들이나 제주도 지역 남자들의 운반문화는 지게 또는 바지게로 등에 짐을 지고 나르는 것이었으니, 김정의 '부이부대'는 한반도와 그 주변 부속 도서 지역 여자들의 운반문화와 제주도 지역 여자들의 운반문화를 대비적 관점에서 지적한 것이다.

한반도와 그 주변 도서 지역 여자 인력 운반의 대표적인 도구는 똬리, 제주도 지역 여자 인력의 대표적인 도구는 질빵이다. 제주도 지역 여자 인력 운반의 보조 도구는 '구덕'과 '차롱'이다. 제주도 여자들은 질빵으로 '구덕'과 '차롱'을 등에 지어 운반하였으니 말이다.

제주도에는 가로줄 대오리 폭이 0.6cm 정도로 비교적 거칠게 결어 만든 '구덕'과 가로줄 대오리 폭이 0.1cm 정도로 비교적 촘촘하게 짜서 만든 'ᄀ는대구덕'이 동시에 전승되고 있었다.

제주도에서 전승되는 '구덕'은 '피고리, 아기구덕, 물구덕, 질구덕, 출구덕, 조레기' 등이다. '피고리'는 '구덕' 중에서 가장 큰 대그릇이다. '피고리'는 운반 도구가 아니고 피[稗]의 탈곡 보조 도구다. '아기구덕'은 밭에 일하러 갈 때 아기를 눕히고 지어 나르는 대그릇이면서 요람搖籃이다. '물구덕'은 제주도 여자들이 식수를 운반하는 옹기그릇인 '허벅'을 담고 질빵에 걸어 등에 지어 나르는 대그릇이다. '질구덕'은 비교적 거친 짐 따위를 질빵에 걸어 지어 나르는 대그릇이다. 그리고 '출구덕'과 '조레기'는 고사리나 들나물 따위를 담고 허리나 등에 차고 다니는 대그릇이다.

그리고 제주도에서 전승되는 'ᄀ는대구덕'은 '제물ᄀ는대질구덕, ᄀ는대질구덕, ᄀ는대출구덕, ᄀ는대떡구덕' 등이다. '제물ᄀ는대질구덕'은 산야에서 제祭를 지낼 제물 따위를 담아 지어 나르는 대그릇으로 'ᄀ는대구덕' 중에서 가장 큰 것이다. 'ᄀ는대질구덕'은 'ᄀ는대구덕' 중에서 제주도 여자들이 물건을 담아 등에 지어 나르는 대그릇이다. 'ᄀ는대출구덕'은 쌀 부조 3되 정도를 담아 나르는 대그릇과 쌀 부조 2되 정도를 담아 옆구리에 끼고 다니는 대그릇이다. 그리고 'ᄀ는대떡구덕'은 제물 떡을 담고 'ᄀ는대질구덕'에 넣어서 지어 나르는 대그릇이다.

'차롱'은 아래위 두 '착'짝이 한 벌을 이루는데, 음식물 따위를 담고 'ᄀ는대질구덕'에 담아 등에 지어 나르는 대그릇이다. 제주도 호근동서귀포시에서 전승되고 있는 '합상지'는 야외에서 제를 지낼 때 여러 가지 합친 제물을 담아 나르는 대그릇이다. 제주도 호근동서귀포시에서 전승되는 '상지착'은 마을신을 모신 본향당本鄕堂에서 당제를 지낼 때 여러 가지 제물을 담아 나르는 대그릇이다. 제주도 토평동서귀포시에서 전승되는 '제물고령'은 제주도 여자들이 친정집이나 친척 집에 제사 보러 갈 때 '전기떡'이나 시루떡을 담아 나르는 대그릇이다. 그리고 제주도 토평동서귀포시에서 전승되는 '적차롱'은 적炙이나 묵 따위 제물을 담아 나르는 대그릇이다. '적차롱' 뚜껑은 갓난아기가 태어났을 때 3일부터 5일까지 3일 동안 잠시 눕히는 요람으로도 쓰였다. 이때의 '적차롱' 뚜껑을 '아기눕히는차롱'이라고 하였다.

원초경제사회 때 부조의 물품은 쌀과 떡이 대부분을 차지하였다. 제주도에서 전승되는 'ᄀ는대구덕'과 '차롱'은 쌀과 떡 부조를 담고 다녔던 대그릇이었다. '구덕'과 '차롱'은 개발경제사회 때 여자들이 돈이나 화장품 따위를 담고 다니는 핸드백과 같은 기능의 그릇이었다. 원초경제사회 때 제주도 지역 여자들의 운반 도구인 '구덕'과 '차롱' 따위는, 한반도와 그 주변 도서 지역 여자들의 운반 도구인 '청동거렁지'와 '버들고리' 따위와 함께 새롭게 발굴이 요구되는 문화 유산이다.

도구
생산의
생활사

보습의
생산

제주도 쟁기의 쇳조각인 보습은 제주
도 옛글에도 제법 등장한다. 그 까닭은 제주도 보습의 모양이 예
사롭지 않았기 때문이다. 제주도 옛글에서 제주도 보습이 예사롭
지 않은 배경을 제주도 토양의 물리적 조건에서 찾고 있어 주목
된다. 제주도 토양은 자갈 함량이 높고 경작토의 깊이도 얕다. 제
주도 보습의 모양은 제주도 토양의 물리적 조건에 맞게 만들어질
수밖에 없었다. 김정金淨, 1486~1521은 《제주풍토록濟州風土錄》에서, 제
주도 보습을 다음과 같이 간접적으로 지적하였다.

제주도는 모두 한라산의 산발이라 자갈이 많고 평탄한 땅이
절반도 되지 않아 밭 가는 자는 마치 어복(魚腹)을 도려내는 듯
하다(皆漢拏山之麓 崎嶇磽确 平土無半 畝耕者 如挑剔魚腹).

제주도 사람들이 밭을 가는 모습이 마치 어복魚腹을 도려내는 것과 같다고 하니, 제주도 쟁기의 보습은 어복魚腹을 도려내는 것과 같이 만들 수밖에 없었을 것이다. 김상헌金尙憲, 1570~1652은《남사록南槎錄》에서 다음과 같이 지적하였다.

> 내가 밭 가는 자를 보니 농기(農器)가 매우 좁고 작아 어린애 장난감과 같았다. 물어 봤더니 대답하기를, '흙 두어 치 속으로만 들어가도 모두 바위와 돌이기 때문에 깊이 갈 수 없다.'라고 하였다(余見耕田者 農器甚狹小 如兒戲之具 問之則曰 入土數寸巖石 以此不得深耕云).

제주도에서 밭 가는 자의 농기農器는 보습이다. 보습이 좁고 작을 수밖에 없는 이유는 제주도 토양의 물리적 조건이라는 것이다. 정언유鄭彦儒, 1687~1764는《탐라별곡耽羅別曲》에서, 제주도에서 전승되는 '호미'낫,鎌와 보습을 다음과 같이 지적하였다.

> 八陽足踏 겨우 하여 薄田을 경작하니
> 자른 허뫼 적은 보십 辛苦히 매갓구어

'팔양'八陽은 '바량'이라는 말이다. '바량'은 낮에는 마소를 산야에 풀어놓아 풀을 먹이고, 밤에는 밭에 몰아넣고 배설물을 받아 걸우는 일이다. '족답'足踏은 밭에 씨앗을 뿌리고 수분 증발을 막

으려고 마소의 발로 땅거죽을 밟아준다는 것이다. 이런 일을 '밧
볼림'이라고 한다. 이렇게 '바량'와 '밧볼림'으로 박전薄田을 경작하
고, '자른 허뫼'와 '적은 보습'으로 신고辛苦히 쉼 없이 가꾼다는 것
이다. 제주도 사람들은 '낫'[鎌]을 '호미'라고 하고, '호미'[鋤]를 '글
갱이'라고 한다. 정언유의 《탐라별곡》 속의 '허뫼'는 '글갱이'를 두
고 이른 말이다. '글갱이'호미 폭은 좁고, 보습의 크기는 작다는 것
이다.

이들 세 사람의 지적을 종합해 보면, 제주도 경토耕土 깊이는 얇
고 자갈 함량이 많아서 땅을 일구기가 마치 바닷고기의 배를 발
라내는 것처럼 어렵다. 특히, '글갱이'호미의 폭은 좁고, 보습의 크
기는 어린이 장난감처럼 작다는 것이다.

제주도에는 '새당보습'이라는 말도 전승된다. '새당보습'은 '새
당' 등지에서 만든 보습이라는 말이다. '새당'은 제주도 덕수리안덕
면의 옛 이름이다. 이 마을 남자들은 예로부터 보습, 볏, 솥 따위를
만들면서 생계를 돕는 경우가 많았다.

1983년 봄, '새당보습' 만들기가 이루어질 것이라는 소문이 돌
았다. 이것으로 제주도 '새당보습' 생산은 마침표를 찍게 된다는
것이다. '새당보습' 만들기의 자본주를 '원대장'이라고 한다. '원대
장'은 '새당보습'의 생산 과정을 기록으로 남길 수 있게 도와달라
는 나의 부탁을 받아주었다. 1983년까지만 하더라도 전화로 연락
을 주고받기도 쉽지 않을 때였다.

'새당보습' 만들기의 날씨 선택은 매우 까다로웠다. 습도가 맞

216

지 않으면 습기를 먹은 보습의 틀과 쇳물이 거부반응을 일으키기 일쑤다. 그래서 '새당보습' 만들기 결정은 그날 아침에 내려질 수밖에 없었다. 나는 '원대장' 집에서 밤잠을 잤고 '새당보습'을 만들 예정의 아침을 맞았지만, '새당보습' 만들기를 포기하는 일은 4~5회 정도 반복되었다.

1983년 5월 3일, 드디어 '새당보습'을 만들기로 결정되었다. 나는 '새당보습' 만드는 과정을 견학할 수 있었고, 그 결과를 〈濟州島民具(1)-보습-〉이라는 이름으로 《탐라문화耽羅文化》 제3호제주대학교 탐라문화연구소에 발표하였다. '새당보습'은 내가 제주도 도구道具에 대한 관심을 갖는 계기로 작용하였다.

'불미'풀무의 변천사

제주도 사람들은 '풀무'를 '불미'라고 한다. 손의 힘으로 바람을 일으켜 쇠를 녹이거나 달구는 손풀무, 그리고 땅바닥에 장방형으로 골을 파서 중간에 받침대를 놓고, 그 위에 골에 맞는 판자를 걸쳐 놓아 한쪽에 세 남자씩 서서 판자의 두 끝을 널뛰기하듯 디뎌가며 바람을 일으키는 '골풀무'가 있었다. 제주도 덕수리안덕면 남자들은 손풀무를 '손불미' 또는 '토불미'라고 하였다. 조선왕조 영조 41년1765에 편집된 《증보 탐라지增補耽羅誌》김영길 번역본에는 제주도 '손불미'가 가늠되는 내용이 들어있다.

대장간에서 풀무를 밟지 않고 손으로 푸덕거린다.

(冶鑪無踏 以手鼓囊)

　'손불미'는 궤 안에 장치하여 손잡이를 잡아당겼다 밀었다 하면서 푸덕거리며 바람을 일으키는 '불미'풀무였다. 언제부터인지 모르지만, 제주도에는 '디딤불미'가 등장하였다. '디딤불미'는 "발로 디디는 힘을 동력으로 하여 바람을 일으키는 불미풀무"라는 말이다. '디딤불미'는 표준어로 골풀무에 해당한다.

　지금 제주특별자치도민속자연사박물관은 제주도에서 전승되었던 '디딤불미'골풀무를 복원해 놓았다. 언제부터인지 모르지만, 제주도에서는 '손불미'에서 '디딤불미'로 변천되었다. 그러자 '손불미'를 두고 '토불미'라고 하였다. '토불미'는 '본디 불미'라는 의미로, '디딤불미' 시대의 신조어新造語인 셈이다. 1950년대에 접어들면서 '디딤불미' 대신 발동기로 바람을 일으켜 무쇠를 녹이는 시대가 되었다. 이때부터의 '불미'풀무를 '기계불미'라고 하였다.

　제주도 '불미'는 조선왕조 영조 41년1765 무렵까지는 '손불미', 언제부터인지 모르지만, 그 후부터는 '디딤불미', 그리고 1950년 무렵부터는 '기계불미' 시대로 변천되었다. 제주도 덕수리안덕면에서 전승되는 '새당보습' 따위를 생산하는 기술은 '불미공예'라는 이름으로 제주도무형문화재 제7호1986년 4월 10일 지정로 지정, 보호받고 있기도 하다.

불미마당의 조직

제주도 덕수리^{안덕면}에서 남자 여럿이 모여 보습, 볏, 솥 등을 만드는 곳을 '불미마당'이라고 하였다. '불미마당'의 조직은 다음과 같았다.

① **원대장(1명)**: '불미마당'의 주인으로, 자본을 대어 물자를 준비하고, 일꾼들에게 품삯을 주는 사람이다. '원대장'은 1981년에 1천여 개의 '새당보습'을 만들고 나서 이번^{1983년}에 다시 1천여 개를 더 만들어 제주도 여러 철물점으로 넘길 예정이었다.

② **알대장(1명)**: 대장일에서 고도의 기술이 요구되는 '뜨기'와 '보놓음'을 전담하고, 조직의 우두머리로 인사권을 가지고 있으면서 풀무 일을 총지휘하는 사람이다.

③ **젯대장(3명)**: 대장일에서 '새당보습'을 만들 때, '둑'도가니에서 녹인 쇳물을 뽑아 '불미마당'에 늘어놓은 여러 '보습뎅이'라는 주형鑄型에 쇳물을 부어 넣는 일을 맡은 사람이다. '젯대장'은 세 사람으로 구성된다.

④ **둑대장(1명)**: 대장일에서 도가니를 관리하는 일과 '둑'이라는 도가니에 불을 피워 무쇠를 녹이기까지의 일을 맡은 사람이다.

⑤ **질먹대장(1명)**: '질먹'은 주물에 쇳물을 부어 넣을 때 쇳물이 파 들어가지 않도록 하려고 그 표면에 발라주는 목탄 가루

다. 대장간에 쓰기 위해 숯을 갈아 체로 쳐낸 가루를 물에 타서 만든다. 대장일에서 '질먹대장'은 목탄이나 흑연 가루를 물에 타서 쇳물이 '보습뎅이' 속으로 파고들지 않게 그 '질먹' 물을 '보습뎅이' 안쪽에 발라주는 사람이다.

⑥ **불미 부는 사람**: '토불미'인 경우 3명이 한 조가 되는 두 개 조가 손으로 바람을 일으켰고, '디딤불미'인 경우에는 6명이 한 조가 되어 12명이 교대해가며 발로 널뛰기하듯이 바람을 일으켰다. 오늘날에는 경운기耕耘機로 바람을 일으키기 때문에 불미 부는 사람은 필요 없게 되었다.

⑦ **일꾼(4명)**: '불미마당'의 잡일을 거들어주는 잡일꾼들이다. 일꾼은 네 사람으로 구성되었다.

새당보습의 생산 과정

제주도 보습은 그 제작 방법과 쇠 종류에 따라 '새당보습'과 '정철보습'으로 구분한다. '새당보습'은 '새당', 곧 덕수리안덕면 등지에서 전승되는 '보습뎅이'에 무쇠를 녹인 쇳물을 부어 넣어 만든 보습이고, '정철보습'은 철공소 등지에서 정철精鐵판을 잘라 용접하여 만든 보습이다. '새당보습'이 '정철보습'에 견주어 값이 비쌌다. '새당보습'이 '정철보습'보다 비쌌던 까닭은, 밭갈이 때 보습에 흙이 붙지 않아 땅속 깊이까지 잘 들어간다는 점, 보습의 옆 날이 날카롭기에 풀뿌리 따위가 잘 잘린다는 점, 그리고 쇠가 강하여 쉽게 닳아 떨어지지 않았다는 점 때문이었다.

'새당보습'의 생산 과정은 크게 세 가지로 나눠볼 수 있다. '보습뎅이'를 만드는 일, '알'을 만드는 일, 그리고 쇳물을 '보습뎅이'에 부어 넣어 '새당보습'을 탄생시키는 일이다. 그러나 전체적인 '새당보습'의 생산 과정에서 볼 때, '불미마당' 성원들 스스로가 '새당보습'을 만드는 일은 '어린애 장난감과 같다.'라고 할 정도로 잡다한 일들이 많으니, 가장 기본적인 '새당보습'의 생산 과정을 중심으로 들여다보고자 한다.

보습뎅이 만들기

'보습뎅이'는 풀무 일을 할 때 그곳에 쇳물을 부어 도구를 만들 수 있게 만든 틀이다. '볏'보습 위에 비스듬하게 덧댄 쇳조각 틀을 '볏뎅이', 솥[釜] 틀을 '솟뎅이', 그리고 보습 틀을 '보습뎅이'라고 한다. '볏뎅이'나 '솟뎅이'는 한번 쓰고 나면 다시 쓰지 못하지만, '보습뎅이'는 그렇지 않고 여러 번 쓸 수 있다.

'보습뎅이'를 만드는 일은 간단하지 않다. 겨울에는 손이 시려 일하기 어렵고, 또 이겨 둔 흙덩이가 얼어 버리면 제대로 굳지 않아 쇳물을 부어 넣을 수 없다. 그래서 '보습뎅이'는 주로 봄에 만드는 경우가 많았다. 이 마을 '큰물밭'이라는 곳과 이웃 신평리대정읍 일부 지역에서 '보습뎅이'를 만드는 흙부터 마련하였다. '원대장'

221

은 '보습뎅이'를 만들 흙을 괭이로 일구어 적당한 둘레에 풀어놓고 물을 뿌려주며 발로 이기는 과정에서 '보습뎅이'가 굳어감에 따라 금이 나지 않게 여기저기에 보리 까끄라기를 섞어두었다. 만약 보리 까끄라기가 없을 때는 보릿짚으로 이를 대신하였다.

'보습뎅이'는 '알뎅이'와 '웃뎅이'로 구성된다. 그에 맞는 틀이 있어, 이긴 흙덩이를 그 속에 담아가며 만들었다. '알뎅이' 만들기의 경우다. '알뎅이틀'에 보습 모양의 본을 놓고, 그 위에 이긴 흙덩이를 가득 담았다. 보습 모양의 본을 '보습본'이라고 하였다. '알뎅이틀'에 흙덩이가 반쯤 담기면 댓가지 세 개를 세로로 나란히 놓았다. 이때의 댓가지를 '뎅이서슬'이라고 한다. 다시 '뎅이서슬' 위로 '알뎅이틀'에 가득 이긴 흙덩이를 욱여넣는다. 두 손으로 틀 좌우를 잡고 내려쳐 탄탄히 다져주었다. '웃뎅이틀' 위에도 이긴 흙덩이와 '뎅이서슬'을 놓고 '웃뎅이'를 만들었다. '웃뎅이'는 '보습뎅이'의 뚜껑과 같은 것이므로 '보습본'을 놓아 다질 필요는 없었다. '알뎅이틀'과 '웃뎅이틀'의 고리를 풀어 '보습뎅이'를 꺼내어 햇볕에 2~3일 동안 말렸다. '보습뎅이' 만들기는 단계적으로 이어졌다.

① **뎅잇늬 맞춤**: 대장일에서, '원대장'은 달구어진 '알뎅이'를 발뒤꿈치로 고정시켜 '알뎅이' 위에 얹힌 '웃뎅이'만을 양손으로 잡아 좌우로 이리저리 움직이면서 '웃뎅이'와 '알뎅이' 사이에 틈이 벌어지지 않도록 맞춘다. 이런 일을 '뎅잇늬 맞춘다'고 하였다[도4-1].

도4-1 뎅잇늬 맞춤

보습의 틀을 '보습뎅이'라고 한다. '보습뎅이'는 '웃뎅이'와 '알뎅이'로 구성되었다. '웃뎅이'와 '알뎅이'
사이가 벌어지지 않게 맞추는 일을 '이[齒] 맞춘다'고 한다. '원대장' 어르신께서 '보습뎅이'의 '이'를
맞추고 있다.

도4-2 '배[腹]' 파기
'원대장'이 '보습뎅이' 앞에 앉아서 '배'를 파고 있다. 지금은 '적' 대신 사포(砂布)로 '배'를 판다.

② 배 파기: 보습의 편편한 부분을 '알배[下腹]', 볼록한 부분을 '뒷배[後腹]'라고 하였다. '배 파기'는 쇳물이 들어가서 '뒷배'를 이루게 될 '알뎅이'의 오목하게 들어간 데를 매끄럽게 다듬는 것이다[도4-2]. 이런 일을 '배 판다'라고 하였다. '배 파는 칼'로 깎아 주거나, '알뎅이적'으로 밀어주었다. '알뎅이적'은 비교적 편편한 모양의 돌멩이다. 이것으로 '알뎅이'를 매끈하게 밀어주었다. '웃뎅이적'은 비교적 둥그런 모양의 돌멩이다. 이것으로 '웃뎅이'를 매끈하게 밀어주었다[도4-3].

③ 끝 빼기: 쟁기로 밭을 일구는 과정에서 저절로 땅속에 묻힌 풀줄기나 뿌리가 잘려나갈 수 있도록 보습의 날을 날카롭게 만들어주어야 한다. 쇳물이 들어가 보습의 날이 잘 서도록 하는 일을 '끝 뺀다'라고 한다. '알뎅이'에 '보습본'을 올려놓고 분필을 잡고 그 주위를 일정하게 뺑 돌리며 선을 긋는다[도4-4]. 그리고 나서 '보습본'을 살짝 들어낸다. 선의 굵기로

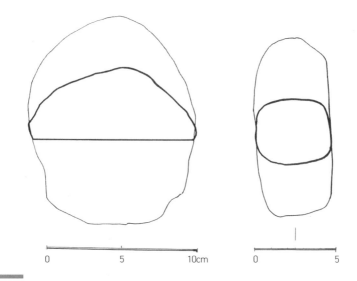

0   5   10cm   0   5

도4-3 '알뎅이적'(좌)과 '웃뎅이적'(우)

도4-4 본 뜨기
달리 '끝 빼기'라고도 한다. '새당보습'의 끝을 날카롭게 하는 일이다. '원대장'이 앉아서 '알뎅이'에 '새당보습' 하나를 '본'으로 놓고 하얀 분필로 그리며 '본'을 뜨고 있다. '새당보습'의 끝을 날카롭게 만들어야 풀줄기나 뿌리가 잘 잘리게 된다.

'끝 빼기'의 정도를 가늠한다. 선이 비교적 굵은 데를 '웃뎅이 적'으로 밀어주며 선의 굵기를 일정하게 다듬는다. 그래야 '보습뎅이'에 쇳물을 부어 넣었을 때 일정한 형태로 날카롭게 날을 세울 수 있게 되는 것이다.

알 만들기

'새당보습'은 '몽클'쟁기술에 제대로 끼울 수 있는 구멍이 나 있어야 한다. 대장일에서 '알'은 '새당보습'에 '몽클'이 제대로 끼이게 보습 구멍을 만들기 위해 황토물에 모래를 비벼 보습의 크기만큼 만든 알맹이다[도4-5].

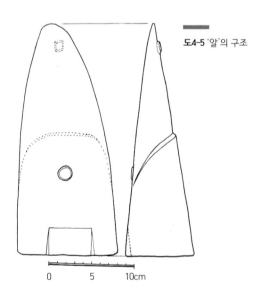

도4-5 '알'의 구조

0 5 10cm

'알'은 한정된 시간에 여러 사람이 바로 '새당보습'을 만드는 날
에 만들어야 한다. '알'을 만드는 모래는 아무 데서나 구할 수 있
는 것이 아니었다. 모래가 쇳물에 달구어져도 조금도 부피가 늘어
나지 않아야 하고, 또 '새당보습'이 완성된 후에는 굳었던 것이 쉬
풀어지면서 떨어질 수 있는 성질을 가진 모래여야 한다. 이웃 화
순리^{안덕면} 지경에 있는 바닷가에서 채취한 모래에 연탄재 3분의
1 정도를 섞어 만들었다. 이렇게 만든 '알'의 재료를 '알모살'이라
고 한다. '알모살'은 '알'을 만드는 '모살'^{모래}이라는 말이다.

  ① **알 박음**: 일꾼들은 '알모살'을 한 줌씩 잡고 '보습뎅이' 속으로
     욱여넣는다. 이런 일을 '알 박는다'고 한다. '알'을 박을 때는

도4-6 '알' 박음

'보습뎅이'에 금이 가지 않도록 무리하게 힘을 주지 말아야 한다[도4-6].

② 알 뜨기: '불미마당' 일꾼들은 '알' 뜨는 사람 앞으로 '알'을 박아놓은 '보습뎅이'를 들어다 놓는다. '알' 뜨는 사람은 '소갈'[도4-7]로 '알모살'을 '알뎅이' 표면에서부터 약 2~3mm쯤 들어가게 누르며 '알'을 뜬다. '소갈'은 '알'을 뜨거나, '알'을 다듬는 칼이다. 그리고 쇳물이 들어갈 수 있게 살짝 눌러주며 구멍을 낸다. 이때의 구멍을 '무십'이라고 한다. 그리고 이때의 '소갈'을 '알 뜨는 소갈'이라고 한다. '알' 뜨는 일은 기술이 요구되는 일이라 거의 '알대장'이 이루어내는 경우가 많다[도4-8].

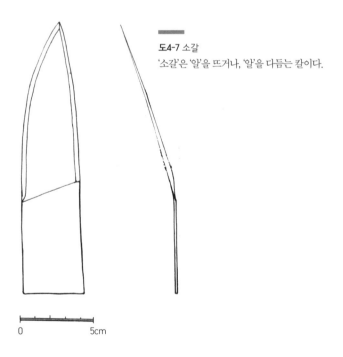

도4-7 소갈
'소갈'은 '알'을 뜨거나, '알'을 다듬는 칼이다.

0   5cm

도4-8 '알' 뜨기
'알대장'이 '알 뜨는 소갈'로 '알'을 뜨고 있다.

③ **뒷배 깎기**: 쇳물이 '보습뎅이' 속으로 들어갔을 때 '새당보습' 의 '앞배'를 이룰 작업은 '알 뜨기'에서 끝이 난 셈이다. 그러 나 '새당보습'의 '뒷배'를 이루기 위해서 '알'을 일정하게 다듬 어주어야 한다. '새당보습'의 '뒷배'를 다듬어주는 일을 '뒷배 깎는다'고 한다. '새당보습'의 '뒷배'를 깎기 위해서는 우선 '알 뎅이'에 놓여 있는 '알'을 1시간쯤 말려야 한다. 그런 다음 '알' 을 꺼내어 세워 놓고 '소갈'로 2~3mm쯤 깎아내린다. 이때 '알'의 끝부분 한가운데 바둑알만큼의 여유를 남겨두고 깎는 다. 이는 '알'이 '보습뎅이' 속에 들어갔을 때 틈을 벌려 줌으 로써 일정한 두께로 '보습뎅이' 속으로 들어갈 수 있게 하는

도4-9 '뒷배' 깎기

한 사람이 '소갈'로 '알'의 '뒷배'를 깎고 있다. '새당보습'의 편편한 부분을 '민판' 또는 '알배[下腹]', 볼록한 부분을 '뒷배[後腹]'라고 하는데, '뒷배'를 이루게 될 '알'의 볼록한 데를 깎고 있다.

것이다[도4-9].

④ **알 굽기**: '알'에 습기가 조금만 배어 있어도 쇳물은 끓어 넘치고 만다. 그러니 '알'을 불에 잘 달구어 습기가 배지 않게 해야 한다. '보습뎅이'와 '알'은 서로 짝이 맞지 않으면 안 된다. 그러니 '보습뎅이'와 '알'의 짝이 어그러지지 않게 '알'을 서너 줄로 줄줄이 세워 놓는다. 그 사이사이에 댓가지와 장작을 가득 넣고, 다시 그 위에 볏짚을 수북하게 올려놓아 불을 붙인다. 볏짚은 타버린 후에도 재가 사그라지지 않아 열의 손실을 막아준다. 녹인 쇳물을 일정한 그릇에 담아 나를 때, 그

도4-10 '알' 굽기1

'알'을 구우려고 '알'을 줄줄이 세워 놓았다. 그 사이에 땔감으로 댓가지를 넣었다. 다시 그 위에 볏짚을 올려놓고 불을 붙인다.

도4-11 '알' 굽기2
'알' 굽기를 끝낸 모습이다. 이때 볏짚의 재[灰]는 쇳물의 열 손실을 막는 방열(放熱)의 재료로 활용
된다. 이때의 재를 '마몰'이라고 한다.

쇳물이 덜 식게 쇳물 위에 재를 뿌려 덮는다. 이때의 재를 '마
몰'이라고 한다[도4-10, 4-11].

보습뎅이 손질

'보습뎅이'에 쇳물을 붓기에 앞서 잡다한 일들이 벌어지는데,
이를 순서대로 들여다본다.

① **보습뎅이 밀기**: '보습뎅이' 안쪽에 낀 때를 밀어내어 '새당보습'
의 표면까지도 일정하고 매끄럽게 만들 수 있도록 '알뎅이적'

으로 '알뎅이', '웃뎅이적'으로 '웃뎅이'를 다시 한번 더 밀어
준다[도4-12].

② **보습뎅이 자심**: 이긴 백토로 '보습뎅이'의 겉이 헐리거나 금이
간 부분을 메꿔주고, '비얄'에 물을 적셔 쓸어주는 일이다. 이
런 일을 '보습뎅이 자신다'고 한다. 이때의 '비얄'은 즉석에서
짚을 휘감아 묶어 풀비처럼 만든 것이다[도4-13].

③ **질먹 칠하기**: 쇳물이 달라붙지 않게 흑연 가루를 물에 타서 '비
얄'로 '보습뎅이' 표면을 바르는 일을 '질먹 칠한다'고 한다.
흑연을 손쉽게 구할 수 없었던 지난날에는 숯을 갈고 나서
체로 쳐낸 가루를 '보습뎅이' 표면에 발라주었다. 이때의 가

도4-12 '보습뎅이' 밀기
'알뎅이적'으로 '알뎅이'를 밀고 있다.

도4-13 '보습뎅이' 자심

루를 '질먹'이라고 한다. 오늘날에는 '질먹'을 흑연으로 대신하고 있다[도4-14].

④ **보습뎅이 말리기**: '보습뎅이'를 마주 세워 놓고, 그 밑으로 지푸라기를 욱여넣고 불을 붙여 '보습뎅이'를 말린다[도4-15].

⑤ **보 놓음**: 달궈낸 '알'을 그 순서가 어긋나지 않게 짝을 맞추어 '보습뎅이'에 옮겨 앉힌다. '알대장'은 '알' 위에 '보'를 놓고, 잡일꾼들은 '웃뎅이'를 덮어 나간다. '보'는 흙덩이를 잘 이기고 나서 강낭콩만큼씩 떼어낸 것이다. '보'는 '알'과 '웃뎅이' 사이의 틈으로 쇳물이 들어가도 일정한 간격이 유지되게 받쳐주는 기둥과 같은 역할을 한다.

도4-14 '질먹' 칠하기

한 일꾼이 '비얄로 뎅이' 내부에 '질먹'을 바르고 있다.

도4-15 '보습뎅이' 말리기

도4-16 '에우겟흙' 바르기

⑥ **에우겟흙 바르기**: 흙에 까끄라기를 넣고 이긴 흙덩이로 '웃뎅이'와 '알뎅이'가 맞물린 틈을 에워 붙여 서로 고정하는 흙을 '에우겟흙'이라고 한다. '에우겟흙'은 '새당보습'의 '웃뎅이'와 '알뎅이'를 에두르는 흙이라는 말이다. 쇳물이 흘러내리지 않도록 '에우겟흙'으로 '웃뎅이'와 '알뎅이' 틈을 발라주는 것이다[도4-16]. 이래야 '알'의 '무십'으로 쇳물을 붓게 되기까지의 '보습뎅이' 손질이 모두 끝나는 셈이다[도4-17].

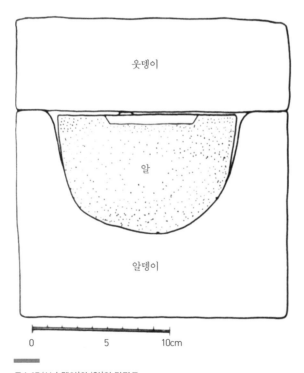

도4-17 '보습뎅이'와 '알'의 단면도
'알' 위쪽에 나 있는 틈을 두고 '무십구멍'이라고 한다. '무십구멍'으로 쇳물을 붓는다.

새당보습의 탄생

'새당보습'의 탄생은 '둑'도가니 만들기, 무쇠 녹이기, 쇳물 붓기, 보습 내기의 단계로 이어진다.

① **둑 만들기**: 무쇠를 녹이는 도가니를 '둑'이라고 한다. '둑대장'
   은 혼자서 '둑'을 만든다. '둑'은 '알둑', '샛둑', '웃둑'으로 구성
   된다. '둑' 3개를 따로따로 만들고 나서 서로 이어 붙인다.
   '알둑' 만들기 과정이다. 양쪽 마구리를 잘라내 버린 50cm 정
   도의 드럼통을 세운다. 아래쪽에 직경 3~4cm 정도의 구멍을
   뚫는다. 이 구멍을 '잔치고냥'이라고 한다. '잔치고냥'은 완성
   된 '둑'으로부터 쇳물을 쉽게 받기 위해 점질의 흙으로 만든
   것이다. 그리고 '잔치고냥'에서 5~6cm 높이에 직경 10cm 정
   도로 쇳물 찌꺼기를 빼내는 구멍을 뚫는다. 이 구멍을 '청녹
   고냥'이라고 한다. '청녹'은 청색을 띤 쇳물 찌꺼기라는 말이
   다. '잔치고냥'으로 나올 쇳물은 비교적 무거우니 가라앉고,
   '청녹고냥'으로 나올 쇳물 찌꺼기는 비교적 가벼우니 뜬다.
   그러니 쇳물은 '잔치고냥'으로, '청녹'은 '청녹고냥'으로 나오
   게 되는 것이다. 다시 드럼통 바닥에는 황토물에 익반죽한
   모래를 5~7mm 정도 두께로 깔아준다. 이때의 모래를 '자릿
   몰래'라고 한다. '자릿몰래'는 둑의 밑자리에 깔아주는 '몰래'
   모래라는 말이다. '자릿몰래'를 깔아주어야 쇳물이 '둑'의 밑바

닥에 고여 있으면서도 '둑' 밑으로 파고들지 못하게 되는 것이다.

'샛둑' 만들기 과정이다. 양쪽 마구리를 잘라내 버린 95cm 정도의 드럼통을 세운다. 밑에서부터 8cm 높이에 지름 15cm 정도의 구멍을 뚫는다. '알둑'에서와 같은 방법으로 내화벽돌耐火- 95장을 붙인다. 이때의 구멍을 '골끝고냥'이라고 한다. '골끝고냥'으로 바람을 집어넣을 뿐 아니라 자주 그 내부를 쳐다보면서 무쇠가 제대로 녹아 떨어지는지를 가늠한다. 이렇게 가늠하는 일을 '골끝 본다' 또는 '뒤 본다'라고 한다. '알둑' 위에 '샛둑'을 올려놓으면, 그 높이는 145cm 정도가 된다.

'웃둑' 만들기 과정이다. 양쪽 마구리를 잘라내 버린 45cm 정도의 드럼통을 '샛둑' 위에 그대로 올려놓는다. '알둑', '샛둑', '웃둑'을 합친 '둑'의 높이는 190cm 정도가 된다. 그리고 이긴 점토로 쇳물이 흘러내리는 골을 만든다. 이를 '잔치' 또는 '더버지'라고 한다. '잔치' 또는 '더버지'에 '질먹'을 칠하면 '둑' 만들기도 끝난다[도4-18].

② **무쇠 녹이기**: '둑'도가니 안에 장작을 집어넣으며 2시간 정도 불을 땐다. 이때의 장작을 '둑낭'이라고 한다. '둑낭'은 '둑'의 나무라는 말이다. '둑낭'으로 불을 때면서 '둑' 안의 습기를 날려버린다. 동시에 무쇠를 녹이는 데 주원료이기도 한 코크스에 불을 지핀다. 코크스를 구할 수 없었던 시절에는 참나무 숯으로 이를 대신하였다. '굴체'삼태기 하나 분량의 코크스를 '둑'

도4-18 둑

이 마을 '불미마당' 사람들은 도가니를 '둑'이라고 한다.

에 부어 넣고 바람을 일으켜 불을 붙인다. 1950년 이전까지는 '토불미'손풀무나 '청탁불미'골풀무로 손이나 발로 바람을 일으켰다. 풍구에서 일어난 바람은 '구레'라는 바람이 통하는 길을 지나 '골끝'으로 들어간다. '구레'는 함석판을 재료로 하여 지름 20cm 정도의 굵기로 둥그렇게 만든다. 코크스에 완전히 불이 붙으면, 무쇠를 다 녹일 때까지 그 위에 '글체'삼태기 하나 정도의 무쇠와 코크스를 번갈아 놓아가며 '둑' 가득히 채워나간다.

'잔치고냥'으로 쇳물이 나오기 바로 전에 '불미마당' 구성원들은 각자 여러 가지 도구와 재료들을 준비하고 일정한 장소에서 대기한다. '알대장'은 쇳물을 뽑아내고 나서 쇳물을 잠시 정지시키기 위하여 점토에 보리 까끄라기를 넣어 이겨 만든 흙덩이를 막대기 끝에 붙이고 구멍을 막는다. 이때의 흙을 '물막잇흙', 이때의 막대기를 '물막이'라고 한다.

'물막잇흙'으로 막아놓은 구멍을 길이 130cm 정도의 막대기로 쑤셔 쇳물을 뺀다. 이때의 막대기를 '무드리'라고 한다. 그리고 '젯대장'들은 '오시장테'[1]에 쇳물을 담아 나를 때마다 열의 손실을 극소화하는 재를 준비하여 그 앞에서 대기한다.

---

1) '오시장테'는 '둑'(도가니)에서 쇳물을 길어 나르는 그릇이다. 철판을 큰 화분 모양으로 뜬 후 그 안에 이긴 점질의 흙을 두껍게 바르고 나서 5시간 정도 불에 달구어내어 '질먹'을 짙게 바른 것이다.

이때의 재를 '마몰'이라고 한다. '둑대장'은 무쇠와 코크스가 녹아내리는 대로 그것을 계속 채워주는 일을 해나가는 등, '새당보습' 탄생이 끝날 때까지 '둑' 곁에서 떠나지 않는다. '젯대장'은 쇳물을 나르는 그릇인 '오시장테'와 그것을 들어 나를 수 있게 짚과 철사를 이용해 8자 모양으로 만든 '틀레'를 준비하여 대기한다. '오시장테'는 철판을 큰 화분 모양으로 뜨고, 그 안에 이긴 점토를 두껍게 바르고 나서 5시간 정도 불에 달궈내어 '질먹'을 짙게 바른 것으로, 쇳물을 길어 나르는 그릇이다. '원대장'은 쇳물이 '보습뎅이' 속으로 들어갈 때, '알'이 움직이지 않게 눌러주는 두 개의 막대기를 준비하여 '보습뎅이' 옆에서 대기한다. 그리고 일꾼 네 사람은 '보습뎅이'를 일으켜 세워 '젯대장'들이 쇳물을 쉽게 부을 수 있게 받쳐주는 밧줄을 준비하고, 원대장과 함께 '보습뎅이' 옆에서 대기한다. 이때의 밧줄을 '뎅잇배'라고 한다. '뎅잇배'는 '젯대장'들이 쇳물을 '보습뎅이'에 부을 수 있도록 받쳐주는 밧줄이다.

③ **쇳물 붓기**: '둑'의 '잔치구멍'으로부터 쇳물이 조금씩 떨어진다. '알대장'은 물막이라는 막대기에 '물막잇흙'을 올려서, 그 구멍을 틀어막아 버린다. 2~3분이 지나 '둑' 밑바닥에 쇳물이 고였을 것으로 판단될 즈음에, '무드리'로 전에 막아두었던 '물막잇흙'을 뚫어 일정한 양의 쇳물을 뽑아두고 다시 '물막잇흙'으로 틀어막는다. '젯대장' 한 사람은 '오시장테'를 들고

잔치구멍 주변에서 대기하고 있다가 '보습뎅이' 7~8개 정도
에 부을 양의 쇳물을 받고 나서 옆에 준비해 둔 '마돌'을 쇳
물 위에 덮어 '보습뎅이' 앞으로 간다. 잡일꾼들은 '뎅잇배'라
는 밧줄을 잡고 엄지손으로 '보습뎅이'를 살짝 눌러주며 반
쯤 일으켜 세워 '젯대장'들이 쇳물을 쉽게 부을 수 있게 받쳐
세운다. 이런 일을 '보습뎅이 세움'이라고 한다. '원대장'은 두
개의 막대기로 '알'을 살짝 눌러준다. 이런 일을 '알 짚음'이라
고 한다. '젯대장'은 '오시장태'에 들고 온 쇳물을 '무십' 구멍
으로 부어 나간다[도4-19]. 쇳물은 그 구멍으로 들어가서 '보
습뎅이' 안에 벌겋게 번지고, 1시간 후면 완전히 굳는다. 이
때 '알'이 짧아 '보습뎅이'의 크기에 맞지 않거나, 또는 '보습
뎅이'에 이상이 생겼을 때에는 쇳물이 그 안에 고루 번지지
못하여 이상한 모양의 '새당보습'이 되어버린다. 이런 모양
을 두고 '고장 피었다'고 한다. '고장'은 꽃[花]의 제주도 말이
다. '알대장'은 둑에서 쇳물이 흘러나오는 '잔치구멍'을 뚫고
막는 일, '젯대장'들은 서로 교대해가며 쇳물을 나르는 일, 잡
일꾼들은 '보습뎅이'를 세우는 일, 그리고 '원대장'은 '알'을
짚어 누르는 일을 작업이 끝날 때까지 계속한다.

④ **보습 내기**: '불미마당' 가득 즐비하게 늘어놓은 '보습뎅이'마다
쇳물을 붓고 나서 1시간 후에는 '새당보습'을 꺼낸다. '에우겟
흙'을 떨어낼 필요도 없이 '웃뎅이'만 살짝 들어내 '새당보습'
을 꺼낸다. '새당보습'을 한데 모아 놓고 보면 '새당보습'의 몸

도4-19 '무십구멍'에 쇳물 붓기

밖으로 흘러나온 쇳물 자국이 있기 마련이다. 이를 '능살'이라고 한다. 여럿이 모여 앉아 망치로 두드려가며 '능살'을 떼어내 버린다. 완전한 '새당보습'이 탄생하게 되는 것이다.

제주도 덕수리^{안덕}면는 '새당보습' 생산의 고장이었다. '새당보습'은 제주도 쟁기의 역사만큼 오랜 역사의 유산이었다. '새당보습'을 만드는 '불미'는 손힘으로 바람을 일으키는 '손불미'에서 발힘으로 바람을 일으키는 '디딤불미'로 변천 과정을 거쳤다. 1950년대에 이르러서는 발동기^{發動機}로 바람을 일으키는 '기계불미'로 '새당보습'을 만들다가 1983년 '새당보습' 생산을 끝으로 종지부를 찍고 말았다.

푸는체의
세계

　　'푸는체'는 '푸다'와 '체'로 이루어진
말이다. '푸다'는 '까부르다' 또는 '키질하다'라는 말이다. 그러니
'푸는체'는 '까부르는 체'다. '푸는체'의 표준어 표현은 '키'[箕]다.

　제주도 사람들은 피[稗] 이삭을 '남방아'에서 찧어 핍쌀을 얻었
다. '푸는체'와 체[篩]를 눈여겨보면서 핍쌀의 탄생 과정을 들여다
보자. 체는 쌀이나 가루를 곱게 치거나 액체를 거르는 데 쓰는 도
구다. 얇은 나무로 쳇바퀴를 만들고 말총, 헝겊, 철사 따위로 쳇불
을 씌워 만들었다. '남방아'에서 피 이삭 찧기는 여러 차례 반복되
었다. 피 방아를 찧고 나서 2회까지는 '푸는체'에서 피의 씨껍질과
쭉정이를 날려버렸다[도4-20]. 3회째부터 핍쌀이 나왔다.

　우선 '남방아'에서 찧어낸 것을 '푸는체'에서 까불러 씨껍질과
쭉정이를 날려 버리고 난 후에 체로 쳤다. '가는체'춤진거름체와 '굵

도4-20 푸는체질 1998년, 애월읍 유수암리, 강만보 촬영.
한 아낙네가 콩을 타작하고 나서 '푸는체'를 까부르면서 콩깍지나 쭉정이 따위를 날려버리고 있다.

은체'흙은거름체 두 가지가 필요하였다. '가는체'의 쳇불 구멍은 1mm, '굵은체'의 쳇불 구멍은 2mm 정도였다. 우선 '가는체'로 쳐서 으깨진 핍쌀을 걸러냈다. 핍쌀은 체 안에 남고, 가루는 쳇불 구멍으로 빠졌다. 이때의 핍쌀을 '아시피쑬'이라고 하였다. 그다음에는 '굵은체'로 쳐서 온전한 핍쌀을 걸렀다. 핍쌀은 체 안에 남고, 가루는 쳇불 구멍으로 빠졌다. 이때의 핍쌀을 '무거리피쑬'이라고 하였다.

이렇게 '남방아'에서 찧고 → '푸는체'로 까부르고 → '가는체'로 쳐서 '아시피쑬'을 걸러내고 → '굵은체'로 쳐서 '무거리피쑬'을 걸러내기를 반복하였다. '아시피쑬'과 '무거리피쑬'은 양식糧食으로 삼았다. 이렇게 '푸는체'와 체는 곡물의 수확에서부터 탈곡脫穀, 선

247

별, 건조 등의 조정調整 작업에 쓰이는 도구였다.

제주도에는 '푸는체'를 소재로 한 속담도 전승되었다. "흉년에는 '푸는체' 모른 곡식이 효자 노릇을 한다."라고 말이다.[2] '푸는체 모른 곡식'은 감자와 고구마다. 감자와 고구마는 탈곡 과정을 거칠 필요가 없다. 그대로 저장해두었다가 양식으로 삼는 경우가 많았다. 그래서 감자와 고구마는 '푸는체 모른 곡식'이다. 흉년에는 감자와 고구마가 오히려 굶주림을 구제하는 효자의 구실을 하였다는 것이다. 그 이외 모든 곡식은 '푸는체'에서 까부르는 과정을 거쳤다. 하물며 가시나무, 상수리나무, 구실잣밤나무 따위의 나무 열매를 양식으로 삼고자 할 때도 '푸는체'로 까불렀으니 말이다. 그러니 '푸는체'가 모른 곡식은 없었던 셈이다. 이렇게 '푸는체'는 곡식을 장만하는 데 필요한 도구다.

쌀을 주식으로 하여 살아가는 민족들은 나름대로 '푸는체'를 창조, 계승, 발전시켜 왔다. 일본의 학자들은 아시아의 '푸는체' 형태를 편구片口와 환구丸口로 구분하였다. 일본·국립민족학박물관에는 말레이시아의 편구형 '푸는체'와 필리핀의 환구형 '푸는체'를 소장하고 있다[도4-21].[3] 일본열도에서도 지역에 따라 편구형과 환구형의 '푸는체'가 전승된다고 하였다. 제주도와 한반도, 그리고 그 주변 도서 지역의 '푸는체'는 어떠하였을까.

---

2) 고재환(1999), 《제주도속담사전》, 제주도.
3) 카고시마켄역사자료센터-레이메이칸(鹿兒島縣歷史資料センタ-黎明館), 《대나무의 세계(竹の世界)》, 1995.

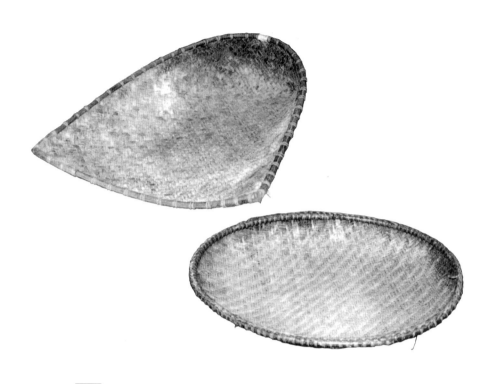

[사례1] 경기도 안성시 금광면 한운리 성명현[1942년생, 남] 씨

이 마을에서는 '푸는체'를 '키'라고 한다. '키'는 고리버들가지로
바닥을 엮었다. 그 테두리에 소나무조각을 댔다. 칡넝쿨로 묶어
마감했다. 그리고 테두리 바깥 양쪽에 귀를 붙였다. 콩과 팥을 탈
곡하고 나서 콩과 콩깍지, 팥과 팥의 껍질을 분리하거나, 절구통
에서 보리를 찧고 나서 보리쌀과 겉껍질을 분리하는 데 쓰이는 경

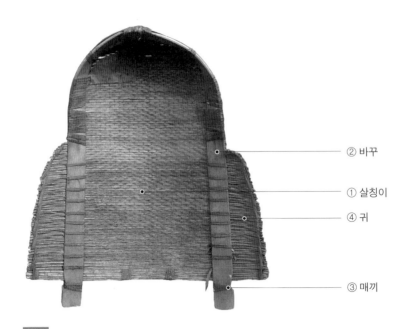

② 바꾸

① 살칭이

④ 귀

③ 매끼

도4-22 경기도의 '키' 폭 63.0cm, 길이 66.5cm

우가 많았다[도4-22]. 인병선짚풀생활사박물관 관장은 경남 함천군 야로
면 덕암리에서 신○○ 씨[1934년생, 남]로부터 이와 같은 '키' 만들기를
구전으로 조사하여 기록하고 그림까지 그렸다. '키'의 부분 명칭은
다음과 같다.[4)]

  ① **살칭이**: '키'의 바닥이다. '키'의 바닥에서 가장 우묵한 곳을
    '구무리'라고 하였다. 뒤꿈치라는 말이다.

---

4) 인병선(2006), 《우리가 정말 알아야 할 우리 짚풀문화》, 현암사.

② 바꾸: '살칭이' 둘레에 안팎으로 댄 소나무 판자다. 안쪽의 판
　　자를 '안바꾸', 바깥쪽의 판자를 '겉바꾸'라고 하였다. '바꾸'는
　　'바퀴[輪]'라는 말이다.

③ 매끼: '매끼'는 칡넝쿨로 '바꾸' 여기저기를 꿰맨 것이다. '매
　　끼'는 '묶다[結]'의 명사형이다.

④ 귀: '귀'는 '키'의 '바꾸' 바깥 양쪽에 달려 있다. 이것으로 바람
　　을 일으키는 기능을 한다.

[사례2] 전남 신안군 흑산면 심리 박○○^{1929년생, 여} 씨

이 마을에서는 '푸는체'를 '방아체'라고 한다. 이것은 왕대나무
대오리로 바닥을 엮었다. 그 테두리에 소나무조각을 댔다. 그리고
칡넝쿨로 묶어 마감했다. 테두리 바깥 양쪽에 귀를 붙였다. 남원
지역^{전라북도}에서 온 도붓장수에게 사서 쓰
고 있는 중이다[도4-23].

[사례3] 전남 신안군 흑산면 가거도리
박성금^{1927년생, 여} 씨

이 마을에서는 '푸는체'를
'청동산태미'라고 한다. 지근

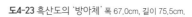

도4-23 흑산도의 '방아체' 폭 67.0cm, 길이 75.5cm.

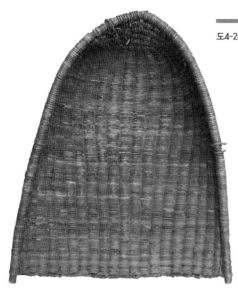

도4-24 가거도의 '청동산태미' 폭 42.5cm, 길이 50.0cm.

두나무로 테두리를 삼고, 그것에 의지하여 삼태기 모양으로 '청동' 댕댕이덩굴으로 결어 만들었다. 가거도 대풍리에 거주하는 임 씨가 만든 것이다. 흑산군도에서 '푸는체'는 두 가지가 전승된다. 담양 지역에서 만든 것을 '방아체', 그리고 가거도에서 만든 것을 '청동산태미'라고 한다. '방아체'는 흑산도와 그 주변, 그리고 '청동산태미'는 가거도와 만재도에 분포한다[도4-24].

[사례4] 제주시 한림읍 금악리 김○○1902년생, 남 씨

제주도 '푸는체' 생산지는 금악리한림읍다. 주로 '자골'자귀풀, 그리

고 부수적으로 새삼으로 걸어 만든다. '자골'은 콩과의 한해살이 풀이다. 제주도 사람들은 일정한 '출왓'牧草田에서 소의 월동 사료용으로 '자골'을 재배하였다. '자골'은 추분9월 23일경에 거두어들이기도 하였다. '자골'로 바닥을 짰다[도4-25]. '푸는체'의 테두리를 '에움'이라고 하였다. 자귀나무로 만들었다. '푸는체'에 에움을 붙이고 쥐넝쿨로 묶어 마감했다. 보통 여자들은 '푸는체'의 바닥을 짜고, 남자들은 '푸는체'의 에움을 붙였다. 제주도 '푸는체'는 귀가 없다[도4-26].

도4-25 '푸는체' 바닥 짜기 1986년 7월, 한림읍 금악리.

　재료상으로 볼 때, 한반도와 그 주변 도서 지역에서는 4가지의 '푸는체'가 전승된다. 사례1의 경기도 안성 지역에서는 고리버들가지이곳에서는 '키'라고 한다., 사례2의 흑산도에서는 왕대나무의 대오리이곳에서는 '방아체'라고 한다., 사례3의 가거도에서는 댕댕이덩굴이곳에서는 '청동산태미'라고 한다., 그리고 사례4의 제주도에서는 자귀풀이곳에서는 '푸는체'라고 한다.로 만든 것이다.

　한반도와 그 주변 도서 지역에서는 귀가 달린 '푸는체'와 귀가 없는 '푸는체'가 동시에 전승된다. 사례1과 사례2는 귀가 달린 유이형有耳型 '푸는체', 사례3과 사례4는 귀가 없는 무이형無耳型의 '푸는체'다. 한반도와 그 주변 도서 지역에서 무이형 '푸는체'가 분포하는 권역은 제주도, 가거도, 만재도다. 귀가 없는 '푸는체'는 말레이시아, 일본열도, 중국대륙에도 두루 전승된다. '푸는체' 형태에는 국경이 없었던 모양이다.

254

'맨촌구덕'과
'맨촌차롱' 5)

제주도 사람들은 지금의 제주도 도련 2동제주시을 '맨촌'이라고 한다. '맨촌'은 명품 대그릇 생산으로 소문난 마을이다. '맨촌'은 제주도에서 대나무 질이 뛰어난 지금의 아라동제주시과 가까운 곳이면서, 지금의 '제주시'라는 제주도 대그릇 최대 소비시장과도 가까운 곳에 있다. '맨촌'이 질이 좋은 대나무 생산지와 대그릇 최대 소비시장을 가까운 곳에 거느리고 있다는 점은 명품 대그릇 생산 적지適地로 작용하였을 것이다. 그래서 '맨촌'에서 생산되는 '구덕'을 '맨촌구덕', '맨촌'에서 생산되는 '차롱'을 '맨촌차롱'이라고 하였다. 지난날 제주도 여성 사회에서 '맨

---

5) 이 글은 《무형유산》 제5호에 발표하였던 〈'맨촌구덕'과 '맨촌차롱'-맨촌마을 전통 기술을 중심으로-〉(국립무형유산원, 2018)를 수정, 보완한 것이다.

촌구덕'과 '맨촌차롱'을 소유한다는 것은 기쁨이고 자랑이었다.

'구덕'은 바구니에 해당하는 제주도 말이다. 제주도 '구덕'은 제주도 여자들이 등에 지어 나르기 좋게 직사각형으로 만들었다. 그리고 '차롱'은 아래위 두 '착'짝이 한 벌을 이루는 '롱'籠, 바구니이라는 말에서 비롯되었다. '차롱'도 '구덕'에 담아 다니는 경우가 많았기에 이것도 직사각형으로 만들었다. '구덕'과 '차롱'은 제주도 여자 인력 운반의 보조 도구라고 할 것이다. 제주도 여자들이 질빵이라는 운반 도구에 '구덕'과 '차롱'을 걸어 등에 지어 나르는 경우가 많았기 때문이다.

1999년 5월, 제주도 남부 지역에서 소문난 대그릇 장인인 제주도 호근동서귀포시 김○○1940년생, 남 씨에게 제주도 대그릇 기술에 대해 가르침 받았던 적이 있다.**6)** 당시 김 씨가 들려준 다음의 말은 나의 머릿속에 아직까지 남아 있다.

> 나는 '산남'(山南, 한라산 남쪽) 지역에서 대그릇 기술 일인자
> (一人者)다. 그러나 제주도 일인자는 아니다. 내가 아무리 애를
> 써도 '맨촌' 대그릇 기술을 넘지 못한다.

'맨촌구덕'과 '맨촌차롱'은 제주도 '맨촌' 이외 지역 대그릇 장인

---

6) 고광민(1999), 〈구덕과 차롱〉, 《제주학(濟州學)》, 사단법인 제주학연구소, 181~197쪽.

들도 부러워하였던 제주도 명품 대그릇이었다.

2000년 5월, 나는 제주도 남부 지역에서 소문난 대그릇 장인인 제주도 신흥리남원읍 김윤탁1919년생, 남 씨의 대그릇 생산 과정을 관찰한 적이 있다. 그 결과를 《한국의 바구니》에 소개하였다.7) 김 씨는 나에게 '산남' 대그릇과 '맨촌' 대그릇의 차이는 다음과 같다고 하였다.

> 제주도 어느 지역이나 대그릇 장인들은 '구덕'과 '차롱'의 테두리를 '바위'라고 한다. 특히 '구덕'의 '바위' 안쪽에 붙이는 대나무를 '속바윗대', 나뭇가지를 '바윗낭'이라고 한다. '속바윗대'와 '바윗낭' 붙이는 방법의 지역 차이는 뚜렷하였다. 제주도 한라산 남쪽 지역 대그릇 장인들은 '바위' 안쪽에는 '얼루래비'(덜꿩나무), 바깥쪽에는 대나무를 붙였다. 그런데 한라산 북쪽 '맨촌' 지역 대그릇 장인들은 안쪽과 바깥쪽에 모두 '바윗낭'을 붙였다.

그만큼 제주도 '구덕' '바위'테두리 뼈대를 붙이는 방법도 지역에 따라 달랐다. 2005년 12월 7일, 나는 제주도청 문화예술과로부터 '맨촌' 변규서1938년생, 남 씨를 대상으로 한 대그릇 기술 조사보고서 제출을 의뢰받았다.

---

7) 고광민(2000), 《한국의 바구니》, 제주대학교 출판부, 179~184쪽.

변 씨는 1953년부터 1958년까지 약 5년 동안 생계를 꾸리려고 같은 마을 김 씨의 도움으로 대그릇 만드는 기술을 익혔다. 변 씨는 그 후 혼자 대그릇을 만들면서 생계를 도울 수 있었다. 1960년대 초에는 제주도 서남부 모슬포 지역에서 1년 동안 머물면서 대그릇을 만들며 생계를 돕기도 하였다. 그 후 변 씨는 3년 동안 군역軍役을 마치고 고향 '맨촌'에서 대그릇을 만들면서 생계를 도왔다.

1975년을 전후해 제주도에도 플라스틱 제품이 밀려오는 바람에, 변 씨는 대그릇 만들기로 생계를 꾸릴 수 없는 지경에 이르게 되자 양봉과 감귤 농사로 생계를 도왔다. 다만, 이웃 사람들로부터 대그릇을 만들어달라는 주문을 받으며, 띄엄띄엄 대그릇을 만들고 있었다. 이래저래 변 씨는 마지막까지 남은 '맨촌구덕'과 '맨촌차롱' 대그릇 생산 장인이었다.

2006년 12월 11일부터 18일까지 8일 동안, 변 씨가 가지고 있는 '맨촌' 대그릇 기술을 들여다보았다. 그 결과를 제주도청 문화예술과에 제출하였다. '맨촌' 대그릇 기술 조사보고서 결론은 다음의 '종합의견'으로 대신하였다.

'맨촌' 대그릇 생산 기술은 제주도 무형유산이다. 제주도 대그릇은 제주도 주변 민족과 썩 다른 것이기에 '맨촌' 대그릇 생산 기술은 세계적인 문화유산이기도 하다.

대나무[竹]는 볏과의 상록교목으로 난대성 식물이다. 한반도를 중심으로 한 대나무의 북방 한계선은 동쪽과 서쪽으로 나누어진다. 한반도의 동쪽으로는 경주(慶州) 지역, 그리고 한반도의 서쪽으로는 천수만 '대섬'**8)** 지역이다. 그러니 제주도는 대나무와 대그릇 분포권에 속해 있는 셈이다.

대나무 분포권에 속해 있는 여러 민족은 대나무로 여러 가지 생활도구를 만들어왔다. 그러나 대그릇 모양은, 여러 지역에서 전승되는 운반문화에 따라 다양하였다. 두상 운반(頭上運搬)에 익숙한 제주도 주변 지역 사람들은 대그릇 모양을 둥그렇게 만드는 경우가 많았지만, 배부 운반(背負運搬)에 익숙한 제주도 지역 사람들은 대그릇 모양을 직사각형으로 만드는 경우가 많았다. 김정(金淨, 1486~1521)도 《제주풍토록(濟州風土錄)》에서 '부이부대'(負而不戴)라고 하였듯이, 제주도 여자들은 등에 질지언정 머리에 이고 나르지 않았다.

제주도 주변 지역 한반도, 오키나와, 그리고 인도네시아에서 전승되는 대그릇처럼 제주도에는 둥근 모양의 대그릇이 전승되지 않았다. 그러니 제주도에서 전승되는 직사각형의 대그릇은 세계적인 무형유산이다. 제주도 대그릇의 가치는 여기에서 찾아 마땅하다.

제주도에서는 여러 지역에서 대그릇 생산이 이루어져 왔으나, 지금의 '맨촌'에서 이루어진 대그릇을 으뜸으로 꼽아왔다는 점은

---

8) '대섬'은 충남 홍성군 서부면 죽도리에 있는 섬이다. 이 마을 사람들은 예로부터 대그릇을 만들면서 생계를 돕기도 하였다.

의문의 여지가 없다. 변규서(1938년생, 남) 씨는 '맨촌' 대그릇 생산 기술을 지금까지 이어오고 있다. 제주도 대그릇 생산 기술이 사라진다는 것은 제주도 무형유산은 물론 세계 무형유산의 종언(終焉)이나 다름없다. 변규서 씨의 대그릇 생산 기술의 보존과 전승을 위한 노력을 멈추지 말아야 할 것이다.

제주도 문화재위원들은 서로 힘을 모아 '맨촌구덕'과 '맨촌차롱' 무형문화재 지정 및 보유자 인정 신청을 부결시켰다. 그 결과는 '맨촌구덕'과 '맨촌차롱'이라는 세계적인 무형유산 계승의 단절이었다. 2008년, '맨촌구덕'과 '맨촌차롱'의 마지막 장인 변 씨는 세상을 등졌다. 변 씨 유족들은 변 씨의 유품 40여 점을 제주대학교박물관에 기증하였다. 제주대학교박물관은 이 유품으로 전시회를 열었다.9)

그 당시2007년 1월전후 제주도청 문화예술과에 제출한 〈'맨촌구덕' 과 '맨촌차롱' 무형문화재 지정 및 보유자 인정 신청 조사보고서〉를 바탕으로 '맨촌구덕'과 '맨촌차롱'의 생산 과정을 기록으로 남겨두려는 것이 이 글의 목적이다. '맨촌구덕'과 '맨촌차롱' 무형문화재 지정 및 보유자 인정 신청 부결의 결과를 초래하게 되었으니, 최선을 다하여 '맨촌구덕'과 '맨촌차롱'의 생산 과정을 소상하게 기록하여 두고자 한다.

---

9) 제주신보, 〈제주대학교 박물관, 구덕·차롱展〉, 2008. 05. 27.

'맨촌구덕'과 '맨촌차롱'의 재료

'맨촌구덕'과 '맨촌차롱'의 재료는, '맨촌구덕'과 '맨촌차롱'의 몸통을 이루는 대나무와 '맨촌구덕'과 '맨촌차롱'의 테두리 속에 넣는 나뭇가지다. 대나무는 '수리대'구릿대가 대부분을 차지하였고, 나뭇가지는 다래나무와 '본지낭'노박덩굴을 쓰는 경우가 많았다.

'맨촌' 대그릇을 만드는 사람들은 지금의 제주도 아라동제주시에서 생산되는 '수리대'를 선호하였다. '맨촌' 사람들은 아라동제주시 일대의 '수리대'를 '서남촌대'라고 하였다. 아라동세주시은 '맨촌'에서 서남쪽에 위치하기 때문이다. 그리고 제주도 교래리조천읍와 송당리구좌읍 일대의 '수리대'를 '교래·송당대'라고 하였다. '서남촌대'는 비교적 튼실하고 빛깔도 좋았고, '교래·송당대'는 비교적 약하고 빛깔도 좋지 않았다.

'맨촌' 대그릇 기능 보유자들은 동지12월 22일경 이후에 '서남촌'으로 '수리대'를 구하러 갔다. '서남촌' 사람들은 집 울타리, 또는 밭 구석에서 '수리대'를 재배하는 경우가 많았다. '맨촌' 사람들은 '수리대' 대밭을 통째로나 묶음으로 샀다.**10)** '수리대'는 10년 주기로 성장곡선을 그렸다. '수리대' 성장과정에 따라 그 이름과 쓰임도 달랐다.

---

10) '수리대'를 어른 세 뼘 길이의 끈으로 묶었다. 이렇게 묶은 '수리대' 단을 '졸레'라고 하였다. '수리대' 두 '졸레'가 한 짐이었다.

① 금죽: 1년생 '수리대'를 '금죽'이라고 한다. '금죽'은 한자어 '금죽'今竹이다. '금죽'은 '맨촌구덕'이나 '맨촌차롱' 테두리를 두르는 대오리로 쓰였다. '맨촌구덕'과 '맨촌차롱'의 테두리를 두르는 대오리를 '바윗대'라고 한다. '바윗대'는 '바위'의 대[竹]라는 말이다. '바위'는 대그릇의 테두리라는 제주도 말이다.

② 양죽: 2년생에서부터 7년생 '수리대'를 '양죽'이라고 한다. '양죽'은 한자어 '양죽'良竹이다. '양죽'은 '맨촌구덕'과 '맨촌차롱'의 여러 재료로 쓰였다.

③ 관죽: 9년생 이상의 '수리대'를 '관죽'이라고 한다. '관죽'은 한자어 '관죽'癏竹에서 비롯되었다. '수리대' 곁가지가 돋아났던 자국이 있거나 거칠어 '맨촌구덕'이나 '맨촌차롱'의 재료로 쓰는 경우는 그리 많지 않았다. 어쩌다가 '맨촌구덕'의 '바위' 테두리에 뼈대를 이루는 '바윗대'로 쓰이는 경우가 있었을 뿐이다.

'수리대'를 베어낸 후 여러 가지 재료로 쓸 수 있게 손질하고 나서 1년 정도 묵혔다. 그래야 '맨촌구덕'과 '맨촌차롱'을 만들고 나서도 수축이나 팽창을 극소화할 수 있었다. '수리대'를 베어오고 여러 단계의 손질을 하는 작업은 겨울 동안에 이루어졌다. 그리고 대그릇 '바위'테두리 뼈대를 이루는 나뭇가지는 띄엄띄엄 마련하였다.

'맨촌구덕'과 '맨촌차롱'의 생산 도구

'맨촌구덕'과 '맨촌차롱'의 생산 도구는 다양하게 전승되었는데,
하나하나 들여다보고자 한다.

① **손칼**: '손칼'은 대나무를 쪼개거나 '바위' 안에 욱여넣을 나뭇
가지나 넝쿨 따위를 다듬는 칼이다. '손칼'의 칼날 등은 비교
적 두껍다. 달리 '부름씨칼'이라고도 한다. '부름씨'는 심부름
이라는 제주도 말이다[도4-27].

② **늘대칼**: '늘대칼'은 '맨촌구덕'과 '맨촌차롱'의 '늘대'를 다듬는
칼이라는 말이다. '맨촌구덕'과 '맨촌차롱'의 날줄 대오리를

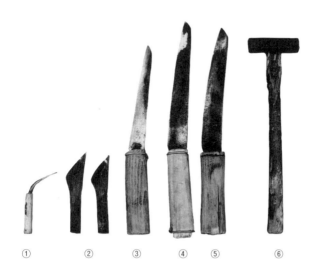

도4-27 죽세공 도구1
① 고쟁이(9.5cm).
② 새끼칼(12.1cm).
③ 바윗대칼(27.6cm).
④ 늘대칼(33.2cm)
⑤ 손칼(33.2cm).
⑥ 대마께

'늘대'라고 한다[도4-27].

③ **바윗대칼**: '바윗대칼'은 '바윗대'를 다듬는 칼이다. '맨촌구덕'과 '맨촌차롱'의 '바위'테두리 속에 비교적 굵은 대나무나 나뭇가지를 넣고, 이것을 감추는 대오리를 '바윗대'라고 한다. '바윗대'는 '맨촌구덕'과 '맨촌차롱'의 '바위'를 감는 대오리다[도4-27].

④ **새끼칼**: '새끼칼'은 'ᄀ는대구덕'의 씨줄 대오리를 다듬는 두 개의 자그마한 칼이다. 제주도 무당들이 쓰는 '신칼' 모양이다. 두 개의 '새끼칼'을 맞대어 나무토막에 세우고 그 사이로 대오리를 뽑아낸다[도4-27].

③ 대마께

① 덩드렁

② 놀대

도4-28 죽세공 도구2
변 씨가 '덩드렁' 위에 '구덕'과 '차롱'의 날줄 대오리인 '놀대'를 올려놓고 '대마께'라는 방망이로 때리며 펴고 있다.

⑤ **고쟁이**: 'ᄀᆞ는대구덕'의 씨줄 대오리인 'ᄌᆞ를대'를 고르고 촘촘하게 배치하는 구부러진 모양의 송곳이다[도4-27].

⑥ **목탕**: '새끼칼'을 세우는 나무토막이다.

⑦ **대마께**: '대마께'는 '수리대'구룻대를 때려 부드럽게 만드는 나무 방망이다. '대마께'는 '대[竹]'와 '마께'로 이루어진 말이다. '마께'는 망치나 방망이 따위를 가리키는 제주도 말이다[도4-28].

⑧ **덩드렁**: '대마께'를 쓸 때 받침으로 삼는 비교적 미끈한 돌멩이다[도4-28].

수리대의 대오리 손질

'수리대' 대오리의 손질은 단계적으로 다음과 같이 이루어졌다.

① **수리대 거죽 후리기**: '수리대'구룻대의 '거죽'껍질을 벗기는 일이다. 이런 일을 '거죽 후린다'고 한다. '손칼'로 '수리대'의 '거죽'을 후린다[도4-29].

② **수리대 깨기**: '수리대'를 쪼개는 일을 '깬다'고 한다. '손칼'로 '수리대'를 깬다[도4-30].

③ **촉 바수기**: '촉'은 '맨촌구덕'과 '맨촌차롱'의 씨줄로 삼을 대오리라는 말이다. '손칼'로 대나무를 쪼개어 '촉'을 만드는 일을

도4-29 수리대 거죽 후리기(좌) 변 씨가 오른손에는 '손칼', 왼손에는 '수리대'(구릿대)를 잡고 '거죽'(껍질)을 후리고 있다.

도4-30 수리대 깨기(우) 변 씨가 오른손에 든 '손칼'로 왼손에 든 '수리대'(구릿대)를 깨고 있다. 변 씨 허벅지 위에는 깨진 '수리대'가 차곡차곡 쌓여가고 있다.

'바순다'고 한다. '맨촌' 사람들은 씨줄 대오리를 'ᄌ를대'라고 한다[도4-31].

④ **ᄆ작 후리기**: 제주도 사람들은 대나무의 마디를 'ᄆ작'이라고 한다. 'ᄆ작'은 대그릇을 만드는 데 방해요소로 작용된다. 'ᄆ작'을 다듬는 일을 '후린다'고 한다. '촉'을 바순 대오리를 1개월 정도 말리고 나서 '손칼'로 'ᄆ작'을 후린다.

⑤ **속 뜨기**: 댓가지는 '겉[表]'과 '속[裏]'으로 구성되었다. '겉'은 딴딴하고 '속'은 무르다. 씨줄을 삼을 댓개비인 '촉'의 '겉'과 '속'을 분리하는 일을 '속 뜬다'고 한다. '속'은 줄 따위의 재료로만 쓰일 뿐, 대그릇 재료는 무용지물이다. 예를 들어 '아기구덕'에서 '도들'의 재료로 쓰일 뿐이다. '도들'은 아기구덕 가운데쯤에 '정'井 자 모양으로 얽은 줄이다. '속 뜨기'를 끝낸 씨

도4-31 축 바수기(좌) '손칼'로 '촉'(댓개비)을 바수고 있다.
도4-32 속 뜨기(우) '촉'(댓개비)의 '속'을 입에 물고 양손으로 조절하면서 뜨고 있다. '촉'의 겉은 '맨촌 구덕'과 '맨촌차롱'의 씨줄인 'ᄌ를대'가 된다.

줄의 대오리를 'ᄌ를대'라고 한다. 'ᄌ를대'의 'ᄌ를'에서 '준 다'는 '겯다[編]'라는 말이다. 이렇게 '속 뜨기'는 '맨촌구덕'과 '맨촌차롱'의 특징으로 작용한다. 제주도 다른 지역의 대그릇 장인들은 '속 뜨기'를 하지 않고, 칼로 다듬을 뿐이다. 'ᄆ작' 을 후리고 나서 1개월 정도 말린 후에 이루어진다[도4-32].

⑥ **ᄌ를대 홀트기**: '맨촌구덕'과 '맨촌차롱'의 씨줄 대오리를 'ᄌ를 대'라고 하고, 'ᄌ를대'를 생산하는 일을 '홀튼다'고 한다. '홀 트다'는 "좁은 틈을 빠져나가는 동안에 걸리는 것을 떨어지 게 하다."라는 제주도 말이다. '목탕'이라는 나무토막에 '새끼 칼'을 꽂아 세운다. 그 사이에 '맨촌구덕'과 '맨촌차롱'의 씨줄 대오리인 'ᄌ를대'를 끼우고 막대기로 누른 상태에서 당긴다. 이를 'ᄌ를대 홀튼다' 또는 'ᄌ를대 바순다'고 한다. 그래야

도4-33 ᄌ를대 홀트기(좌) '목탕' 여기저기에 '새끼칼' 꽂았던 자국이 즐비하다. '새끼칼' 사이에 'ᄌ를대'를 걸어 훑고 있다.

도4-34 바윗대와 눌대 바수기(우) '바윗대'와 '눌대'를 '덩드렁' 위에 올려놓고 '대마께'로 때려주면서 바수고 있다.

　'ᄌ를대'가 탄생되는 셈이다[도4-33].

　⑦ **바윗대와 눌대 바수기**: '바윗대'는 '맨촌구덕'과 '맨촌차롱'의 '바위'테두리를 두르는 대오리라는 말이다. 그리고 '눌대'는 '맨촌구덕'과 '맨촌차롱'의 날줄 대오리라는 말이다. '바윗대'와 '눌대'는 '덩드렁' 위에 올려놓고 '대마께'로 때려주며 편편하게 편다. 이런 일을 '바순다'라고 한다[도4-34].

'맨촌구덕'과 '맨촌차롱'의 생산

　'맨촌구덕'과 '맨촌차롱'의 생산 과정은 크게 다르지 않다. '맨촌차롱'의 아래짝과 위짝의 경우도 마찬가지다. '맨촌구덕'과 '맨촌차롱' 중에서 가장 고도의 기술이 요구되는 것은 'ᄀ는대구덕'과

'ᄀᆞ는대차롱'이다. 그러니 'ᄀᆞ는대구덕'와 'ᄀᆞ는대차롱'의 생산 기술을 갖춘 대그릇 장인이 비교적 성긴 대오리로 만드는 '거친구덕'이나 '아기구덕'을 만드는 것은 매우 쉬운 일이다. 여기에서는 'ᄀᆞ는대질구덕'의 생산 과정으로 '맨촌구덕'과 '맨촌차롱'의 그것을 들여다보고자 한다.

① **창 놓기**: '맨촌구덕'과 '맨촌차롱'의 바닥을 '창'밑바닥이라고 하고, '창'을 짜는 일을 '창 놓는다'고 한다. 그리고 씨줄 대오리를 'ᄀᆞ른늘', 날줄 대오리를 '선늘'이라고 한다. 'ᄀᆞ는대질구덕'인 경우 씨줄 대오리의 'ᄀᆞ른늘'은 13개, 날줄 대오리의 '선

도4-35 창 놓기 'ᄀᆞ는대질구덕'의 '창'(밑바닥)을 놓기 시작하였다.

늘'은 11개다. 그리고 '선늘' 사이마다 날줄 대오리를 끼운다. 이때의 날줄 대오리를 '창샛대'라고 한다. '창샛대'는 '맨촌구덕'과 '맨촌차롱' '창'의 '선늘' 사이마다 하나씩 끼우는 대오리다. 'ᄀ는대질구덕'의 '창샛대'는 10개로 구성되었다. 그리고 'ᄀ는대질구덕'의 '창'밑바닥 변두리에 있는 '선늘' 안쪽에 하나의 대오리를 붙이는데, 이때의 대오리를 '귓대'라고 한다. '귓대'는 '창샛대'를 고정하는 구실을 한다[도4-35].

② **머릿대 끼우기**: 'ᄀ는대질구덕' '창'밑바닥 모퉁이 끝을 따라가면서 가느다란 대오리를 끼운다. 이를 '머릿대'라고 한다. '머릿대'는 '창'과 씨줄의 대오리인 'ᄌ를대'의 사이를 메꿔주는 구실을 한다[도4-36].

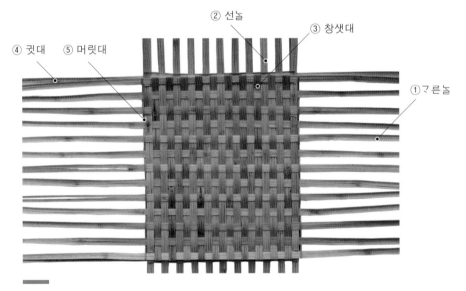

도4-36 ᄀ는대질구덕 창 구조 'ᄀ는대질구덕' '창'(밑바닥) 안쪽 모습이다. 부분 명칭은 다음과 같다.
①ᄀ른늘 ②선늘 ③창샛대 ④귓대 ⑤머릿대

③ 눌대 세우기: '눌대'는 'フ는대질구덕'의 씨줄 대오리인 'フ른 눌'과 날줄 대오리인 '선눌'이라는 말이다. '맨촌구덕'과 '맨촌 차롱'의 씨줄인 'ᄌ를대'를 겯기에 앞서 '맨촌구덕'과 '맨촌차 롱'의 모서리를 세우는 일을 '눌대 세운다'고 한다. '눌대'를 세우기에 앞서 '창'을 어느 정도 물에 담가둔다. '눌대'는 물을 먹은 만큼 잘 휜다. 네 귀퉁이에 있는 '눌대' 세우기는 쉽지 않다. 네 귀퉁의 '눌대' 세우는 일을 '귀 오고린다'고 한다. '오고리다'는 "오그라지게 하다"라는 제주도 말이다. "귀 오그라지게 할 때는 장인이 집 안으로 들어와도 일어서 인사하지 않는다."라는 말이 전승될 만큼 귀 오그라지게 하는 것은 성가신 일이었다[도4-37].

④ ᄌ를대 엮기: 'ᄌ를대'는 날줄의 대오리다. 'ᄌ를대'의 'ᄌ를'은 '겯다[編]'의 제주도 말 '줄다'에서 비롯하였다. 'フ는대질구덕'

도4-37 눌대 세우기(좌) 변 씨가 귀퉁이에 있는 'フ른눌'과 '선눌'을 하나씩 잡고 눌대 세우기에 나섰다.
도4-38 ᄌ를대 엮기(우) 변 씨가 발가락으로 '선눌'을 눌러 세우고, 'フ른눌' 사이사이에 'ᄌ를대'를 엮고 있다.

의 씨줄 대오리인 'ᄀ른늘'과 날줄 대오리인 '선늘' 사이사이에 'ᄌ를대'를 돌려가며 엮는다. 이때 'ᄀ른늘'과 '선늘'은 날줄이 되고, 'ᄌ를대'는 씨줄이 되는 셈이다[도4-38].

⑤ **고쟁이 대이기**: '고쟁이'는 'ᄀ는대질구덕'의 씨줄 대오리인 'ᄌ를대'를 고르고 촘촘하게 배치하는 구부러진 모양의 송곳이다. 'ᄌ를대'를 엮어나갈 때마다 가끔 '고쟁이'로 눌러주며 'ᄌ를대' 간격을 빽빽하게 좁혀준다. 이를 'ᄌ를대 대인다'라고 한다[도4-39].

⑥ **바위 감추기**: '바위'는 'ᄀ는대질구덕'의 테두리라는 제주도 말이다. 'ᄀ는대질구덕'의 '바위'를 마감하려고 'ᄀ는대질구덕'의 씨줄 대오리인 'ᄀ른늘'과 날줄 대오리인 '선늘'의 3분의 1

도4-39 고쟁이 대이기 변 씨가 '고쟁이'로 'ᄌ를대' 하나하나를 눌러주고 있다.

도4-40 바위 감추기 변 씨가 'ᄀ는대질구덕'의 바위를 마감하려고 'ᄀ른늘'과 '선늘'을 감추고 있다.

정도만 남게 좌우 폭을 잘라내고 나서 'ᄀ른늘'과 '선늘'끼리 의지하여 엮는다. 이런 일을 '감춘다'고 한다[도4-40].

⑦ **바윗낭 놓고 붙이기**: 'ᄀ는대질구덕'의 '바위'테두리 골격을 잡는 나뭇가지를 '바윗낭'이라고 한다. '바윗낭'은 안쪽과 바깥쪽에 각각 하나씩 놓고 붙인다. 안쪽 '바윗낭'은 '본지낭'노박덩굴, 바깥쪽 '바윗낭'은 다래나무다. 안쪽 '바윗낭'을 욱여넣는 일을 '놓는다', 그리고 바깥쪽 '바윗낭'을 욱여넣는 일을 '붙인다'고 한다. '맨촌차롱'의 경우는 조금 다르다. '맨촌차롱' 아래짝 '바위' 골격 안쪽에는 '바윗낭'을 욱여넣고, 바깥쪽에는 대오리를 욱여넣는다. 이때의 대오리를 '바윗대'라고 한다. 그리고 '맨촌차롱' 위짝의 '바위' 골격은 안쪽과 바깥쪽 모두 '바윗대'를 욱여넣어 골격을 잡는다[도4-41].

⑧ **속대 붙이기**: 'ᄀ는대질구덕' '바위'테두리에 욱여넣은 '바윗낭' 안쪽과 바깥쪽에 대오리를 각각 하나씩 붙인다. '바윗낭'은

도4-41 바읫낭 놓고 붙이기(좌) 변 씨가 'ㄱ는대질구덕'의 '바위' 안쪽에 '바윗낭'을 놓고 있다. 옆에 앉은 손자가 들고 있는 것은 바깥쪽에 붙일 '바윗낭'이다.
도4-42 속대 붙이기(우) 변 씨가 'ㄱ는대질구덕'의 '바위' 안쪽에 '바윗낭'을 놓고 나서, '바윗낭'에 붙일 '속대'를 손질하고 있다.

나뭇가지라서 비교적 매끄럽지 못하니, '바윗대'를 감을 때 잘 감기지 않아 애를 태운다. 그래서 '바윗낭' 안쪽과 바깥쪽에 각각 하나씩 댓조각을 붙이는 것이다. 이때의 댓조각을 '속대'라고 한다. '속대'는 '맨촌구덕'과 '맨촌차롱' '바위'테두리 속에 욱여넣는 댓가지라는 말이다[도4-42].

⑨ **물바위 감기**: 'ㄱ는대질구덕'의 '바위'테두리는 비교적 여린 대오리로 감아 마감했다. 이때의 대오리를 '바윗대'라고 한다. '바윗대'로 감기에 앞서 '바위'의 '바윗낭'과 '속대'의 틀을 안정적으로 감기 위하여 임시로 틀을 잡아주는 줄을 '물바위'라고 한다. '물바위'는 나일론 줄이지만, 나일론 줄이 없을 때는 상태가 불

274

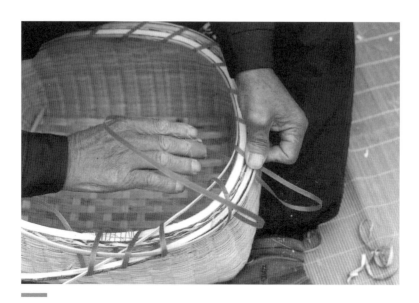

도4-43 물바위 감기 변 씨가 나일론 줄로 '물바위'를 감고 있다.

량한 '바윗대'로 대신하였다. 나중에 '바윗대'를 감고 나면 '물
바위'는 무용지물이 되었다. '물바위' 감기는 제주도 다른 지역
에서는 전승되지 않는 기술이었다[도4-43].

⑩ **바윗대 다듬기**: '바윗대'는 'ᄀᆞ는대질구덕'의 '바위'를 감을 비교
적 여린 대오리다. '바윗대' 재료는 '금죽'이다. '바윗대'는 '바
윗대칼'로 조심조심 다듬는다. 이런 일을 "바윗대 홀튼다"라
고 한다. '홀튼다'는 '다듬는다'는 제주도 말이다. '바윗대 홀
트기'는 3년을 배워야 가능한 일이라는 말이 전승될 정도로
고도의 기술이 요구되는 일이다[도4-44].

⑪ **바윗대 매기**: 'ᄀᆞ는대질구덕'의 '바윗대' 길이는 두 발 반으로

도4-44 바윗대 다듬기(좌) 변 씨가 '바윗대칼'을 손으로 잡고 발로 누르고서 '바윗대'를 신중하게 다듬고 있다.

도4-45 바윗대 매기(우) 변 씨가 '고쟁이'로 'ᄀᆞ는대질구덕' 바깥쪽 'ᄌᆞ를대'를 일으켜 세운 틈새로 '바윗대'를 욱여넣고 있다. 이것으로 '바윗대 매기'의 출발점으로 삼는다.

잡는다. 4번에 걸쳐 하나씩 휘감아 두른다. 이를 '바윗대 맨다'고 한다. 첫 '바윗대'는 'ᄀᆞ는대질구덕' 바깥쪽에 고정하고, '바윗대' 끝자락은 'ᄀᆞ는대질구덕' 안쪽에 고정한다. '바윗대' 매기를 끝으로 'ᄀᆞ는대질구덕'이 완성되는 것이다[도4-45].

'맨촌구덕'의 종류

'맨촌구덕'은 목적과 쓰임에 따라 '거친대구덕', 'ᄀᆞ는대구덕', 그리고 '양태구덕'이 전승된다. '거친대구덕'은 대오리를 거칠게 다듬어 만든 대그릇으로, 제주도 여자들이 미역이나 고사리를 담아 지거나 허리에 차고 다니는 경우가 많았다. 'ᄀᆞ는대구덕'은 말 그대로 'ᄀᆞ는[細]' 대오리를 곱게 다듬어 만든 대그릇으로, 제주도 여자들이 떡 등의 제물祭物이나 쌀 등의 부조 물품을 담아 지거나 허리에 차고 다니는 경우가 많았다. 그리고 '양태구덕'은 제주도 여자들이 갓양태를 결을 때 '양태판'을 받치는 대그릇이다.

'거친대구덕'

'거친대구덕'은 크기에 따라 4가지가 전승되었다.

아기구덕

'아기구덕'[도4-46]은 제주도 여자들이 밭에 일하러 갈 때 아기를 눕혀서 지어 나르는 대그릇이면서 요람搖籃이다. 이것은 변 씨가 제주도 문화재위원들의 실사에 대비하여 만들어 두었던 것이

도4-46 아기구덕 고광민 소장.
가로 64.0cm, 세로 25.5cm, 높이 25.0cm.

다. '아기구덕'은 씨줄 대오리인 'ᄀ른늘' 21개, 날줄 대오리인 '선늘' 9개로 구성되었다. '아기구덕' 바닥에는 왕대나무 대오리직경 1.4cm 5개를 끼워 받쳤다. 그리고 '아기구덕' 밑바닥에서부터 13cm 쯤 높이에 '정'井 자 모양으로 줄을 얽어맸다. 이를 '도들'이라고 한다. '도들'은 씨줄을 삼을 댓개비인 '촉'의 '겉'과 '속'을 분리하는데, 이때 나온 '속'으로 새끼 꼬듯이 꼬아 만든 것으로 얽어맸다. 여름에는 '도들' 위에 삼베 조각, 그리고 겨울에는 보릿짚 따위를 깔았다. 제주도에서는 손자를 본 조부모가 '아기구덕'을 사서 산모産母에게 선물하는 것이 하나의 관습으로 작용하였다.

질구덕

'질구덕'[도4-47]은 제주도 여자들이 비교적 거친 짐 따위를 담아 질빵에 걸어 등에 지어 나르는 운반 도구 중에서 가장 큰 대그릇이다. 이것은 내가 골동품 가게에서 구입한 것이다. '질구덕'은 씨줄 대오리인 'ᄀ른늘' 11개, 날줄 대오리인 '선늘' 7개로 구성되었다. 'ᄀ른늘' 11개 중 8개는 '늘대'날줄의 대오리 2개를 붙이고 하나의 'ᄀ른늘'을 만들기도 하였다. 제주도 해녀들이 갯밭으로 물질하러 갈 때 땔감, 옷가지, '테왁', '망사리' 등 여러 가지 물질 도구를 담아 질빵에 걸어 지어 나르는 경우가 많았다.

물구덕

'물구덕'[도4-48]은 제주도 여자들이 식수 운반용 옹기그릇인 허

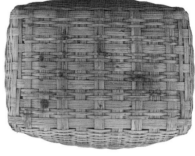

도4-47 질구덕 고광민 소장.

가로 40.5cm, 세로 26.0cm, 높이 29.0cm.

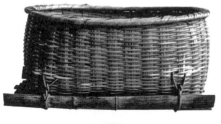

도4-48 물구덕 제주대학교박물관 소장.

가로 52.0cm, 세로 36.4cm, 높이 21.0cm.

벽을 담아 등에 지어 나르는 대그릇이다. 이것은 제주대학교박물관에 있는 것이다. '물구덕'은 보통 씨줄 대오리인 'ᄀ른놀' 11개와 날줄 대오리인 '선놀' 7개로 구성되었다. '물구덕'은 '질구덕'보다 얇게 만들었다.[11] '물구덕' 밑바닥에 왕대나무 조각 8개를 엮어 붙였다. 그래야 '물구덕' 밑바닥이 쉬 헐리지 않았을 뿐만 아니라 질빵을 걸치기도 좋았다.

숭키구덕[도4-49]

'숭키'는 푸성귀라는 제주도 말이다. '숭키구덕'은 들과 밭에서 캐어낸 '숭키'^{푸성귀}나 갯밭에서 딴 해조류 따위를 담아 허리에 차고 나르는 대그릇이다. 이것은 내가 골동품 가게에서 구입한 것이다. '숭키구덕'은 씨줄 대오리인 'ᄀ른놀' 7개, 날줄 대오리인 '선놀' 6개로 구성되었다.

'ᄀ는대구덕'

'ᄀ는대구덕'은 크기에 따라 4가지가 전승된다.

ᄀ는대질구덕

'ᄀ는대질구덕'[도4-50]은 'ᄀ는대구덕' 중에서 제주도 여자들이

---

11) 죽세공들은 손 뼘으로 그 높낮이를 가늠하였다. '물구덕'은 한 뼘 높이, 그리고 '질구덕'은 한 뼘에 중지 한 '모작'(마디)을 더하여 높이를 가늠하였다.

도4-49 승키구덕 고광민 소장.

가로 26.2cm, 세로 20.0cm, 높이 19.5cm.

도4-50 ᄀ는대질구덕 고광민 소장.

가로 34.0cm, 세로 26.5cm, 높이 20.0cm.

물건을 담아 등에 지어 나르는 대그릇이다. 이것은 제주도 도련동 제주시 변규서1938년생, 남 씨가 나에게 '맨촌구덕'과 '맨촌차롱'의 생산 과정을 보여주려고 만든 것이다. 'ᄀ는대질구덕'은 씨줄 대오리인 'ᄀ른늘' 12개, 날줄 대오리인 '선늘' 11개로 구성되었다. 신당神堂에 제물이나 사돈댁에 부조 물품 따위를 담아 질빵에 걸고 등짐으로 지어 나르는 대그릇이다. 그리고 사돈집이나 친척 집 대사大事 때는 보통 쌀 5되 정도를 부조하는 경우가 많았다. 'ᄀ는대질구덕' 하나 값을 김매기 3일의 노동으로 갚은 경우도 있었다.

사돈구덕

제주도 여자들이 사돈댁에 부조할 쌀 3되 정도를 담고 옆구리에 끼고 가는 대그릇이다[도4-51]. 이것은 변 씨가 만들었을 것으로 가늠되는 '사돈구덕'을 내가 골동품가게에서 찾아 구입한 것이다. '사돈구덕'은 씨줄 대오리인 'ᄀ른늘' 13개, 날줄 대오리인 '선늘' 11개로 구성되었다.

떡구덕

제주도 여자들이 친정 부모 제사 때 떡을 담고 가는 대그릇이다[도4-52]. 이것은 변 씨가 만들었을 것으로 가늠되는 '떡구덕'을 골동품가게에서 찾아 구입한 것이다. '떡구덕'은 씨줄 대오리인 'ᄀ른늘' 11개, 날줄 대오리인 '선늘' 9개로 구성되었다. 이것에 떡을 담아 'ᄀ는대질구덕'에 넣고 질빵에 걸어 지고 제사 보러 가는

도4-51 사돈구덕 고광민 소장.

가로 31.5cm, 세로 25.5cm, 높이 20.0cm.

도4-52 떡구덕 고광민 소장.

가로 22.5cm, 세로 19.7cm, 높이 15.5cm.

경우가 많았다. 딸 형제가 많은 집안의 '떡구덕'이었을까. '떡구덕' 바닥에는 나일론 줄로 소유를 표시하였다. '떡구덕' 하나 값을 김 매기 2일로 갚은 경우도 있었다.

조막구덕

'조막구덕'은 'ᄀ는대구덕' 중에서 가장 작은 대그릇이다. 보통 바늘상자로 쓰이는 경우가 많았다[도4-53]. '조막구덕'은 씨줄 대 오리인 'ᄀ른늘'과 날줄 대오리인 '선늘' 모두 9개로 이루어졌다. 이것은 내가 골동품가게에서 구입한 것이다. 이 대그릇은 씨줄 대 오리인 'ᄀ른늘' 9개, 날줄 대오리인 '선늘' 8개로 구성되었다. 그 러나 크기는 '떡구덕'과 비슷하니, 이 대그릇은 '떡구덕'으로 쓰였 는지, '조막구덕'으로 쓰였는지를 알 수 없다.

'양태구덕'

'양태구덕'은 한 가지만 전승된다.

양태구덕[도4-54]

'양태구덕'은 '양태판'을 받치는 대그릇이다. 이것은 변 씨가 제 주도 문화재위원들의 실사에 대비하여 만들어 두었던 것이다. '양 태판'은 주로 벚나무나 느티나무로 만든다. 두께 7cm, 직경 28cm, 가운데는 4cm 평방의 네모난 구멍이 나게 만든 판이다. '양태구

도4-53 조막구덕 고광민 소장.

가로 24.0cm, 세로 20.5cm, 14.0cm.

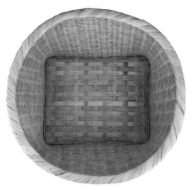

도4-54 양태구덕 고광민 소장.

가로 40.5cm, 세로 38.0cm, 높이 28.0cm.

덕'은 씨줄 대오리인 'ㄱ른늘'과 날줄 대오리인 '선늘' 모두 9개로 구성되었다. 위아래가 둥그렇게 바라지고 허리는 움푹 팬 모양으로 꾸며졌다. 그래야 아낙네들이 앉아 갓양태를 결을 때 무릎이 걸리적거리지 않고 편해서 좋다. '양태구덕' 위쪽 움푹한 데를 '텅에'라고 한다. 제주도 사람들은 닭둥우리를 '닭텅에'라고 한다. 그 모양이 '닭텅에'를 닮았다는 것이다. 여기에 갓양태 겯는 데 따른 여러 가지 도구를 넣어두는 대그릇으로도 활용할 수 있게 구성되었다.

이원조李源祚, 1792~1871는 《탐라지초본耽羅誌草本》에서, 제주도 여자들은 "짜는 일과 따는 일로 직업을 삼는다.織採爲業"라고 하면서, "땅이 누에를 치고 면화를 재배함에 알맞지 않으니 여인들은 양태를 짜고, 총모자를 겯고, 미역을 따고, 전복을 찾아내는 것으로 직업을 한다. 겨우 10살에 이르면 이미 잠수하는 기술을 배운다. 土不宜蠶綿 女人以織凉結鬠採藿抹鰒爲業 纔及十歲 已學潛水之技"라고 하였다. 이처럼 양태를 짜는 것으로 직업을 삼았던 제주도 여자들에게 있어 '양태구덕'은 하나의 필수품으로 작용하였다.

'맨촌차롱'의 종류

'맨촌차롱'은 아래짝과 위짝으로 구성되었는데, 그 크기에 따라 다섯 가지가 있다. 위짝을 두고 '차롱뚜껑'이라고도 한다. 그리고 아래짝과 위짝의 씨줄 대오리인 'ㄱ른늘'과 날줄 대오리인 '선늘'

의 수는 같다.

이바지차롱[도4-55]

큰일을 치르고 나서 사돈집 등에 음복용 음식을 담아 가는 대그릇이다. 이것은 변 씨가 제주도 문화재위원들의 실사에 대비하여 만들어 두었던 것이다. '이바지차롱'은 씨줄 대오리인 'ᄀ른늘' 15개, 날줄 대오리인 '선늘' 13개로 구성되었다. '이바지차롱'은 '맨촌차롱' 중에서 가장 큰 것이다. 혼사 때 손님에게 대접할 삶은 돼지고기 썬 것을 담아두는 그릇으로도 쓰이는 경우가 많았다. '아바지차롱' 하나 값은 김매기 4일 노동으로 계산하는 경우도 있었다.

도4-55 이바지차롱 고광민 소장.
밑짝|가로 32.0cm, 세로 25.0cm, 높이 14.5cm.

적차롱[도4-56]

'적차롱'은 여러 가지 제사 때 쓸 적炙을 담아두거나 운반하는 대그릇이다. 이것은 변 씨가 제주도 문화재위원들의 실사에 대비하여 만들어 두었던 것이다. '적차롱'은 씨줄 대오리인 'フ른늘' 13개, 날줄 대오리인 '선늘' 11개로 구성되었다. '적차롱'은 '이바지차롱' 안에 쏙 들어갈 수 있는 크기로 만들었다.

떡차롱[도4-57]

'떡차롱'은 여러 가지 제의祭儀 때 떡을 담아두거나 운반하는 대그릇이다. 이것은 변 씨가 제주도 문화재위원들의 실사에 대비하여 만들어 두었던 것이다. '떡차롱'은 씨줄 대오리인 'フ른늘' 11개, 날줄 대오리인 '선늘' 9개로 구성되었다. '떡차롱'은 '적차롱' 안에 쏙 들어갈 수 있는 크기로 만들었다.

밥차롱[도4-58]

'밥차롱'은 들이나 밭으로 일하러 나갈 때 점심밥을 담아 가는 대그릇이다. 이것은 변 씨가 제주도 문화재위원들의 실사에 대비하여 만들어 두었던 것이다. '밥차롱'은 씨줄 대오리인 'フ른늘' 9개, 날줄 대오리인 '선늘' 7개로 구성되었다. '밥차롱'은 '떡차롱' 안에 쏙 들어갈 수 있는 크기로 만들었다. '밥차롱'은 3인분 정도의 점심밥을 담아 운반할 수 있는 크기로 만들었다. 씨줄을 삼을 댓개비의 '속'으로 새끼 꼬듯이 꼬아 만든 줄로 얽어맸다. 이 줄을 어

도4-56 적차롱 고광민 소장.

밑짝|가로 27.5cm, 세로 21.0cm, 높이 13.5cm.

도4-57 떡차롱 고광민 소장.

밑짝|가로 23.0cm, 세로 17.0cm, 높이 11.0cm.

도4-58 밥차롱 고광민 소장.

밑짝|가로 19.2cm, 세로 14.0cm, 높이 9.0cm.

깨에 걸어 '밥차롱'을 메고 다니는 경우가 많았다.

테우리차롱

'테우리차롱'은 '테우리[牧子]'들이 산야로 우마를 보러 갈 때 밥을 담아가는 대그릇이다[도4-59]. 어깨에 멜 수 있게 끈이 달렸다. 이것은 변 씨가 제주도 문화재위원들의 실사에 대비하여 만들어 두었던 것이다. '테우리차롱'은 씨줄 대오리인 'ᄀ른늘' 9개와 날줄 대오리인 '선늘' 7개로 구성되었다. 씨줄을 삼을 댓개비의 '속'으로 새끼 꼬듯이 꼬아 만든 줄로 얽어맸다. 이 줄을 어깨에 걸어 '테우리차롱'을 메고 다니는 경우가 많았다.

'맨촌구덕'과 '맨촌차롱'은 지금의 제주도 도련2동제주시 '맨촌'이라는 마을에서 생산되는 '구덕'과 '차롱'이라는 말이다. '맨촌구덕'

도4-59 테우리차롱 고광민 소장.
밑짝|가로 14.0cm, 세로 10.5cm, 높이 5.8cm.

과 '맨촌차롱'은 제주도에서 생산되는 '구덕'과 '차롱' 중에서 명품으로 작용하였다.

'맨촌구덕'과 '맨촌차롱'의 재료는 '수리대'구릿대였다. '맨촌' 대그릇 만들기 기술 보유자들은 '수리대'를 '금죽'今竹, '양죽'良竹, '관죽'瘝竹으로 구분하였고, 그 쓰임을 달리하였다. 그리고 대그릇 '바위' 테두리의 뼈대는 다래나무와 '본지낭'노박덩굴으로 삼았다.

'맨촌구덕'과 '맨촌차롱'에 쓰일 재료인 '수리대'와 '바윗낭'을 다듬는 칼은 4가지손칼, 눌대칼, 바윗대칼, 새끼칼가 전승되고 있었다. '수리대' 내오리 손실 중에서 댓가지의 '속'[裏]을 제거하는 '속 뜨기'가 돋보였다. 제주도 다른 지역의 대그릇 생산 기술에서는 찾아볼 수 없는 것이기 때문이다.

'맨촌구덕'과 '맨촌차롱'을 만드는 생산 기술은 서로 크게 다르지 않았다. '맨촌구덕'의 생산 기술은 '거친대구덕'과 'ᄀᆞᆫ는대구덕'으로 구분이 가능하였다. '거친대구덕'은 '아기구덕, 질구덕, 물구덕, 숭키구덕', 그리고 'ᄀᆞᆫ는대구덕'은 'ᄀᆞᆫ는대질구덕, 사돈구덕, 떡구덕, 조막구덕'의 생산 기술이 전승되었다. '맨촌차롱'은 '이바지차롱, 적차롱, 떡차롱, 밥차롱, 테우리차롱'의 생산 기술이 전승되었다. 그리고 제주도 여자들이 갓양태를 결을 때 '양태판'을 받치는 대그릇인 '양태구덕'의 생산 기술도 전승되었다.

감산리
도구의
생활사

들머리

                  감산리는 행정구역상 서귀포시 안덕면에 속한 마을이다. 감산리는 서광리, 동광리, 상창리, 대평리, 화순리와 이웃하고 있다. 서광리, 동광리, 상창리 등 대체로 지대가 높은 북쪽 마을에서 점차 경사가 낮아지다가 감산리에 이른다. 감산리는 북쪽 논오름과 병악, 동쪽 신산오름, 남쪽 군산과 월라봉 등으로 둘러싸인 곳에 자리 잡았다.

    감산리에는 〈민속자료실〉이 있다. 1985년 8월 1일에 문을 열었다. 당시 이장은 오서용 씨였다. 오서용 씨는 마을 일을 돌보면서 마을을 위하여 가장 뜻깊은 일이 무엇인가를 찾았다. 그 해답으로 마련된 것이 〈민속자료실〉이다.

    1999년 4월에 〈민속자료실〉의 자료를 조사하여 실측하고 분류하였다. 그리고 감산리 여러 어르신들로부터 〈민속자료실〉에 있는 도구의 명칭과 쓰임에 대해 가르침 받았고, 여러 집에 남아 있는 도구들도 조사하여 포함하였다. 마을 어르신들의 기억 속에 남아 있는 도구 몇 점은 제주대학교박물관에 있는 것으로 채워넣었다.

제주대학교박물관은 1999년 11월 1일부터 3개월 동안 〈甘山里의 民具〉라는 이름으로 특별기획전을 열고 도록도 만들었다. 그 도록 원고는 제주도 도구학道具學에 대한 나의 열의만으로 채워진 엉성한 글이었다. 그래서 다시 도구를 기능적으로 분류하고 도구마다 원고도 모조리 고쳐 썼다. 이 글은 송상조의 《제주말큰사전》 속에 있는 도구에 대한 뜻풀이를 크게 참고하였다.

의생활 도구의
생활사

의생활과 도구는 머리에 쓰는 것, 의복, 신발 등이 전승된다. 여기에 여러 가지 피륙 만들기와 세탁에 따른 도구들도 포함한다.

브르는물레[도5-1]

면화씨를 발라내는 물레다. 감산리 사람들은 면화씨를 발라내는 씨아를 '브르는물레'라고 한다. 이것은 감산리 민속자료실에 있는 것이다. '브르는물레' 밑바닥을 이루는 몸통을 '버텅'이라고 한다. '버텅' 좌우에 2개의 기둥을 세웠는데, 이를 '부출'이라고 한다. 그 사이 맨 아래쪽에서부터 위로 '세역'이라는 나무 뭉치, 고정되어 있지 못하고 노는 나무판자, 손잡이를 돌려가는 대로 목화송이에서 씨앗이 빠지게 된 2개의 '물렛살'이 있다. '물렛살'의 끝에 있

도5-1 부르는물레
가로 38.5cm, 세로 10.7cm, 높이 53.6cm.

도5-2 미녕솔
직경 8.0cm, 높이 25.0cm.

는 꽈배기는 서로 맞물리며 돌아간다. 감산리 사람들은 꽈배기를 '물레귀'라고 한다. '물렛살'은 '가시낭'가시나무으로 만든다. 그래야 '물레귀'도 함부로 타지지 않아서 좋다. '물렛살'과 '물레귀'에 돼지기름이나 나물기름을 발라주기도 한다. 그래야 '물렛살'과 '물레귀'가 잘 돌아가면서 목화 씨앗도 잘 빠진다.

미녕솔[도5-2]

'미녕'무명을 짜려고 베 매기할 때 실올에 풀을 먹이는 솔이다. 이것은 감산리 오임규 씨의 어머니1916년생가 감산리 민속자료실에 기증한 것이다. '미녕솔'은 순비기나무 뿌리를 뭉뚱그리고, 손잡이 자리에 베 조각을 씌우고 '춤정동'댕댕이덩굴의 일종 줄로 묶어 만들었다. 1950년대에 사계리안덕면 김 씨에게 하루 품삯을 주고 만들었다. '미녕솔'에 해조류인 가시리 풀을 적시고 '미녕실'무명실에 먹이는 경우가 많았다.

봇디창옷[도5-3]

삼베로 두루마기 모양으로 만들어 갓난아기에게 입히는 홑옷이다. 감산리 민속자료실에 있는 것이다. 아기가 태어나면 목욕도 시키지 않고 보자기에 싼다. 사흘이 되는 날 향수香水에 목욕을 시킨다. 20일쯤 지나서 '봇디창옷'을 입힌다. '봇디창옷'에 따른 아래옷은 없다. '봇디창옷'은 제단裁斷한 거친 베를 바늘로 기워 간단하게 만든다. 갓난아기의 몸체에 비하여 소매를 길게 늘어뜨린다. 손이 소매로 나와 얼굴을 긁어 흉터가 생기는 일을 막기 위해서다. '봇디창옷'을 입히고 끈으로 묶는데, 그 끈을 '옷곰'이라고 한다.

'봇디창옷'은 함부로 다루지 않는다. 정성이 지극한 이는 어린애를 잘 보살펴준다고 믿으며 궤에 잘 보관한다. 한번 만든 '봇디창옷'은 두고두고 보관해두었다가 아기가 태어날 때마다 입힌다.

도5-3 봇디창옷

또 아기 복력福力이 빈곤한 이는 다복한 이가 만들어 입히던 '봇디
창옷'을 빌려다가 입히는 경우도 있다. 그것을 입었던 아기가 자
라나서 유학留學이나 군역軍役 등 출타할 때는 '봇디창옷'의 한 조
각을 잘라내어 상의 안쪽에 기워 붙여 보내기도 한다.

마께[도5-4]

'마께'는 빨랫감을 두드려서 빠는 데 쓰는 방망이다. 감산리 사
람들은 빨랫방망이를 '마께'라고 한다. 감산리 오기남1916년생,남 씨
가 '숙대낭'삼나무 뿌리를 다듬어 만들어 쓰던 것이다. 1958년에 감
산리 사람들은 '창고내'에 '숙대낭'을 관상수로 심었다. 1969년부
터는 밀감을 재배하려고 밭담 주위에 방풍 목적으로 심었다. '숙
대낭' 뿌리는 나뭇결이 촘촘하여 쉬 깨어지지 않는다. 이렇게 나
뭇결이 촘촘한 모양을 '괭이졌다'고 한다. '마께' 등 쪽에는 별표 모
양의 문양을 새겨 놓았다.

한반도에서 전승되는 빨랫방망이는 대부분 기름하고 긴 것이
지만, 제주도에서 전승되는 '마께'는 넓적하고 짧다. 이훈종은 제

도5-4 마께
길이 32.1cm, 폭 9.4cm.

주도 '마께'에 대해 "넓적하고 짧은 것이 특이하여 좋은 기념품이 되는데, 프랑스에서 사용하는 것과 외형이 똑같다니 신기한 일이다."라고 강조하였다.[1]

줍세기[도5-5]

'새'[茅]로 엮어서 허리나 어깨에 걸쳐 두르는 비옷이다. 감산리 김보호 씨가 만들어 감산리 민속자료실에 기증한 것이다. '줍세기'는 겉은 털, 속은 그물처럼 짜 만들었다. 위에는 45cm의 줄과 그 줄을 끼워 묶는 고리가 달렸다. 어깨에 걸치고 나서 걸어 묶는 줄과 고리다. 비를 막으려고 이것을 둘러 입었을 때 머리에는 '정동벌립'[도5-8]이나 '털벌립'을 쓰는 경우가 많았다.

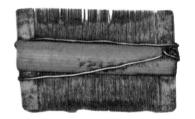

도5-5 줍세기
길이 90.0cm, 폭 98.0cm.

쳉빗[도5-6]

제주도 사람들은 참빗을 '쳉빗'이라고 한다. 감산리 고경용 씨가 감산리 민속자

도5-6 쳉빗
길이 9.0m, 폭 5.0cm.

---

1) 이훈종(1992), 《민족생활어사전》, 한길사, 271쪽.

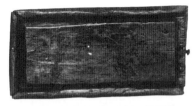

도5-7 빗접

가로 21.7cm, 세로 11.0cm, 높이 9.0cm.

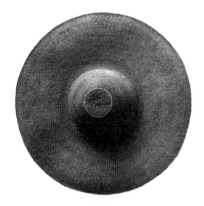

도5-8 정동벌립

직경 49.5cm, 높이 11.0cm.

료실에 기증한 것이다. '쳉빗'은 대오리를 잘게 쪼개서 살을 만들고 앞뒤로 대쪽을 대어 굳혔다. '얼레기'로 머리를 빗고 나서 '쳉빗'으로 다시 빗질을 한다. 빗살이 얼레 기보다 가늘고 촘촘한 빗이다. 감산리 사 람들은 '쳉빗'을 육지에서 온 도붓장수에 게 사는 경우가 많았다.

빗접[도5-7]

여러 가지 빗을 담아두는 상자다. 감산 리 민속자료실에 있는 것이다. 직경 1.3cm 의 '가시낭'가시나무 판자로 만들었다. 위쪽 에 여닫이문이 있다. 밑짝은 빠졌다. 가로 21.7cm, 세로 11cm, 높이 9cm의 직사각 형이다.

정동벌립[도5-8]

'정동벌립'은 '정동'댕댕이덩굴으로 만든 모자다. 이것은 제주대학교박물관에 있는 것인데, 410개의 씨줄과 158개의 날줄로 구성되었다. 토리이 류우조오鳥居龍藏는 제 주도의 '정동벌립'에 대하여, "풀로 일종의

301

갓[笠]을 만드는 것 또한 다른 데서 볼 수 없는 풍습"이라고 지적한 바 있다.2) 한국 본토에서는 '정동' '정동거렁지'라는 바구니를 만들었을 뿐, 모자는 전승되고 있지 못하다. 제주도에서 '정동벌립'의 생산지는 귀덕리^{한림읍}인데, 제주도무형문화재 제8호로 지정하여 보호하고 있다.

초신[도5-9]

'초신'은 여러 가지 풀로 만든 신이라는 말이다. 이것은 감산리 민속자료실에 있는 것이다. 감산리에는 논이 제법 전승되고 있었다. 그러니 감산리 사람들은 '초신'을 '나록짚'^{볏짚}으로 삼는 경우가 많았는데, '초신'의 구조는 다음과 같다.

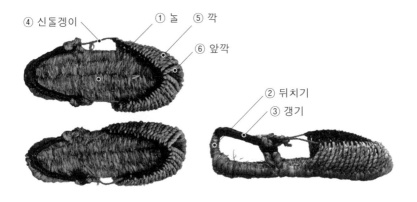

도5-9 초신
길이 27.5cm, 폭 8.2cm, 높이 6.2cm.

---

2) 토리이 류우조오(鳥居龍藏, 1924),《일본 주위 민족의 원시종교(日本周圍民族の原始宗教)》, 東京 岡書院.

① 늘: 짚으로 한 발쯤 새끼를 꼬아 넉 줄로 곱친 신바닥의 날이다. '신서란'을 새끼 꼬듯이 꼬아 만들었다. 자기가 신을 '초신'인 경우 '늘'은 자기 두 팔을 펴서 벌린 한 발의 길이로 가늠하는 경우가 많았다.

② 뒤치기: 신의 뒤축이다. 4개의 날을 둘로 겹쳐 세웠다.

③ 갱기: '뒤치기'에서 '신둘겡이'까지 이어진 줄이다. '뒤치기'에서 2겹으로 모아진 날이 '신둘겡이'까지 이어져 묶인다. '갱기' 위에 나일론 줄로 감았다.

④ 신둘겡이: 발에 맞게 '초신'을 조절하는 끈이다.

⑤ 깍: '초신' 양쪽의 양편쪽으로 운두를 이루는 낱낱의 신울이다.

⑥ 앞깍: '초신'의 맨 앞쪽 양편으로 굵게 박은 낱낱의 울이다. 쓰다 버린 헝겊과 짚으로 꼬아 만들었다.

감산리 오임규^{1939년생, 남} 씨의 가르침에 따르면, 오 씨가 초등학교 3학년 때인 1949년에 맨 처음 검은 고무신을 신었다. 그 이전에 감산리 사람들은 '초신'을 신었을 것임은 물론이다.

식생활 도구의
생활사

식품의 저장, 취사, 식품 가공 등에
따른 식생활 도구들이다. 담배에 따른 기호품도 여기에 포함한다.

저장에 따른 도구

여러 가지 식료품이나 식품은 일정한 그릇에 저장하는 경우가
많다. 고체나 액체의 식품에 따라 이를 저장하는 방법과 그릇도
다르다. 사용자의 의도에 따라 도구의 쓰임을 달리한다.

함박[도5-10]
제주도 사람들은 나무 바가지를 '함박'이라고 한다. 감산리 박

도5-10 함박
아가리 직경 25.7cm, 높이 9.5cm.

도5-11 수저통
직경 5.0cm, 높이 14.6cm.

영두1924년생, 여 씨가 민속자료실에 기증한 것이다. 이것은 박 씨 아버지1892년생가 살아생전에 '굴묵낭'느티나무으로 만든 것이다. 박 씨 나이 9살 때1934년, 박 씨 가족은 상천리안덕면 '무릎밧'에서 감산리 '벵뒷가름' 동네로 옮겨 살고 있을 무렵이었다. 감산리 사람들은 '창곳내'를 '앞내'라고 하는데, 그곳에는 아름드리 '굴묵낭'이 자라고 있었다. '굴묵낭'은 마을 공동 소유의 것이었다. 박 씨 아버지는 '굴묵낭'을 샀다. '굴묵낭'을 도끼로 쳐 눕히고 대톱으로 켰다. '굴묵낭' 굵은 쪽의 것은 궤를 만들고, 가는 쪽의 것은 함박을 만들었다. 박 씨가 시집갈 때, '굴묵낭'으로 만든 궤 1개와 함박 2개를 부모에게 받았다. 이 '함박'은 그중 하나다. '함박'은 밥그릇이나 죽그릇으로 쓰이는 경우가 많았다. 이 '함박'은 두 사람이 먹을 정도의 밥이나 죽을 담는 그릇이다.

수저통[도5-11]

수저를 담거나 꽂아두는 통이다. 감산

리 오서용 씨가 감산리 민속자료실에 기증한 것이다. 대나무로 만들었다. 위쪽에는 걸이용 구멍, 그리고 아래쪽에는 물이 빠지는 구멍이 뚫려 있다. 수저통은 '정지'부엌에 놓인 '살레' 귀퉁이에 걸어두는 경우가 많았다. '살레'는 네모지게 간단하게 짜서 '정지' 곁에 세워놓고서, 간단한 반찬이나 식기 따위를 넣어두는 가구다.

취사에 따른 도구

끼니로 먹을 음식을 만드는 일에 따른 도구들이다.

솥

제주도에 전기와 가스가 들어오면서 '정지' 공간 구조와 생활양식이 크게 변한다. 감산리안덕면의 경우 전기는 1969년, 그리고 가스는 1979년부터 들어왔다. 가벼운 밥솥과 냄비가 무거운 무쇠솥을 몰아냈다. 가스가 일반화되기 이전까지만 하더라도 감산리에는 4가지 솥이 전승되고 있었다.

① **두말띠기[도5-12]:** 한 번에 쌀 두 말을 익혀 밥을 지을 수 있는 크기의 솥이다. 솥 아가리 지름은 39.5cm이다. 이것은 감산리 민속자료실에 있는 것이다. 집안에서 큰일을 치를 때 밥을 짓거나 고기를 삶을 때 쓰는 경우가 많았다.

도5-12 두말띠기
아가리 직경 41.0cm, 높이 35.0cm.

도5-13 다두테기
아가리 직경 29.7cm, 높이 23.0cm.

② **웨말띠기**: 한 번에 쌀 한 말을 익혀 밥을 지을 수 있는 크기의 솥이다. 달리 '말치'라고도 한다. 집안 식구들이 먹을 밥을 짓는 솥이다. 술을 빚는 '고소리'나 떡을 찌는 시루를 얹는 경우도 있다.

③ **다두테기[도5-13]**: 쌀 두 되 정도를 익힐 수 있는 크기의 솥이다. 제주도에서 전승되는 솥 중에서 중간 크기라서 '중솟'이라고도 한다. 이것은 감산리 민속자료실에 소장하고 있는 것이다. 아가리 지름은 27.5cm이다. 식구가 단출한 집안에서 밥을 짓거나, 그것에 맞는 시루를 앉히기도 하는데, 이때의 시루를 '다두테기시리'라고 한다.

④ **옹주리**: 제주도에서 전승되는 솥 중에서 가장 작은 것으로 주로 반찬을 만드는 솥이다. 더러 늙은 부모 혼자 먹을 몫의 밥을 짓는 솥으로 쓰이는 경우도 있었다. 달리, '동자솟' 또는 '잔철'이라고도 한다.

배수기[도5-14]

넓적하고 길쭉한 나무로 만든 죽젓개
다. 달리 '남죽'이라고도 한다. 감산리 민
속자료실에 있는 것이다. '사오기'왕벚나무
로 만들었다. 제주도 사람들은 '배수기'를
다양하게 사용하였다. 보리밥을 지으면서
물이 골고루 감돌게 하려고 저어줄 때, 보
리, 콩 따위를 골고루 볶아지게 저어줄
때, 그리고 콩죽을 쑤면서 바닥에 눋지 않
게 저어줄 때도 쓰이는 경우가 많았다.

도5-14 배수기
길이 51.8cm, 폭 5.0cm.

우금[도5-15]

'우금'은 밥주걱이라는 말이다. 감산리
사람들은 밥주걱을 '우금'이라고 한다. 감
산리 민속자료실에 있는 것이다. 놋쇠로
만들었다.

도5-15 우금
길이 31.7cm.

남자[도5-16]

나무로 된 국자다. 이것은 감산리 이윤
택 씨가 감산리 민속자료실에 기증한 것
이다. 솥에서 끓여낸 국 따위를 떠내는 도
구다.

도5-16 남자
길이 48.0cm.

식품 가공에 따른 도구

여러 가지 식품 가공에 따른 도구들이다.

ᄀ레[도5-17]

제주도 사람들은 맷돌을 'ᄀ레'라고 한
다. '갈다'의 제주어 '골다'의 '골-'과 명사
형 어미 '-에'로 이루어진 말이다. 이것은
감산리 민속자료실에 있는 것이다. 감산
리 사람들은 'ᄀ레'를 화순리안덕면와 경계
점에 있는 '굴렁팟'과 '창곳내'의 돌멩이로
만들었다. 'ᄀ레'는 위짝과 아래짝으로 구
성되었다. 회전하는 중심에 꽂힌 여문 나
무를 '중수리', 위짝에 있어 '중수리'를 싸
서 돌게 된 구멍을 '중수리고망'이라고 한
다. '중수리'를 만드는 나무는 '솔피낭'쇠물
푸레나무이다. 위짝에는 쌀을 넣는 구멍과
'족낭'때죽나무으로 만든 'ㄱ' 자 모양의 손
잡이가 꽂혀 있다. 쌀을 넣는 구멍 위쪽
주위에는 둥그렇게 홈을 냈다. 이를 'ᄀ레
홈'이라고 한다. 그 바닥에 시멘트를 발랐
다. 제주도 화산 돌은 구멍이 송송하기 때

도5-17 ᄀ레
직경 40.3cm, 높이 20.1cm.

309

문에 쌀이 그 속으로 들어가지 못하게 메운 것이다.

감산리 사람들은 'ᄀ레'에서 메밀, 콩, 벼, 나무 열매 따위를 갈았다. 보통 두 사람이 'ᄀ레ᄌ럭'맷손을 마주 잡고 앉아 돌리는 경우가 많았다. 그러나 세 사람이 돌릴 때는 'ᄀ레체경'을 쓰기도 하였다. 'ᄀ레체경'이란 맷손 두 배쯤 길이의 방망이를 맷손에 가로질러서 멀찌막이 앉고, 그 한쪽 끄트머리를 잡아 밀고 당기며 'ᄀ레'를 돌리는 보조 맷손이다. '체경'과 'ᄀ레'와의 마찰을 줄이려고 'ᄀ레체경'이 끼워진 손잡이 위아래에 짚으로 꼰 노를 두르기도 하는데, 이를 '뜸'이라고 한다. 두 사람이 손잡이를 잡아 'ᄀ레'를 돌릴 때 다른 한 사람은 뒤에 물러앉아 'ᄀ레체경' 끄트머리를 잡아 밀고 당기며 돕기도 하였다.

도구통[도5-18]

감산리 사람들은 돌절구를 '도구통'이라고 한다. 이것은 감산리 민속자료실에 있는 것이다. '도구통搗臼桶'은 한자어다. '도구통'은 구멍이 솜솜하게 난 제주도 돌로 만들었다. 솜솜이 박힌 구멍을 막으려고 '도구통' 안에 시멘트를 발랐다. '남방아'가 곡물을 정곡精穀하는 데 쓰이는 도구라면 '도구통'은 깨, 고춧가루, 마늘 따위를 빻는 도구다. 감산리 사람들은 공이를 두고 '방엣귀'라고 하는데, '도구통'에 딸린 '방엣귀'는 '남방아'를 찧는 것과 같다.

도5-18 도구통
아가리 직경 40.0cm, 높이 48.0cm.

도5-19 ㄱ렛도고리
가로 83.0cm, 세로 59.5cm, 높이 15.0cm.

ㄱ렛도고리[도5-19]

'ㄱ레'맷돌 일에서, 'ㄱ레'를 안에 놓고 'ㄱ레'를 돌릴 때, 곡식이나 가루가 흩어지지 않도록 하는 '도고리'함지다. 감산리 오임규[1939년생, 남] 씨 집에 있는 것이다. 이 'ㄱ렛도고리'는 오 씨 증조모 때부터 쓰던 것이다. 오씨 증조모는 1825년 음력 7월 27일에 사망하였으니, 이 물건은 그 이전에 만든 것이 된다. 'ㄱ렛도고리'는 '굴묵낭'느티나무으로 만들었다. 얼마나 오래 썼는지 구멍이 두 군데 뚫렸다. 두부 따위를 만들려고 물에 담가두었던 콩을 'ㄱ레'에서 갈 때, '덩드렁마께'로 풋감을 빻을 때도 쓰였다. 'ㄱ렛도고리'의 표면이 검게 보이는 것도 풋감 즙이 잔뜩 묻어 있기 때문이다. 더러 어린이를 목욕시킬 때 물을 담는 그릇으로도 쓰였다.

떡도고리[도5-20]

주로 떡을 만들 때, 떡가루를 밀거나, 만들어진 떡을 넣어두거나, 익힌 떡 따위를 넣어 식히기도 하고, 넣어두기도 하는

'도고리'함지다. 더러 제삿날 '멧밥'을 담는
그릇으로도 쓰였다. 감산리 강종남¹⁹⁶³ᵉ
생,남 씨가 감산리 민속자료실에 기증한
것이다. 강 씨 어머니¹⁹³⁸ᵉ⁾ᵉ의 가르침에
따르면, 강 씨 5대 조상 때부터 만들어 쓰
던 것이다. '굴묵낭'느티나무로 만들었다. 언
제인가 쥐가 모질게 갉아버려 '떡도고리'
한쪽이 헐렸다. 그 부분을 톱질하여 도려
내고, 그 자리에 나뭇조각을 박고 양철을
붙여 못을 박았었는데, 지금은 그것마저
떨어져나가 버렸다.

도5-20 떡도고리
가로 83.0cm, 세로 59.5cm, 높이 15.0cm.

안반[도5-21]

떡이나 다듬이를 할 때 쓰는 크고 두껍
고 넓은 나무판이다. 감산리 오임규¹⁹³⁹ᵉ
생,남 씨 집에 있는 것이다. 오 씨 증조모
때부터 쓰던 것이다. 증조모는 1825년 음
력 7월 27일에 사망하였으니, 이것은 그
이전에 만들어진 것이 된다. '사오기낭'벚
나무으로 만들었다. 직사각형의 나무판 아
래쪽에 네 개의 발이 달렸다. '솔변'을 만
들 때 '떡도고리'에서 뜨거운 물에 이긴

도5-21 안반
가로 81.2cm, 세로 39.4cm, 높이 15.0cm.

떡가루를 '안반' 위에 올려놓고, '미레깃대'로 펀펀하게 민 다음, '떡본'으로 떡을 하나씩 떠내기도 하였다.

중솟시리[도5-22]

'중솟'에 앉히는 '시리'시루다. 이것은 오임규^{1939년생,}남 씨 집에 있는 것이다. '옹주리시리'보다 조금 큰 것이다. '중솟시리' 바닥 한가운데 직경 4cm의 구멍을 중심으로 하여 그 주위에 직경 3.2cm 구멍이 6개 뚫려 있다. '중솟시리' 아가리 쪽에 철사로 감아 새겼다. '옹주리시리'에서 집안 제사 때 쓰일 떡을 쪘다면, '중솟시리'에서는 그보다 많은 '고적떡'을 찌는 경우가 많았다. '고적떡'이란 일가의 장사를 치를 때 친척끼리 부조로 만들어가는 떡이다. '시리'시루에서 떡을 찔 때는 여러 가지 금기와 정성이 따랐다. 김이 오르기 전에 사람들이 출입하지 못하게 '정짓문'을 안으로 걸어 잠그기, 시루 위에 생선을 구워 올려놓기, 남의 집의 '촐눌'이나 돼지우리 지붕의 땔감을 주인 모르게 빼다가 불을

도5-22 중솟시리
아가리 직경 29.5cm, 높이 27.7cm.

지피기, 치마를 거꾸로 뒤집어쓰고 시루에 절하기, 그리고 시루를 등지고 그 반대편으로 절하기 등등이다.

옹주리시리[도5-23]

떡이나 쌀 따위를 찌는 데 쓰는 둥근 질그릇이다. 이것은 감산리 민속자료실에 있는 것이다. 감산리 사람들은 시루를 '시리'라고 한다. 크기에 따라 '중솟시리'와 '옹주리시리'가 있다. '중솟'과 '옹주리'는 솥의 크기에 따른 이름이다. 이것은 '중솟시리'보다 작은 솥인 '옹주리시리'다. '옹주리시리' 바닥 한가운데 직경 3.8cm 구멍을 중심으로 하여 그 주위에 직경 3cm의 구멍 5개가 뚫려 있다. '옹주리시리'는 대승 두 되 쌀로 만든 쌀가루로 떡을 쪄낼 수 있는 크기다.

도5-23 옹주리시리
아가리 직경 32.3cm, 높이 31.0cm.

고소리[도5-24]

술을 빚는 질그릇이다. 감산리 고순화1922년생, 여 씨가 감산리 민속자료실에 기증한 것이다. 1말들이 솥에 얹는 '고소리'

다. 이런 '고소리'를 '웨말치고소리'라고
한다. 고 씨에게 이 '고소리'에 대해
기르침 받았다. 고 씨는 30세 때 이
것을 샀다. 이웃집에 빌려줬는데 그
만 깨져 버렸다. 빌려 갔던 사람은 고
씨를 데리고 신평리^{대정읍}에 가서 이것
을 사 주었다.

'고소리'는 '알통'과 '웃통'으로 구
성되었다. '알통' 밑바닥 한가운데
직경 17cm의 큰 구멍이 나 있고, 테
두리에도 직경 1.7cm의 구멍이 6개나
있다. 하나의 구멍은 '고소리'를 빚는 과정에서 막혀 버렸다. 솥에
불을 지펴가는 대로 수증기가 피어오르는 구멍이다. 그리고 '알통'
오른쪽 어깨에는 손잡이가 하나 달렸다. 그리고 '웃통' 왼쪽에는
혹이 달렸는데, 이를 '고소리두던'이라고 한다. '고소리두던'은 피
어오른 김이 모여드는 공간이다. 바로 그 아래쪽에 길쭉한 관^管이
붙어 있다. '고소리두던'에서 이뤄진 술 방울이 이것을 타고 흘러
내린다. 이것을 '고소리좃'이라고 한다. 그리고 위에는 냉각수 그
릇이 있다. 이것을 '장태'라고 한다. 원래 '고소리'에는 '장태'가 붙

어 있었는데, '고소리'를 오래 쓰는 동안에
떨어져 버렸다. 한 솥에서 '고소리'로 술을
빚는 동안에 3~4회쯤 물을 갈아주었다.
'고소리' 한 솥에서 보통 1되 반의 술이 나
온다.

바지펭[도5-25]

'고소리'로 술을 뽑을 때 술을 받거나
물을 길어 다니는 병이다. 이것은 감산리
민속자료실에 있는 것이다. '바지펭'은 물
을 길어 나르는 허벅에 비하여 목이 좁다.
'바지펭'의 아가리는 '고소리좃'에 딱 들어
맞게 만들었다. 2되들이 오지그릇이다.
'고소리' 한 솥에서 술을 빚을 때, 술 2되
이상은 나오지 않았다.

도5-25 바지펭
아가리 직경 7.6cm, 높이 29.0cm.

솔변떡본[도5-26]

'솔변'은 떠내는 '떡본'이다. '솔변'은 제
사 때 '절변'과 같이 쓰는 떡이다. 이것은
감산리 민속자료실에 있는 것이다. 폭
3.1cm의 줄자 모양의 구리 쇳조각을 반달
처럼 모양을 내어 나뭇조각에 붙여 만들

도5-26 솔변떡본
가로 12.1cm, 세로 7.1cm, 높이 3.1cm.

었다. 구리 쇳조각이 떡의 틀이라면, 나뭇조각은 쇳조각 틀이면서 손잡이 구실도 한다. '솔변'은 메밀이나 쌀가루로 만든다. '떡도고리'에 가루를 놓고 끓는 물을 부어 휘젓는다. 그중 4분의 1쯤은 떼어내어 솥에서 삶는다. 삶아낸 것을 떡가루에 모아 섞는다. 그것을 적당히 '안반' 위에 올려놓고 '미레깃대'로 민다. 밀어놓은 것을 '솔변떡본'으로 하나씩 떠낸다. 시루에 솔잎을 깔고 '솔변떡본'으로 떠낸 떡을 놓는다. 이때의 솔잎은 음력 8월 전후에 따거나, 따서 말려 보관해둔 것이다. 시루에서 찐 떡을 꺼내어 찬물에 담가 솔잎을 떼어낸 다음 물기를 빼고 참기름을 조금씩 바른다.

절변떡본[도5-27]

'절변'을 만들 때 쓰는 '떡본'이다. 이것은 감산리 오임규^{1939년생,} 남 씨 집에 있는 것이다. 도드라진 둥근 위판에 빗살무늬를 새겨놓았다. 그 양쪽에 손잡이가 달렸다. 한쪽에는 걸이 끈을 묶어두려고 구멍을 내었다. '믈ᄀ레'연자방아에서 빻은 쌀가루나 메밀가루

도5-27 절변떡본
길이 19.0cm, 직경 6.0cm.

로 '오메기떡'을 만든다. '오메기떡'이란 가루에 더운물을 넣어 무르게 반죽하고 고리 모양으로 둥그렇게 만든 떡이다. 그 떡을 삶고, '곰박'으로 건져내어 적당히 식힌다. '곰박'은 국자 모양인데도 바닥에 구멍이 뚫려 있어 뜨거운 물에 잠겨 있는 건더기 따위를 건지기 좋게 만든 도구다. 손으로 반죽이 되게 다지고는 조금씩 떼어내며 방울처럼 만든다. 두 개의 떡 방울을 위아래로 포개어 놓고, 그 위에 '절변떡본'을 얹어 힘껏 두 손으로 누르며 만들어간다. 가끔 '절변떡본'에 참기름을 바른다.

빙철[도5-28]

빙떡을 만들려고 떡을 넓적하게 지지는 철판이다. 이것은 감산리 민속자료실에 있는 것이다. 마치 솥뚜껑을 뒤엎어 놓은 것과 같은 모양으로 무쇠로 만들었다. 한쪽에는 쇠고리가 붙어 있어 쓰지 않을 때는 정지 벽에 걸어두기도 하는데, 고리는 빠진 상태다. '빙철'이 없는 집은 이웃에서 이것을 빌려다 쓰기도 하고, 그것마저 여의치 않을 때는 솥뚜껑으로 대신 쓰기도 한다. '빙떡' 만들기는 다음과 같다.

도5-28 빙철
길이 34.5cm, 직경 29.5cm.

메밀을 씻어 두었다가 건져낸다. 간이 맞게 소금을 쳐가며 빻아 가루를 낸다. 가루에 미지근한 물을 섞으며 반죽한다. '빙철'에 열이 가해지는 대로 돼지기름 따위를 바른다. 메밀 반죽을 직경 20cm로 얇게 지진다. 물에 데친 무채에 깨소금과 참기름을 넣어 무친 소를 떡 위에 얹어 놓고 김밥 말듯이 말아 만든다.

기호품에 따른 도구

감산리 민속자료실에는 담배 기호품에 따른 도구들을 소장하고 있다.

담배쌈지[도5-29]

살담배칼 따위로 썬 담배나 잎담배를 넣어 다니는 주머니다. 이것은 감산리 민속자료실에 있는 것이다. 닥종이로 바느질하여 만들고 풋감에서 우려낸 감물을 들였다. 담배쌈지 안에 담뱃잎을 썰어 담고 3겹으로 접을 수 있다. 감산리 '남당' 지경에서 담배를 재배하였는데, 그 지역에서 생산된 담배를 '남당담배'라고 이름 지었을 정도로 그 품질이 뛰어

도5-29 담배쌈지 가로 24.0cm, 세로 30.0cm.

났다. '남당담배'로 만든 살담배를 담고 다니기도 했다. 또 종이에 말린 담배를 '골연'이라고 했다. '골연'이 등장할 즈음에 살담배를 봉지에 담아 파는 수도 있었다. 이런 담배를 '봉담배'라고 했다. '봉담배'를 담고 다니기도 했다.

부쇠[도5-30]

불이 일어나는 돌멩이인 '부돌'부싯돌에 때려 불을 일으키는 쇳조각이다. 이것은 감산리 민속자료실에 있는 것이다. '부돌'은 석영인데, 제주도에서는 나지 않기에 육지부에서 들여왔다. '부쇠'와 '부돌'을 때려 불똥을 일으킨다. '부돌'에 대어 불똥이 박혀서 불을 붙이는 물을 '불찍'이라고 한다. '불찍'은 삭은 팽나무 조각이다. '불찍'은 대나무 통에 담고 다니는데, 그 통을 '활찍대'라고 한다. 이상의 모든 것은 담배쌈지와는 다른 주머니에 담고 다니는데, 그것을 두고 '부쇠주멩이'라고 한다. 주머니의 목줄에는 쇳조각이 늘 매달려 있다. 이것을 '통꼬지'라고 한다. 담배통에 낀 담배의 진을 긁어내는 송곳 같은 것이다.

도5-30 부쇠
가로 8.2cm, 세로 4.0cm.

담뱃통[도5-31]

제주도에서 예전에 잎담배를 피우는 연장은 두 가지가 있었다. 함석으로 만든 '쉐담뱃통'과 나무로 만든 '남통머리'다. 이것은 감산리 오태윤 씨가 감산리 민속자료실에 기증한 '쉐담뱃통'이다. 잎담배를 담는 함석통을 '수리대'구릿대로 만든 빨대에 끼워 만들었다. 담배 진이 가득 찼을 때는 통과 빨대를 빼낸 후 '새'띠로 후벼냈다.

재떨이[도5-32]

담뱃재를 떨어놓는 그릇이다. 감산리 오기남1916년생, 남 씨가 생전에 만들어 쓰다가 감산리 민속자료실에 기증한 것이다. 동백나무로 다듬어 만들었다. 재떨이 한가운데는 직경 4cm의 혹이 달렸다. 담배통을 내려치면서 그 안에 남아 있는 재를 털어내기 좋게 만들었다.

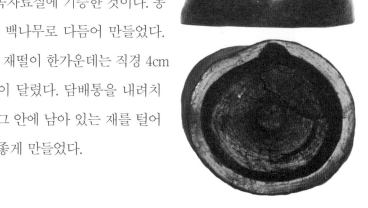

도5-32 재떨이 직경 26.8cm, 높이 4.8cm.

321

주생활 도구의
생활사

감산리 민속 자료실에는 주생활에 따른 도구 3점을 소장하고 있다.

불그네[도5-33]

'굴묵' 안에 말똥, 소똥, 보리까끄라기 따위의 땔감을 밀어 넣거나 재를 긁어내는 'T' 자 모양의 도구이다. 이것은 감산리 민속자료실에 있는 것이다. '불그네'는 고무래와 비슷한 모양이다. '불그네' 손잡이는 빠져 버렸고, 판자만 남아 있다. 소나무로 만든 것인데, 위쪽의 두께는 2.6cm, 아래쪽 두께는 2cm

도5-33 불그네 가로 15.9cm, 세로 8.3cm.

정도다. 한반도와 제주도 전통가옥의 취사
와 난방 시설은 서로 다르다. 한반도에
서는 일반적으로 아궁이에서 취사와 난
방을 동시에 했고, 제주도에서는 취사는
'솟덕', 난방은 '굴묵'에서 따로 이루어졌다.

부젓가락[도5-34]

화로에 꽂아두고 불덩이를 집어내거나
불을 헤치는 데 쓰는 쇠로 만든 젓가락이다.
이것은 감산리 민속자료실에 있는 것이다.
부젓가락은 식사 때 쓰는 젓가락보다 훨씬
크게 만들었다.

도5-34 부젓가락 길이 45.2cm.

발[도5-35]

가늘게 쪼갠 대오리로 엮어 만든 물건이다. 감산리 민속자료실
에 있는 것이다. 감산리 어르신들의 가르침에 따르면, 발은 육지에
서 온 도붓장수에게 샀을 것이다. 위쪽과 아래쪽에 폭 0.6cm의 대
오리를 기둥 삼고, 폭 0.1mm의 대오리를 실로 엮어 만들었다. 헐
린 데는 헝겊 조각을 대고 바느질하였다. 방에 제상을 차리고 창문
을 열어놓고 발을 치는 경우가 많았다.

도5-35 발 가로 103.0cm, 세로 152.2cm.

생산과 생업 도구의
생활사

원초경제사회 때의 산과 바다, 그리고 산과 바다를 이어주는 강하江河, 그 사이에 있는 논과 밭은 생산과 생업의 공간이었다. 감산리 사람들은 산야에서 초목과 방목, 밭과 논에서 양식糧食을 생산하며 생계를 꾸렸다. 그리고 감산리 사람들은 생산·생업에 필요한 도구들을 풍토에 걸맞게 창조하고 계승시켜 왔다.

밭갈이와 논갈이 도구

제주도에서 밭갈이에 관한 역사적 기록은 《당서唐書》권 220 〈용삭초龍朔初〉 기록에 들어 있다. "제주도에는 오곡은 자란다. 그런데

땅을 일구는 데 소를 사용할 줄 모르고 철치파로 일군다.^{籠朔初-中略}
^{-地生五穀 耕不知用牛 以鐵齒杷"}는 것이다. 용삭 초는 서기 662년 정도다.
농경 발달과정에서 볼 때, 한반도에서는 아무리 늦어도 신라 지증
왕^{智證王} 3년, 서기 502년부터 고도 농경 단계인 우경^{牛耕,《삼국사기三}
^{國史記》권4, 三年 春三月 (중략) 分命州郡主勸農 始用牛耕}이 시작되었지만, 제주
도는 한반도보다 무려 160여 년이 지난 뒤까지도 농경기술이 따
비 갈이 단계를 벗어나지 못하고 있었다.《당서》에서 지적하고 있
는 '철치파^{鐵齒杷'}는 따비일 가능성이 크다. 제주도의 우경^{牛耕}이 한
반도보다 늦어진 까닭은 한반도와 썩 다른 경작토의 물리적 악조
건 때문이었을 것이다.

감산리의 전통적 밭갈이와 논갈이 도구는 사람의 힘만으로 파
일구기가 가능한 따비, 괭이, 쇠스랑을 떠올릴 수 있겠다. 그리고
소의 힘을 빌려 땅을 일구는 도구로는 무엇보다도 쟁기가 으뜸이
다. 1974년에 감산리 고병수^{1916년생,} 남 씨는 맨 처음 경운기로 밭
을 갈았다. 그때부터 차차 전통적인 밭갈이와 논갈이 도구들은 자
취를 감추어 나갔다.

잠데

감산리 사람들은 쟁기를 '잠데'라고 한다. 이것은 감산리 오기
남^{1916년생,} 남 씨가 만들어 쓰던 것이다. 지금은 감산리 민속자료실
에 있다. '잠데'는 원래 하예동^{서귀포시} 장 씨가 만든 것이었다. 1958
년 어느 날, 오 씨는 '잠데'를 지게에 지고 밭으로 가다가 갑자기

쏟아지는 소나기를 만났다. 소나기를 피하려고 '잠데'를 진 채 감산리 남당동네 '물ᄀ레집'^{연자방앗간}으로 들어가려던 즈음이었다. 끌고 가던 일소가 뒤따라 들어오면서 '잠데'를 '물ᄀ레집' 안으로 밀어버렸다. 그 바람에 '잠데'는 그만 '물ᄀ레집'의 '집가지'^{처마}에 걸리면서 부러지고 말았다. 오 씨는 '잠데'의 재료를 마련하여 감산리 이○○^{1918년생,}남 씨에게 부탁하여 '잠데'를 다시 고쳤다. 제주도에서는 주인이 '잠데' 재료를 마련하고, 목수가 '잠데'를 만드는 경우가 많았다. 그 당시 '잠데'를 만드는 삯은 쌀 1말이었는데, 이는 남자 한 사람의 2일치 품삯이었다. 감산리 사람들은 '잠데' 만드는 일을 '잠데 서끈다'고 하였다.

① **멍에[도5-36]**: '잠데'를 끌기 위하여 소의 목에 얹는 구부러진 막대다. '잠데' 주인 오 씨가 손수 '머구낭'^{머귀나무}으로 만들었다. 옛사람들은 멍에의 길이를 암소용이건 수소용이건 '한 자 두 치'로 가늠하였다. 멍에 양쪽 턱에는 '솜비줄'을 묶는다. '솜비줄'은 밭을 갈 때 '멍에' 턱에 두 끝이 묶이고 '버흐레'에 걸어 쟁기에 이어지는 줄이다. 소가 당기는 힘이 '잠데'에 전달되게 하는 굵은 줄이다. 멍에 가운데는 구멍을 비스듬하게 뚫는다. 이 구멍으로 '줍게'를 끼운다. '줍게'는 소의 목에 멍에가 달라붙게 하려고 두 개의 멍에 구멍에 꿰어 소의 목 밑에서 묶어 고정하는 두 가닥의 나뭇가지다. 멍에 아래쪽에는 11.5cm, 그리고 위쪽에는 7.7cm의 간격을 두고 구멍을 뚫었

다. 아래쪽 2개의 구멍 간격은 소에 따라 다르다. 감산리 사람들은 그 간격을 손가락으로 가늠하였다. 암소 멍에는 엄지손가락을 뺀 4손가락, 수소 멍에는 엄지손가락을 뺀 오른손가락과 왼손의 집게손가락과 장지를 합친 여섯 손가락으로 가늠하였다. 네 손가락으로 가늠하는 일을 '네손아리', 여섯 손가락으로 가늠하는 일을 '여섯손아리'라고 하였다.

② 줍게[도5-36]: 소의 목에 멍에가 달라붙게 하려고 두 개의 멍에 구멍에 꿰어 소의 목 밑에서 묶어 고정하는 두 가닥의 나뭇가지다. '상동낭'삼동나무으로 만들었다. 나뭇가지 두 개가 멍에 양쪽으로부터 내려와 소의 목을 감싸서 어긋매끼게 끈으로 묶는다. 이때의 끈을 '줍게친'이라고 한다. '줍게친'은 말총말갈기나 꼬리의 털으로 꼬아 만든다. 이렇게 만든 줄을 '총줄'이라고 한다.

③ 솜비줄[도5-36]: 밭을 갈 때 멍에 턱에 두 끝이 묶이고 '버흐레'에 걸어 쟁기에 이어지는 줄로, 소가 당기는 힘이 '잠데'에 전달되게 하는 굵은 줄이다. '버흐레'는 멍에에 연결된 '솜비줄'을 일정한 간격으로 벌려주어 걸리적거리지 않게 하는 나무막대다. 멍에 쪽 '솜비줄' 지름은 2.6cm, '버흐레' 쪽 '솜비줄' 지름은 3.5cm다. 멍에 쪽에서 '버흐레' 쪽으로 갈수록 점점 굵다. '솜비줄'은 '소리낭'을 으깬 것으로 꼬아 만든다. 이때의 '소리낭'은 곧게 뻗은 것이어야 한다. '소리낭'을 자귀로 찍어 3mm 폭으로 떼어내는 족족 손으로 잡아당긴다. 다시 자귀

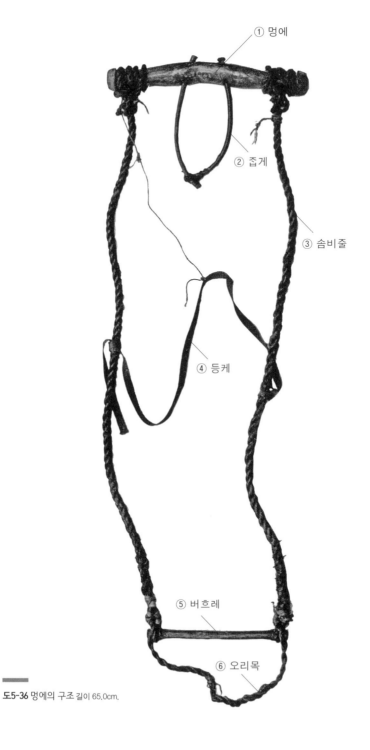

① 멍에

② 줍게

③ 솜비줄

④ 등케

⑤ 버흐레

⑥ 오리목

도5-36 멍에의 구조 길이 65.0cm.

329

로 직경 3mm 안팎으로 쪼갠다. 그것을 꼬아 '솜비줄'을 만든다. '솜비줄'은 '잠데' 주인 오 씨가 손수 만들었다.

④ **등케[도5-36]**: '솜비줄'이 밑으로 축 늘어지지 못하게 소의 등 위로 둘러 감는 줄이다. '등케'를 늘이면 보습은 깊이 들어가려 하고, '등케'를 줄이면 보습은 얕게 들어가려 한다. 그러니 '등케'는 농부의 마음에 따라 늘이거나 줄일 수 있게 되어 있다. '등케'는 제주도 쟁기의 특징으로 작용한다.

⑤ **버흐레[도5-36]**: '버흐레'는 멍에에 연결된 '솜비줄'을 일정한 간격으로 벌려주어 걸리적거리지 않게 하는 나무막대다. '솔피낭'쇠물푸레나무으로 만들었다직경 3.2cm. '버흐레' 양쪽 턱에는 '솜비줄'과 '오리목'을 걸어 묶는다.

⑥ **오리목[도5-36]**: '버흐레' 양쪽 끝을 이어 '솜비줄'봇줄에 닿고, 그 가운데는 '잠데'의 '둘벵이뿔'에 묶이는 줄이다직경 1.7cm. 재료는 '솜비줄'과 같이 '소리낭'소리나무의 올로 꼬아 만들었다. 소의 당기는 힘이 '잠데'에 전달되는 줄이다. 총 길이는 72cm다.

⑦ **부림패[도5-37]**: 밭을 갈 때 쇠뿔에 줄의 끝을 묶어 밭갈이하는 사람이 '잠데'의 뒤에서 소를 부리게 된 줄이다. '부림패' 앞쪽 줄의 지름은 1.2cm 정도로 비교적 가늘고, '부림패' 뒤쪽 줄 두께는 1.4cm 정도로 비교적 굵다. 이 줄은 두 쪽으로 갈라져 멍에에 묶인 '부림패걸이코'를 지나 다시 '등케'의 안쪽을 거쳐서 '잠데'의 손잡이 격인 '양주머리'에 이른다. 농부는 이 줄의 맨 끝에 달린 손잡이를 잡아 소를 부린다. 이때의

⑦ 부림패

손잡이를 '부림패코'라고 한다. '부림패코'는 '상동낭'상동나무으로 만들었다.

⑧ **돌벵이뿔[도5-38]**: 멍에에서부터 '솜비줄-버흐레-오리목'으로 연결된 줄을 걸어 묶기 위하여 '잠데'의 성에 끝에 박아 놓은 나뭇조각이다. 이때의 나뭇조각이 '돌벵이'달팽이 뿔을 닮았다고 하여 '돌벵이뿔'이다. '돌벵이뿔'에 오리목을 걸고 끈으로 묶는다. 이때의 끈을 '오리목끈' 또는 '오리목친'이라고 한다.

⑨ **성에[도5-38]**: '잠데'에서 가장 중심을 이루는 나무로 '몽클'과 연결되어 보습과 '볏'볕을 연결하고 다시 '양주머리'와 연결되며, 그 반대편에는 '돌벵이뿔'이 있어 '오리목'과 연결되는 긴 나무다. 성에는 '솔피낭'쇠물푸레나무으로 만들었다.

⑩ **몽클[도5-38]**: '잠데'에 딸린 것으로 '성에' 아래로 비스듬히 뻗어 나간 나무막대다. 끝에는 보습을 맞춰 끼울 수 있게 넓적

하고 삐죽한 바닥이 있다. ‘솔피낭’으로 만들었다. ‘몽클’ 보습 자리 위쪽 넓적한 데를 ‘들’, ‘몽클’ 보습 자리 아래쪽 볼록한 데를 ‘볼기’라고 한다. 한반도에서 전승되는 쟁기와 견준다면 ‘몽클’은 쟁기술에 대응된다. 그리고 조금 뒤쪽으로는 ‘설칫’을 꽂아 고정한 네모난 구멍이 있고, 맨 위쪽에는 쟁기의 손잡이 격인 ‘양주머리’가 가로로 끼워져 있다.

⑪ **양주머리[도5-38]**: 쟁기의 손잡이다. ‘몽클’의 맨 위쪽에 가로로 박혀 있어서 좌우로 잡게 되어 있다. ‘양주머리’는 ‘폭낭’팽나무으로 만들었다. ‘양주머리’는 구멍을 뚫고 ‘몽클’에 끼우게 되어 있다. ‘양주머리’ 구멍이 헐렁거리면 밭갈이가 성가시다. 그러니 ‘양주머리’는 나무의 성질이 무르지 않고 구멍을 뚫어 놓아도 수축이 덜한 ‘폭낭’팽나무으로 만들었다. ‘양주머리’ 구멍 중심에서 볼 때, ‘양주머리’는 왼쪽보다 오른쪽이 길다. 제주도 보습은 왼쪽으로 치우쳐지게 만드는데, 그 중심을 잡으려고 이렇게 박아 놓았다. ‘양주머리’는 한반도에서 전승되는 쟁기의 손잡이 역할은 물론, 쟁기의 방향을 돌려세우는 자부지 구실도 해낸다.

⑫ **설칫[도5-38]**: ‘성에’와 ‘몽클’ 사이를 일정하게 유지하여 주는 나무막대다. 한반도에서 전승되는 쟁기의 한마루에 대응된다. ‘솔피낭’쇠물푸레나무으로 만들었다. ‘설칫’ 밑에는 볏을 받쳐주기 위한 ‘볏바도랭이’가 박혀 있다.

⑬ **배에못[도5-38]**: ‘설칫’에 박힌 성에가 빠지지 않게 위쪽에 가

332

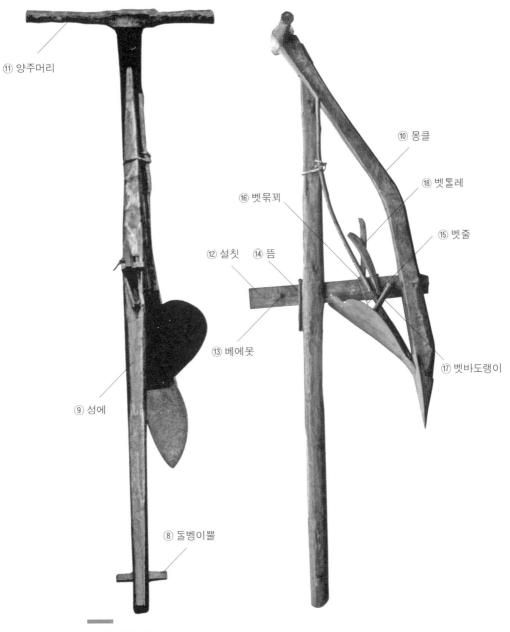

⑪ 양주머리

⑩ 몽클

⑱ 벳톨레

⑯ 벳묶꾀

⑫ 설칫 ⑭ 뜸

⑮ 벳줄

⑬ 베에못

⑨ 성에

⑰ 벳바도랭이

⑧ 돌벵이뿔

도5-38 잠데의 구조 길이 175.2cm.

333

로 박아놓은 나무못이다.

⑭ **뜸[도5-38]**: '잠데'에 딸린 부품의 하나다. '베에못'과 성에 사이의 '설칫'에 끼워 묶어 밭갈이 깊이를 조절하는 두 가닥의 집게다. 이것이 들어간 만큼 성에와 '몽클'의 간격은 좁혀지거나 넓혀진다. 성에와 '몽클' 간격이 좁혀지면 보습은 땅속으로 얕게 들어가려고 하고, 성에와 '몽클' 간격이 벌어지면 보습은 땅속으로 깊게 들어가려고 한다.

⑮ **벳줄[도5-38]**: '벳'볕을 '설칫'에 의지하여 틀어 묶는 줄이다.

⑯ **벳묶꾀[도5-38]**: '벳'볕의 등에 붙어 있는 '벳코'고리에 줄을 걸어 묶고 그 줄을 '설칫'에 틀어 고정하는 나뭇조각이다. '설칫' 양쪽에 각각 하나씩 있다.

⑰ **벳바도랭이[도5-38]**: 'ㄱ' 자 모양의 나뭇조각이다. 한쪽은 '설칫'에 나 있는 구멍에 끼워지고, 또 한쪽은 '벳'볕을 받쳐준다.

⑱ **벳톨레[도5-38]**: '벳줄'이 헐렁거리지 못하게, 그 사이에 끼워 틀고 성에에 걸친 나뭇가지다.

⑲ **보습[도5-39]**: '몽클'의 끝에 끼워진 쟁기의 날이다. 제주도 보습은 한반도에서 전승되는 것과 견주어볼 때, 중심 너비도 좁고 길이도 짧다중심 너비 13.7cm, 길이 23cm. 그리고 제주도 보습을 정면에서 볼 때, 왼쪽으로 조금 기울어졌다. 이처럼 제주도 보습을 작게 만든 것은 쟁기로 땅을 일구는 과정에서 자갈 함량이 많은 제주도 경작토의 물리적 압력을 극소화하기 위해서다. 또한 보습 날의 중심이 한쪽으로 조금 치우쳐지게

만든 것은 화산암반의 환경에서 얕은 땅바닥과 정면으로 충
돌을 피하여 쉬 비껴나갈 수 있게 한 것이다.

⑳ 볏(볕)[도5-39]: '잠데'의 일부로, 보습에서 넘어오는 흙을 잘
넘어가 뒤집히게 하는 도구다. 왼쪽으로 뒤틀려 있어서 밭이
갈리는 대로 흙은 왼쪽으로 넘어간다. '볏'의 중심을 이루는
기둥제주어로는 '볏지둥'이라 함, 보습 위에 살짝 얹히게 된 비스듬
하고 평평한 면을 '북발'이라 함, 갈리는 흙을 한쪽으로만 떨어
지도록 흙더미를 떠받치는 판을 '자락'이라고 함, '설칫특'에 걸
려지게 하는 오목하게 파인 홈이를 '마리'라고 함, 그리고 '볏'을
'설칫'에 고정되게 틀어 묶는 줄을 꿰어 걸려고 '볏' 뒤쪽에
단 4개의 코이를 '볏코'라고 함로 구성되었다.

도5-39 보습과 볏

㉑ 벳칼[도5-39]: '벳'에 묻힌 흙을 긁어내는 연장이다. 밭갈이를 할 때 한 '고지'두둑를 끝내고 '멍에'밭이랑에서 소를 돌려놓고 나서 긁는 경우가 많다. 철판으로 만들어 놓고 손잡이를 끼워 만든 것과 나무로만 만든 것이 있다.

따비

풀뿌리를 뽑거나 밭을 가는 데 쓰는 도구다. 자갈과 돌이 많이 깔려 있어서 '잠데'로 일굴 수 없는 땅은 따비로 일군다. 제주도에는 '쌍따비'와 '웨따비'가 동시에 전승되는데, '쌍따비'의 날을 '요리', '웨따비'의 날을 '따비꽂'이라고 한다.

따비1[도5-40]은 감산리 민속자료실에 있는 것이다. 살짝 휜 가로 5.5cm, 세로 4.5cm의 '솔피낭'쇠물푸레나무 기둥을 중심으로 하여 아래에 '따비꽂'이 박혔다. 기둥 위에는 '양주머리'손잡이가 붙었다. '양주머리'는 '폭낭'으로 만들었다. 따비의 기둥은 쓰다 버린 쟁기의 '몽클'로 만들었다. 그리고 '따비꽂'에서부터 2.5cm 위쪽에 가로대가 박혔다. '폭낭'팽나무으로 만들었다. 이를 '버텅'이라고 한다. '버텅'은 따비로 땅을 일굴 때 발판 구실을 한다.

따비2[도5-41]는 감산리 고병수1916년생, 남 씨 집에 있는 것이다. '쿳낭'으로 만든 기둥에 '폭낭' '양주머리'를 박아 만들었다. 기둥에 '따비꽂'을 끼웠다. '따비꽂'은 여러 사람이 공동으로 마련하는 경우가 많았다.

따비는 뜻을 같이하는 마을 사람들끼리 계를 만들고 공동으로

도5-40 따비1 길이 106.0cm.

사서 관리 운용하는 경우가 많았다. 이때의 계를 '따빗계'라고 하였다. '따빗계'에는 경기용耕起用 따비 2개, 기석용起石用의 '벤줄레' 2개, 그리고 '물메' 하나를 갖췄다. '물메'는 돌 따위를 두들겨 쪼개는 큰 쇠망치다. '따빗계'의 물품은 계원마다 1년씩 돌아가며 관리했다. 장사葬事를 치르는 집에서 빌려 가는 경우가 많았다. 1940년 안팎에 하루 빌려주는 값이 1원이었다. 관리자는 돈을 모아뒀다가 섣달에 결산보고를 하였다. 감산리에서 '따빗계'는 1945년 무렵부터 자취가 뜸하였다.

괭이[도5-42]

땅을 파거나 흙을 고르는 데 쓰는 도구다. 이것은 감산리 오태윤 씨가 감산리 민속자료실에 기증한 것이다. 'ㄱ'자 모양으로 생긴 쇠 부분의 한쪽에는

도5-41 따비2 길이 107.0cm.

도5-42 괭이 길이 98.0cm.

넓적한 날이 있고 다른 한쪽에는 괴구멍이 있는데, 이 괴구멍에 자루를 끼우고 쇠못을 박아 고정했다. '잠데'가 들어갈 수 없는 밭 구석이나 밭담 밑의 땅을 일구거나 갓 개간한 '새왓'띠밭의 흙덩이를 바수는 도구로 쓰이는 경우가 많았다. 개간한 밭의 흙덩이를 '켓밧벙에'라고 하였는데, 봄에 따비나 쟁기로 밭을 갈아뒀다가 음력 6월이 넘어서면 괭이로 '켓밧벙에'를 두드리며 펴기도 하였다.

곰배[도5-43]

흙덩이를 깨뜨리거나 씨 뿌린 뒤 흙을 덮는 데 쓰는 도구다. 감산리 사람들은 곰방메를 '곰배'라고 한다. 이것은 제주대학교 박물관에 있는 것이다. '⌒' 자 모양의 나무토막에 구멍을 뚫고 '족낭'때죽나무 자루를 박아 만들었다. 감산리 농경지 토양은 '창

도5-43 곰배 길이 115.0cm.

고내'를 경계하여 그 남쪽은 '된땅', 그 북쪽은 '뜬땅'으로 구성되었다. '된땅'은 비교적 딴딴하여 흙덩이가 많았고, '뜬땅'은 푸석푸석하여 흙덩이가 없었다. '된땅'은 보리농사가 가능한 1년 2작 지대이고, '뜬땅'은 보리농사가 불가능한 1년 1작 지대다.

보리농사를 지으려고 밭을 갈 때 크게 일어나는 흙덩이를 '곰배'로 바수어야 한다. 또한 1년 1작 지대에서 따비로 밭을 이길 때에도 흙덩이를 '곰배'로 바수어야 한다. 따비로 밭을 이기고 나서 1~2개월 후에 씨앗을 뿌린다. 이런 밭에 씨앗을 뿌리고 땅을 고르는 일을 '씨 감춘다'고 한다. 씨앗이 땅속에 묻어지게 감춘다는 말이다. 씨앗을 뿌리고 괭이나 곰배로 흙덩이를 바수면서 뿌린 씨앗을 덮는다. 이처럼 '곰배'는 원래 흙덩이를 바수는 도구이나 따비로 일군 밭에서는 흙덩이를 깸과 동시에 씨를 덮어 묻는 도구로 쓰이기도 하였다.

서흐레[5-44]

갈아놓은 논의 바닥을 고르는 도구다. 감산리 사람들은 써레를 '서흐레'라고 한다. 이것은 감산리 민속자료실에 있는 것이다. 감산리에는 1975년을 전후해 경운기가 흔해졌는데, 그 어간까지만 하더라도 논의 흙덩이를 '서흐레'로 바수었다. 감산리 사람들은 '서흐레'의 뼈대를 이루는 각목을 '버텅'이라고 한다. '버텅' 아래쪽에 10개의 살을 박았다. 감산리 사람들은 살을 '발'[足]이라고 한다. '발'은 다이아몬드 모양으로 다듬어 만들었다. '버텅' 좌우 두 번째

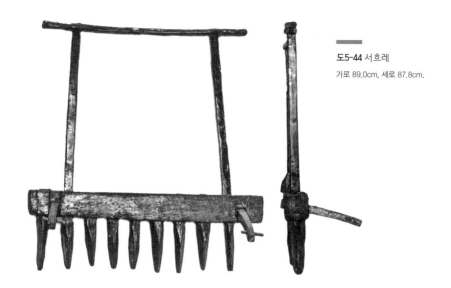

도5-44 서흐레

가로 89.0cm, 세로 87.8cm.

'발'은 '버텅'을 뚫고 나온 것을 손잡이로 삼았다. '발' 10개 중에 맨 오른쪽 '발' 하나는 빠졌다. 그리고 좌우 첫 번째 '발'과 두 번째 '발' 사이에 '끌줄'을 거는 막대를 박았다. 이것에 밧줄을 달아 소가 '서흐레'를 끌었다.

'잠데' 논갈이 방법에 따라 '서흐레질' 정도가 달랐다. 논바닥을 바깥에서부터 가운데 쪽으로 시곗바늘 돌 듯 빙빙 돌아가며 갈았다. 이때는 세 개의 거웃으로 하나의 '고지'이랑를 만들며 논을 갈았다. 그리고 밭갈이 때처럼 가로로만 '고지'이랑를 만들어가며 갈기도 하였다. 이때는 거웃 네 개로 하나의 '고지'를 만들면서 논을 갈았다. 앞의 논갈이를 '메로 간다', 그리고 뒤의 논갈이를 '고지로 간다'고 하였다. 그런데 '메로 간' 논의 '서흐레질'은 편하였지만, '고지로 간' 논의 '서흐레질'은 그렇지 못했다. 어떤 경우건 가로세로 두 번쯤 오가며 '서흐레질'을 하였다.

밀레[도5-45]

논을 갈고 그 바닥을 평평하게 고르는 도구다. 이것은 감산리 민속자료실에 있는 것이다. '잠데'로 논을 갈고 '서흐레'로 논을 써리고 나서, 다시 '밀레'로 논의 바닥을 평평하게 고르는 것을 '밀레질'이라고 한다. '밀레'는 반달 모양의 널조각에 자루를 박아 만들었다. 널조각은 'ᄌᆞ밤낭'구실잣밤나무, 자루는 소나무다. 널조각 구멍을 자루의 굵기보다 크게 만들어 자루를 박았다. 이것으로 논바닥을 밀고 당기면서 고를 때마다 헐렁거리면서 널조각이 논바닥 속으로 파고들지 않았다.

논일팡[도5-46]

논일을 할 때 잠깐 걸터앉거나, 도구나 모종 따위를 얹어 놓을 수 있게 만들어 놓은 받침이다. 이것은 감산리 민속자료실에 있는 것이다. 직사각형의 판자 위에 3개의 다리를 세우고, 다시 그 위에 판자를 붙였다. 그리고 판자의 네 귀퉁이를 잘라냈다. 그 위에 앉았을 때 옷자락이 귀퉁이에 걸리지 않는다.

도5-46 논일팡
가로 23.6cm,
세로 21.0cm,
높이 25.0cm.

도5-45 밀레 길이 268.3cm.

제초와 거름 도구

밭에서 잡초를 제거하거나 '통시'돼지우리에서 거름을 내는 도구들이다.

굴갱이[도5-47]

주로 김을 매거나 해산물을 캘 때 쓰는 도구다. 감산리 강○○ 1919년생,여 씨가 감산리 민속자료실에 기증한 것이다. 이 마을 사람들은 호미를 '굴갱이'라고 한다. '굴갱이' 날은 45도 정도 아래쪽으로 구부렸다. 오른손잡이용 '굴갱이'다. 그 반대쪽으로 구부러진 것은 왼손잡이용 '굴갱이'다. 이런 '굴갱이'를 '웬굴갱이'라고 한다. '굴갱이' 목인 슴베가 손잡이를 뚫고 그 밑까지 나오게 하여 구부렸다. 그리고 손잡이는 헝겊으로 감았는데, '굴갱이'를 잡고 잡초를 뽑는 동안에 미끄러짐을 막으려는 수단이다.

한반도에서 전승되는 호미는 한 손으로 흙도 파 옮기고 김도 매는 다양한 용도로 쓰이지만,[3] 제주도 '굴갱이'는 잡초를 맬 때만 쓰인다. 정언유鄭彦儒는《탐라별곡眈羅別曲》에서, 제주도에

도5-47 굴갱이 길이 29.0cm.

---

3) 이훈종(1992),《민족생활어사전》, 한길사, 345쪽.

서 전승되는 '굴갱이'를 '허뫼'라고 하면서, "허뫼는 길이가 짧고, 보습은 유난히 자그맣다."라고 노래하였다. '길이가 짧다'는 것은 호미 날의 폭이 좁다는 말이다.

비닐굴갱이[도5-48]

마늘이 비닐 바깥으로 나오게 구멍을 뚫는 '굴갱이'다. 이것은 감산리 박영두1924년생, 여 씨가 쓰던 것이다. '다간죽낭'예덕나무 자루에 직경 0.4cm의 구부러진 철사를 꽂아 만들었다. 이것으로 비닐에 구멍을 뚫고 비닐 속에 있는 마늘을 손으로 빼낸다. 1998년 10월, 박 씨가 모슬포 지역에 마늘밭 일로 품팔러 갔을 때, 마늘밭 주인이 만들어준 것이다. 이것은 요즈음 고안된 비닐 농법의 도구인 셈이다.

도5-48 비닐굴갱이 길이 24.9cm.

쇠스랑[도5-49]

'통시'돼지우리에서 '돗거름', '쇠막'외양간에서 '쇠거름'을 쳐내는 데 쓰는 갈퀴 모양의 도구다. 이것은 감산리 민속자료실에 있는 것이다. 쇠로 3개의 발을 만들고 자루를 박아 만들었다. 한가운데 발의 폭은 2.5cm, 그 옆에 있는 발 2개의 폭은 2.2cm다. 가운데 발이

도5-49 쇠스랑 길이 59.7cm.

옆의 발보다 0.2cm 정도 더 굵다. 새집을 짓는 동안 흙에 보릿짚을 넣고 흙질할 때 쇠스랑으로 흙을 뒤엎기도 하였다. 또 '잠데'로 갈 수 없는 비좁은 논에서 논바닥을 일구기도 하였다.

탈곡脫穀 도구와 조정調整 도구

여러 가지 곡식의 탈곡과 조정은 다양하게 전승되었다. 곡식의 수확에서부터 이삭 따기, 알갱이 내기, 말리기 등 일련의 과정에 따른 탈곡 도구와 조정 도구들이 전승된다. 대표적인 도구는 '호미'낫다. 그러나 콩인 경우는 '글갱이'호미가 대신하는 수도 있다.

제주도 사람들은 여러 가지 곡식을 '호미'낫로 거두는 일을 '빈다'고 하고, 콩을 '글갱이'로 거두는 일을 '거끈다'고 한다. '글갱이'는 원래 제초除草 도구이지만, 콩을 거두어들일 때만큼은 수확 도구가 된다. 여러 가지 곡식에서 탈곡과 조정은 두 가지로 나누어 보아야 한다. 줄기에서 이삭을 따내는 일과 이삭에서 껍질을 '능그는' 일이다. 이런 일은 곡식에 따라 다르기 마련이다.

가까운 원초경제사회 때 제주도 사람들은 '클'이라는 도구로 줄기에서 이삭을 따내는 경우가 많았다. 주로 보리와 나락또는 밭벼은 '클'로 줄기와 이삭을 분리하였다.

보릿대와 이삭을 분리하는 '클'을 '보리클' 또는 '가레기클'이라고 한다. 제주도 사람들은 물레로 실을 지을 때, 실이 감기는 쇠꼬

챙이 토리를 '가레기'라고 하는데, '가레기클'의 쇠가락이 마치 '가레기'토리를 닮았기에 '가레기클'이다. 그리고 볏짚과 이삭을 분리하는 '클'을 '판장클'이라고 한다. '판장클'에서 '논나락'과 '밭나락'을 떨어냈다. '가레기클' 쇠가락이 둥그렇게 생겼다면, '판장클' 쇠가락은 넓적하게 생겼다.

감산리 고병수[1916년생, 남] 씨 가르침에 따르면, 1925년 무렵 이 마을에 '가레기클'과 '판장클'이 일본열도에서 들어왔다. 일본열도에서는 '가레기클'과 '판장클'을 '센바고키'千歯扱라고 하였다. 일본열도에서는 서기 1675~1710년 무렵에 대나무로 만든 '센바고키'가 등장하였고, 1711~1716년 무렵에 쇠로 만든 '센바고키'의 등장을 거쳐, 1867~1911년 무렵에 '센바고키' 행상이 등장하였다.[4]

판장클[도5-50]

나락을 훑는 도구다. 이것은 감산리 민속자료실에 있는 것이다. 감산리 고병수[1916년생, 남] 씨 가르침에 따르면, '판장클'은 워낙 비싼 것이어서 이웃끼리 돈을 모아 같이 사는 경우가 많았다.

네모난 나무토막[가로 49.5cm, 세로 3.6cm, 높이 7.5cm]에 폭 4mm의 쇠로 만든 살 23개를 세워 박았다. 나무토막에는 가로 면과 세로 면에 구멍이 나 있다. 나락을 훑을 때 나무 발을 끼워 세우는 구멍이다. 그리고 나무토막 앞에는 '흥농興農'이라는 상호와 '영榮'이라는 마

---

4) 나가타 히라(長田平, 1977), 〈千歯扱〉《多摩民具事典》, 關東民具研究會, 186~187쪽.

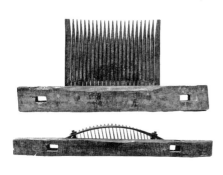

도5-50 판장클
가로 59.7cm, 세로 9.3cm, 높이 28.7cm.

도5-51 근대
길이 20.0cm.

크가 찍혀 있다. 그리고 쇠판 뒷면에도 회사 마크가 박혀 있다. 마크의 내용은 '1932 흥농'이다. 이 '판장클'은 1932년에 만들어졌던 모양이다.

감산리에서 탈곡기는 1951년에 고병수^{1916년생,}남 씨가 맨 처음 들여왔는데, 이를 '맥타기麥打機'라고 하였다. 이때까지만 하더라도 '가레기클'로 보리를 훑고 '판장클'로 나락을 훑었다. 1960년에는 보릿대째로 탈곡하는 '맥타기'가 보급되었다. 이때부터 '가레기클'과 '판장클'은 쓸모없게 되었다. '맥타기'는 제주도 해륙기계공업사海陸機械工業社에서 만든 것이었다.

근대[도5-51]

두 개의 나무막대 틈에 벼이삭을 끼워 탈곡하는 도구다. '근대'는 '근는 대'에서 온 말이다. 제주어 '근다'는 "닭이 발톱으로 땅이나 널어놓은 물건을 긁어당기다." 또는 "갈퀴 따위로 널어진 검불을 긁어모으다."의 뜻으로 쓰이고, '근대'는 '근다'의 어간 '근-'과 '-대[竹]'로 구성된 말이다. 이

것은 감산리 강○○^{1919년생, 여} 씨가 옛 기억을 더듬어 나
에게 만들어준 것이다. 대나무 가지에 실 묶은 것을 곱쳐
걸고, 그 줄 사이로 나머지 막대를 끼워서 튼다. 그 틈에
나락 이삭을 끼우고 댓가지를 조여 훑는다.

도깨[도5-52]

곡식의 낟알을 떠는 도구다. 이것은 감산리 민속자료
실에 있는 것이다. 감산리 사람들은 도리깨를 '도깨'라고
한다. '도깨'는 손잡이, 연결부, 타부打部로 구성되었다. 손
잡이를 '어시'라고 한다. '부모'를 의미하는 '어버시'라는 말
에서 말미암았다. '어시'는 '족낭'때죽나무으로 만들었다
153.1cm. 감산리 사람들은 연결부를 '틀레', 타부를 '아덜'이
라고 한다. '틀레'는 비틀어진 모양을 나타내는 말이고, '아
덜'은 '아들'이라는 말이다. 손잡이가 '부모'라면 타부는
'아들'이라는 말이다. '틀레'와 아들은 한 몸인데, '윤유리
낭'윤노리나무으로 만들었다.

손잡이 꼭대기에서 7.2cm 내려온 지점에 지름 2cm 구
멍에 '틀레'를 끼운다. 그리고 '틀레'에 '아덜'을 끼우고 줄
로 얽어맸다. '너덩줄'멀꿀로 엮은 줄이 시원치 않았던지
대나무를 덧놓고 나일론 줄로 다시 감아 얽어맸다. '틀레'

도5-52 도깨 길이 153.1cm.

350

는 젖은 '윤유리낭'을 불에 달구고 나서 틀어 만든다. 그리고 '아덜'은 0.9cm의 나뭇가지인데, 그보다 더 가는 쪽의 것을 '틀레'에 묶었다. '어시'를 잡고 '아덜'을 후방에서 전방으로 돌려가며 곡식의 낟알을 떨어낸다.

작대기[도5-53]

검부러기 따위를 뒤엎거나 걷어내는 데 쓰는 긴 막대다. 이것은 감산리 오윤태 씨가 감산리 민속자료실에 기증한 것이다. 두 가달이 달린 나무다. '도깨'도리깨로 곡식 낟알을 떨어낼 때, 타작이 골고루 잘 되게 이삭을 뒤엎거나 검부러기 따위를 걷어낸다. 가끔 '쇠막'외양간이나 마당의 지푸라기 따위를 걷어낼 때도 쓰인다.

물ᄀ레질매[도5-54]

'물ᄀ레'는 연자방아, '질매'는 길마라는 말이다. 소의 등에 얹고 짐을 지우는 '질매'길마가 운반 도구라면, 마소의 등에 얹어 '물ᄀ레'를 끌게 하는 '질매'는 운반 도구라고 할 수 없다. '물ᄀ레'연자방아에 딸린 조정 도구인 셈이다. 이것은 감산리 오기남1916년생, 남 씨가 만들어 쓰던 것이다. '물ᄀ레질매'는 다음과 같이 구성되었다.

도5-53 작대기 길이 140.0cm.

도5-54 물 ᄀ레질매 가로 79.8cm, 세로 14.5cm, 높이 18.8cm.

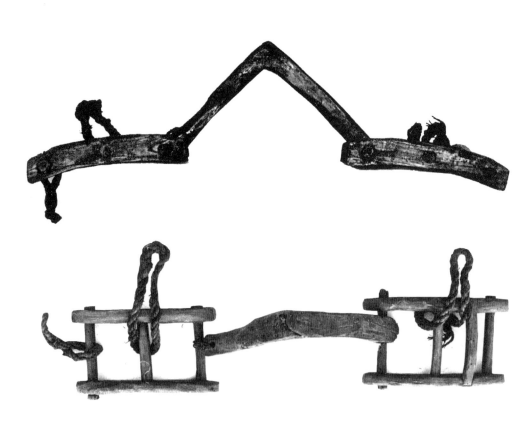

① **질매**: 마소의 힘으로 '몰ᄀ레'를 돌릴 때 소의 등에 얹는 '∧' 자 모양의 나뭇가지와 양쪽 구멍에 직사각형의 틀을 끼운 것이다.

② **오량코**: 직사각형의 틀 오른쪽에 달린 것으로 '오량줄'을 거는 막대기다.

③ **오량줄**: 마소 등에 얹는 '몰ᄀ레질매'를 단단하게 묶는 줄이다. 말이나 소의 앞가슴을 휘감아 묶는다.

④ **고들개코**: 양쪽 틀에 각각 하나씩 걸려 있는 것으로 '고들개'를 매는 코걸이다. '고들개'는 '몰ᄀ레질매'에 이어진 두 줄에 두 끝이 묶이어 소 엉덩이에 대는 막대로 '몰ᄀ레질매'가 마소의 등에 얹혀 있는 동안에 앞쪽으로 넘어가지 못하게 하는 것이다.

푸는체[도5-55]

곡식 따위를 까불려 쭉정이나 티끌 따위를 골라내는 도구다. 이것은 감산리 민속자료실에 있는 것이다. 감산리 사람들은 한반도에서 전승되는 키[箕]와 같은 기능의 도구를 '푸는체'라고 한다. 제주도 '푸는체'는 한반도에서 전승되는 '키'와 비교할 때, 바닥의 재료와 형태가 다르다. 한반도의 '키' 바닥은 버들가지나 대오리가 대부분을 차지하지만, 제주도 '푸는체' 바닥은 '자골'차풀, 새삼, 버드나무 따위로 결어 만든다. 그중 '자골'로 만든 '푸는체'를 으뜸으로 꼽는다.

한반도에서 전승되는 '키'에는 귀[耳]가
달렸지만, 제주도 '푸는체'에는 귀가 없다.
그리고 한반도에서 전승되는 '키'의 뼈대
는 왕대나무이지만 제주도의 그것은 '자
귀낭'자귀나무이다. 제주도 사람들은 이것
을 '에움'이라고 한다. '푸는체'의 바닥을
'에움'에 끼우고, 칡넝쿨로 얽어맨다.

도5-55 푸는체
폭 48.5cm, 길이 55.5cm.

줌진대체[도5-56]

쳇불의 구멍이 3mm의 체다. '줌진대체'
는 대오리로 만든 체이지만, 이것은 대오
리 대신 철사로 만들었다. 감산리 강종남
1963년생,남 씨가 감산리 민속자료실에 기
증한 것이다. 가늘고 자잘한 대오리 대신
철망으로 만든 쳇불을 소나무로 만든 둥
그런 '에움'에 메워 만들었다. '에움'이 겹
쳐진 곳에 구멍을 내어 걸이용 줄을 끼워
묶었다.

'줌진대체'는 밭벼와 보리를 장만하는
동안에 쓰는 도구다. 쌀 방울은 쳇불 안에
남고, 으깨진 것은 쳇불에서 빠진다. 으깨
진 쌀을 '줌쌀'이라고 한다. 또 메밀 쌀을

도5-56 줌진대체
직경 26.6cm, 높이 8.2cm.

도5-57 합체
직경 28.4cm, 높이 8.7cm.

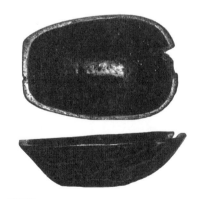

도5-58 뒈약세기
가로 20.8cm, 세로 13.0cm, 높이 7.5cm.

'ᄀ레'맷돌에서 갈았을 때 메밀 쌀은 쳇불에서 빠져 내리고, 미처 갈리지 못한 메밀은 쳇불 안에 남는다.

합체[도5-57]

말총으로 쳇불을 잘게 짜서 만든 것으로 가루를 쳐내거나 술 따위를 거를 때 쓰는 도구다. 쳇불 구멍 지름은 0.6mm다. 감산리 강종남1963년생, 남 씨가 감산리 민속자료실에 기증한 것이다. 말총 대신 나일론 그물로 짜서 만든 것이다. 소나무로 만든 둥그런 '에움'쳇바퀴에 쳇불을 메워 만들었다. 그리고 '에움'이 겹쳐진 곳에 구멍을 내어 걸이용 줄을 끼워 묶었다. 메밀 쌀이나 볍쌀을 'ᄀ레'맷돌에서 갈아 떡가루를 만들 때 미처 안 갈린 것을 쳐내거나 막걸리 따위를 걸러내는 도구로 쓰이는 경우가 많았다.

뒈약세기[도5-58]

쌀이나 가루 따위를 가늠하는 그릇이다. 달리, '밥되' 또는 '옥재기'라고도 한다.

355

감산리 박영두^{1924년생,}여 씨가 감산리 민속
자료실에 기증한 것이다. '뒈약세기'는 박
씨 아버지^{1892년생}가 살아생전에 '폭낭'팽나
무으로 만들어 박 씨에게 준 것이다. 대승
3분의 1 크기다.

말[도5-59]

도5-59 말
가로 28.2cm, 세로 28.4cm, 높이 111.5cm.

곡식, 액체, 가루 따위의 분량을 되는
데 쓰는 그릇이다. 감산리 오창화 씨가 감
산리 민속자료실에 기증한 것이다. 두께
1cm의 '가시낭'가시나무 판자로 만들었다.
가로 28.2cm, 세로 28.4cm, 높이 11.5cm
다. 밑창은 빠졌다. 밑창이 빠지지 않았다
면 높이는 12.5cm 정도가 된다. 마을 사람들의 가르침에 따르면,
이 말은 대승 3되들이, '뒈약세기' 10개 들이다.

가축 사육 도구

감산리 사람들은 집마다 일소를 기르거나 닭을 치는 경우가 많
았다. 감산리 오임규^{1939년생,}남 씨로부터 일소 기르기와 닭치기에
대해 가르침 받았다.

감산리 사람들은 곡우4월 20일경부터 소서7월 8일경까지는 일소를 개별적으로 산야에 풀어놓고 먹이는 경우가 많았다. 그리고 소서 이후부터 추분9월 23일경까지는 산촌에 위탁하여 먹이는 경우가 많았다. 감산리 사람들은 일소를 방목 수단으로 기르는 경우가 많았기 때문에 일소를 잃어버렸을 때 소유 확인의 수단으로 징표가 필요하였다. 징표는 일소의 엉덩이에 새겨놓았다. 징표를 새기는 도구를 '낙인'烙印이라고 하였다.

그리고 어미 닭은 15개의 씨알을 품으면 100%, 그리고 20개의 씨알을 품으면 17~18개 정도 부화할 수 있었다. 부화하다가 암탉 앞가슴의 터럭은 모두 빠지고 말았다. 암탉의 앞가슴으로 씨알을 이리저리 굴리며 부화하기 때문이었다. 씨알은 23~25일 만에 부화하였다.

소로기와 까마귀는 늘 병아리를 노렸다. 소로기는 한 마리만 날아와 병아리를 차가 버리는 경우가 많았으나, 까마귀는 동시에 2~3마리가 날아들어 병아리를 차가려고 호시탐탐 노리는 경우가 많았다. 그러니 병아리 숨을 곳을 마련하여 두지 않으면 안 되었다.

낙인[도5-60]

소나 말의 엉덩이에 소유를 밝히는 징표를 하는 도구다. 이것은 제주대학교박물관에 있는 것이다. 원래 이것은 회수동서귀포시 공동 소유 것으로 '回' 자 낙인이다. 무쇠로 '回' 자를 만들고, 다시 그 위에 0.9cm 굵기의 쇠막대기 2개를 붙인 습베를 소나무 자루

에 박아 만들었다. 회수동 이동기[1916년생, 남 씨] 가르
침에 따르면, 회수동에는 수水, 사士, 그리고 회回의 3
개 낙인이 전승되었다. 수水 자 낙인은 회수동 양씨
문중 공동 소유, 사士 자 낙인은 회수동 송씨 문중 공
동 소유였다.

감산리 고병수[1916년생, 남] 씨에게 감산리 낙인의 가르
침을 받았다. 낙인은 대장간에서 만들었다. 낙인 주인은
우선 고사 제물祭物을 마련하였다. 고사 제물은 쌀 1되,
술 1병, 건어乾魚 1마리 정도였다. 대장장이는 제물을 차
려 고사를 지내고 나서 낙인을 만들었다. 낙인 만드는 일
을 '낙인 친다'고 하였다.[5] 낙인을 치러 간 사람은 가격
흥정 등 이런저런 이야기를 삼갔다. 낙인을 치는 값은
보통 물건 만들기 값보다 4~5배 정도 비쌌다. 낙인
은 술일戌日과 인일寅日에만 만들었다. 그리고 낙인을
만들어 가지고 온 날에는 방목지 일정한 곳에서 고사
를 지냈다.

---

5) 쇠침도 대장간에서 만들었는데, 대장간에서 쇠침을 만드는 일도 '쇠침 친다'고 하
였다.

감산리에는 '七' 자 낙인과 '巳' 자 낙인이 전승되었다. '七' 자 낙인은 마을 공동 소유의 것이고, '巳' 자 낙인은 감산리 강씨 문중 소유의 것이다. 음력 2월쯤에 낙인을 하였다. 마소를 산야에 풀어놓기 전이었다. 감산리 사람들은 낙인으로 표시하는 일을 '낙인 질른다'고 하였다. 마소의 나이 두 살 때 보통 마소 왼쪽 엉덩이에 '낙인'을 질렀다. 낙인 지르기는 동네 사람들 여럿이 힘을 모아 이루어냈다. 낙인을 지르는 순간 마소가 움직여버리거나 잘못 질러 어지럽게 새겨지는 수도 있었다. 이런 상태의 낙인을 '범벅가부 낙인'이라고 하였다.

둑수렝이[도5-61]

까마귀나 솔개가 병아리를 노리지 못하게 보호하려고 만든 닭 의장이다. 감산리 오기남^{1916년생, 남} 씨가 감산리 민속자료실에 기증한 것이다. 오 씨가 순수 '수리대'^{구릿대}의 대오리로 둥그렇게 바구니처럼 만들었다. 위쪽에는 모이도 줄 수 있게 비교적 성긴 모양을 하고 있다.

까마귀와 솔개는 늘 병아리를 노렸다. 소로기는 한 마리만 날아와 병아리를 차가 버리는 경우가 많았다. 그러나 까마귀는 동시에

도5-61 둑수렝이 직경 71.2cm, 높이 34.0cm.

2~3마리가 날아들어 병아리를 차가려고 호시탐탐 노려보는 경우가 많았다. 부화한 어린 병아리는 1개월이 넘어서야 겨우 앞가림을 하였다. 그러니 부화한 어린 병아리가 앞가림하기 전까지는 '득수렝이'에 가두어 기르는 경우가 많았다.

수공 도구

수공手工에 따른 도구들이 전승되었다.

한칸톱[도5-62]

'한칸톱'은 톱날이 가늘면서 길이가 170.4cm나 되는 큰 톱이다. 감산리 문○○1929년생, 남 씨를 비롯하여 몇 사람이 만든 계契 자금으로 마련하여 쓰던 것을 감산리 민속자료실에 기증한 것이다. 이렇게 여러 사람이 계를 조직하여 마련한 돈으로 사서 쓰는 톱을 '계톱', '계톱'을 마련하려고 조직한 계를 '톱계'라고 하였다. '계톱'은 계원끼리 쓰거나 이웃에 빌려주기도 하였다. 이웃 사람이 '계톱'을 빌리면, 그 값으로 한 사람의 품삯을 '톱계'에 갚았다.

감산리 사람들은 두 사람이 마주 잡고 켜는 대톱을 '한칸톱'이라고 한다. 톱날의 길이가 6자 톱이다. 6자는 1칸이므로 이 톱을 '한칸톱'이라고 하는 것이다. 나뭇결을 따라 세로로 켜는 것을 '내릴톱', 가로로 자르는 것을 '동가리톱'이라고 한다. '한칸톱'은 '내릴톱' 중에서 가장 큰 것이다. 이 '계톱'으로 장례 때 쓰일 관棺이나 개판蓋板을 만들 때, 그리고 집의 대문이나 궤를 짤 때 등 원목을 켜는 경우가 많았다.

'한칸톱'의 톱날은 화순리안덕면 박 씨 '불미대장'풀무장이이 만든 것이다. 제주도 사람들은 풀무장이를 '불미대장'이라고 한다. 박 씨는 제주도 4·3사건[1948] 때, '불미대장'이라는 말 때문에 서북청년 단과 경찰에게 죽고 말았다. 그 당시 서북청년단과 경찰들은 화순 리에서 4·3사건 봉기세력을 무장공비武裝共匪라고 규정하고 소탕 작전을 펼치고 있었다.

서북청년단과 경찰들은 봉기세력에 가담하지도 않은 박 씨에 게 다가가서, "너는 누구냐?"라고 물었다. 박 씨는, "난 대장이우다대장입니다!"라고 대답하였다. 박 씨는 '불미대장'이었기 솔직하게 '대장'이라고 대답할 수밖에 없었다. 서북청년단과 경찰들은 '불미

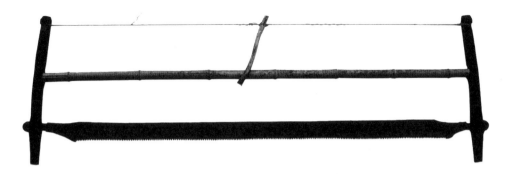

도5-62 한칸톱 가로 170.4cm, 세로 55.3cm.

대장' 박 씨를 무장공비 대장이라고 오판하고 총을 쏘았다. 바로 이 '한칸톱'을 만든 박 씨 '불미대장'은 그 자리에 푹 쓰러지고 말았으니, 이 '한칸톱'은 4·3사건[1948] 이전에 만들어진 것이 된다. '한칸톱'은 다음과 같이 구성되었다.

① **부출**: '한칸톱' 좌우에 있는 손잡이다. '솔피낭'쇠물푸레나무으로 만들었다. '솔피낭'은 함부로 좀이 쏠지 않는 나무다.

② **톱대**: '받침대'라고도 한다. 양쪽 '부출'의 버팀목이다. 거의 왕대나무인 경우가 많다.

③ **톱줄**: 달리 '죄움줄'이라고도 한다. 조이는 줄이라는 말이다. 부출 양쪽 위에 줄을 걸고 '탕개'로 감아 조일수록 아래에 있는 톱날이 비틀거리지 않게 된다. 쓰지 않을 때는 조금 느슨하게 풀어놓는다. 지금은 '톱줄'을 나일론 줄로 삼았으나 지난날에는 '어주에'어저귀 또는 '신서란'으로 줄을 꼬았다. 또 조인 줄이 풀어지지 않게 '톱대'에 걸어두는 나뭇조각을 '브디새틀'이라고 하였다.

④ **톱날**: 126개의 날로 구성되었다. 톱날 앞쪽에는 두서너 사람이 서서 당기고, 날의 등 쪽에서는 한 사람이 서서 톱의 방향을 조절한다. 앞의 사람들이 하는 일을 '둥긴다'당긴다, 그리고 뒤의 사람이 하는 일을 '매긴다'라고 한다.

⑤ **좀**: 톱날 양쪽에 붙어 있는 나뭇조각이다. '좀'은 '조이다'의 제주어 '죄우다'에서 온 말이다. 둥그런 나뭇조각에 틈을 내

도5-63 덩드렁마께 직경 11.5cm, 길이 31.8cm.

고, 그 사이에 톱날의 끝을 끼워 못을 박아 고정하였다. 이것도 '솔피낭'으로 만들었다.

덩드렁마께[도5-63]

거친 볏짚을 빻아 부드럽게 만들 때 쓰는 나무 방망이다. 감산리 민속자료실에 있는 것이다. 거친 볏짚을 빻을 때 받치는 받침돌을 '덩드렁', 그 위에 짚을 얹어 놓고 빻는 나무 방망이를 '덩드렁마께'라고 한다. 그리고 '덩드렁마께'는 옷에 감물을 들이려고 '떡도고리' 따위에서 풋감을 빻을 때도 쓰인다. '덩드렁마께'는 목질이 단단할 뿐만 아니라, 비교적 무거운 '가시낭'가시나무으로 만드는 경우가 많았다. 볏짚을 보드랍게 만들고 나서, 그것으로 짚공예품의 재료로 삼는다.

'덩드렁마께'로 새끼를 꼴 볏짚을 빻을 경우다. 볏짚을 직경 13cm 안팎으로 묶는다. 감산리 사람들은 매끼를 '꿰미' 또는 '무셍이'라고 한다. 볏짚 다발을 두드려 보드랍게 만드는 일을 '무시른다' 또는 '무스른다'고 한다. 첫 번째 '무스르'고 나서 다시 '꿰미'로 묶은 것은 보다 작은 '덩드렁마께'로 다시 무스른다.

번자귀[도5-64]

자귀의 하나로 날이 가로로 되어 있는 도구다. 감산리 오기남 1916년생, 남 씨가 감산리 민속자료실에 기증한 것이다. '번자귀'는 재떨이, '함박', 나막신 등 비교적 작은 나무 그릇 따위를 만들 때 쓰는 경우가 많다. 손잡이와 머리가 한 몸으로 이루어진 '큇가시낭' 꾸지뽕나무에 날을 박았다.

도5-64 번자귀

가로 20.3cm, 세로 30.7cm.

운반 도구의
생활사

운반은 물건의 소재 위치를 이동·변경하는 것인데, 여러 가지 운반법과 운반 도구가 전승된다. 운반법과 운반 도구는 인력, 축력, 자연력에 의한 것들이다.

아기구덕[도5-65]

'아기구덕'은 제주도 여자들이 밭에 일하러 갈 때 아기를 눕혀 지어 나르는 대그릇이면서 요람搖籃이다. 이것은 감산리 민속자료실에 있는 것으로, 1964년에 감산리 오기남1916년생, 남 씨가 만들어 쓰던 것이다. 1964년에 오 씨의 첫 손자가 태어났다. 제주도에서는 손자를 본 사람이 '아기구덕'을 마련해주는 것이 하나의 관습법으로 작용하였다. 오 씨네 가족은 이 '아기구덕'에서 여섯 아기를 키워냈다. 오 씨 가계도에서 여섯 아기를 들여다보았다.

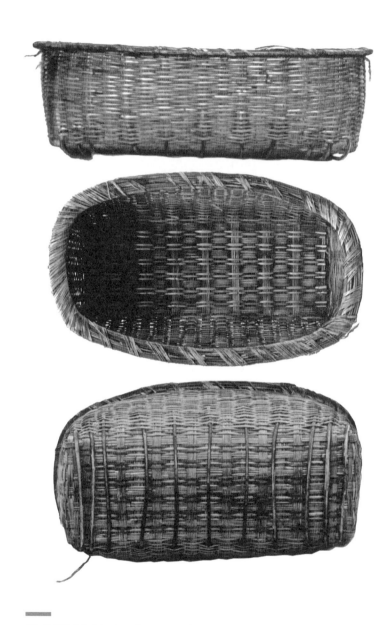

도5-65 아기구덕 가로 74.2cm, 세로 45.2cm, 높이 25.7cm.

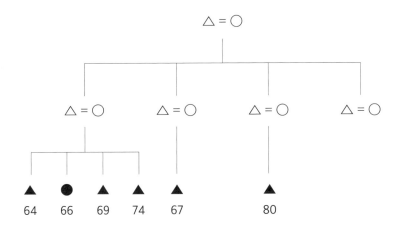

여섯 아기를 검은 점으로 표시했다. 숫자는 태어난 해이다. 그러니 1964년부터 1980년까지 오 씨의 세 아들 몸에서 태어난 여섯 손자들이다. 오 씨 손자들은 생후 1년 동안 바로 이 '아기구덕'에서 키워냈다. '아기구덕' 바닥에는 직경 0.8cm의 '상동낭'삼동나무 11개를 끼워 받쳤다. '아기구덕' 밑바닥에서부터 15cm쯤 높이에 '정'井 자 모양으로 줄을 얽어맸다. 이를 '도들'이라고 한다. 여름에는 '도들' 위에 삼베 조각, 그리고 겨울에는 보릿짚 따위를 깔았다.

허벅[도5-66]

물을 길어 나르는 동이다. 모양이 둥글며 배가 불룩하고 아가리는 아주 좁다. 이것은 감산리 민속자료실에 있는 것이다. '허벅'은 제주도 역사에서 다양하게 기록되었다.

김정金淨, 1486~1521은 《제주풍토록濟州風土錄》에서, 제주도 사람들

도5-66 허벅 아가리 직경 34.2cm, 높이 37.5cm.

은 사기그릇, 옹기그릇, 유기그릇을
만들지 않는다고 하였다. 그것을 만
들 재료가 없거나 확보하기가 간단하
지 않아서였다. 그러니 제주도 여자들
은 먹는 물도 나무로 만든 통[木桶]에 길어
등에 지어 나른다는 것이다. 목통은 어떻게
생겼을까. 이건李健, 1614~1662은 〈제주풍토기濟州風土記〉에서, "벌통[蜂桶] 모양과 같이 긴 통[長桶]"이라고 하였다. 제주도 사람들은 이와 같은 목통으로 언제까지 먹는 물을 지어 날랐을까.

이형상李衡祥, 1653~1733은 《남환박물南宦博物》에서, "여자들이 목통으로 물을 긷는다."라고 하였다. 조관빈趙觀彬, 1691~1759은 《회헌집悔軒集》 탐라잡영耽羅雜詠에서, 제주도 여자들은 "식수를 병[瓶]에 길고 등에 지어 나른다."라고 하였다. 이때의 병은 어떤 모양일까.

조정철趙貞喆, 1751~1831은 《정헌영해처감록靜軒瀛海處坎錄》 탐라잡영耽羅雜詠에서, 제주도 여자들은 식수를 "큰 병[大瓶]에 길고 바구니[竹筐]에 넣고 등에 지어 나른다."라고 하였다. 이때의 큰 병은 '허벅'이고, 바구니는 '물구덕'이다. 이로 미루어보면, 조관빈의 병[瓶]은 '허벅'이다. '허벅'은 물을 길어 나르는 동이다. 모양이 둥글며 배가 불룩하고 아가리는 좁다. '물구덕'은 '허벅'을 담고 다니는 바구니다.

이형상은 조선왕조 숙종 28년^{1702} 6월에 제주 목사로 부임하고, 숙종 30년^{1704}에 이임하였으니, 1704년까지만 하더라도 제주도에는 목통이 현존하고 있었던 모양이다. 그리고 조관빈은 조선왕조 영조 7년^{1731}부터 영조 8년^{1732}까지 제주도에서 유배 생활하였으니, 1732년 제주도에는 '허벅'이 현존하고 있었던 셈이다. 이형상의 목통과 조관빈의 '허벅'과의 시간적 거리는 28년이다.

물구덕[도5-67]

'물구덕'은 제주도 아낙네들이 식수 운반용 옹기그릇인 '허벅'을 담고 등에 지어 나르는 대그릇이다. 이것은 감산리 민속자료실에 있는 것이다. '물구덕'은 '질구덕'보다 높지 않게 만든다. 대그릇을 만드는 사람은 손 뼘으로 그 높낮이를 가늠하였다. '물구덕' 밑바닥에 왕대 조각 8개를 엮어 붙였다. 그래야 '물구덕' 밑바닥이 쉬 헐리지 않았을 뿐만 아니라 '질빵'을 걸치기도 좋았다. '질빵'은 짐 따위를 질 수 있도록 어떤 물건 따위에 연결한 줄이다.

도5-67 물구덕
가로 52.0cm, 세로 36.4cm, 높이 21.0cm.

풀ᄇ른구덕[도5-68]

헌 구덕에 풀칠하여 헝겊이나 종이를 바른 구덕으로, 곡식 따위를 담아 나르는 그릇이다. 이것은 감산리 민속자료실에 있는 것이다. 구덕에 풀칠하여 무명과 비료 종이를 발랐다. '풀ᄇ른구덕'은 집안에서 쌀을 말릴 때 곡식을 담아 나르는 그릇이다. 밑바닥이 가로 35cm, 세로 27.5cm다. '출구덕' 헐린 것으로 만들었던 모양이다. '출구덕'은 대바구니의 한 가지로 허리나 옆구리에 차서 간단한 물건 따위를 담아 나르는 그릇이다.

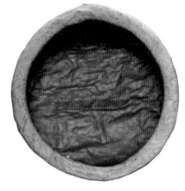

도5-68 풀ᄇ른구덕
아가리 직경 35.5cm, 높이 19.0cm.

370

마무리

               감산리의 도구를 살펴본 소견을 정리하는 것으로 마무리한다.

의생활 도구에 대한 소견

① 감산리 사람들은 면화씨를 발라내는 물레를 '브르는물레'라고 한다. 그 구조는 한반도에서 전승되는 물레와 크게 다르지 않았다.

② 감산리 사람들은 빨랫방망이를 '마께'라고 한다. 빨랫방망이가 갸름하고 길게 생긴 것이라면, '마께'는 넓적하고 짧게 생긴 것이었다.

③ 감산리 사람들은 짚신을 '초신'이라고 한다. 감산리 사람들

은 '초신'을 '나록짚'볏짚으로 만드는 경우가 많았다. 논이 귀한 제주도 사람들이 밭벼의 짚으로 '초신'을 만드는 것에 비하면 재료가 뛰어난 것이었다. 이 마을 사람들은 논농사를 제법 이루어내고 있었기 때문이다.

식생활 도구에 대한 소견

① 이 마을에서 생산된 '함박'이라는 나무 그릇 식기에서 제주도 나무 그릇 탄생 과정의 일면을 가늠하게 되었다.
② 감산리에는 크기에 따라 4가지 솥—두말띠기-웨말띠기-다두테기-옹주리이 전승되고 있었다.
③ 감산리 사람들은 넓적하고 길쭉한 나무로 만든 죽젓개를 '배수기', 밥주걱을 '우금', 국자를 '남자'라고 한다.
④ 감산리에는 크기에 따라 '중솟시리'와 '옹주리시리'가 전승되고 있었다.

생산·생업 도구에 대한 소견

① 감산리 사람들은 쟁기를 '잠데'라고 하는데, 감산리 '잠데'는 논과 밭을 가는 것이었다. 그리고 '잠데'의 구조는 한반도에서 전승되는 쟁기보다 그 구조가 오밀조밀하였다.
② 제주도에는 쌍날 따비와 외날 따비가 전승되고 있는데, 감산

리에는 외날 따비가 전승되고 있었다.

③ 감산리에는 논농사에 따른 '서흐레'써레, '밀레'고무래, '논일팡' 등의 도구들이 전승되고 있었다.

④ 감산리에는 밭의 '검질'김을 매는 '굴갱이'호미는 전승되고 있었지만, 논의 '검질'을 매는 도구는 전승되고 있지 않았다.

⑤ 감산리에는 1925년 무렵에 일본열도에서 도입된 보리 이삭을 훑는 '가레기클'과 나락 이삭을 훑는 '판장클'이 전승되고 있었다.

⑥ 소의 힘을 빌려 'ᄆᆞᆯᄀᆞ레'연자방아를 돌릴 때 소의 등에 얹는 '질매'길마가 전승되고 있었다.

⑦ 수공手工 도구로 '한칸톱'과 '번자귀'가 전승되고 있었다.

운반 도구에 대한 소견

① 감산리 운반 도구에서 '아기구덕'의 기능과 관습이 가늠되는 사례를 발굴할 수 있었다.

② 감산리 운반 도구에서 '허벅'의 역사적 전개를 들여다볼 수 있었다.

373

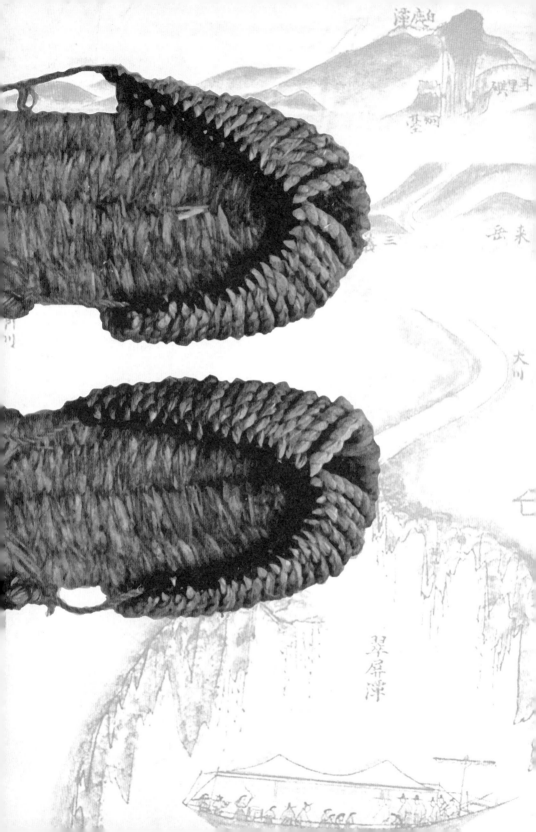

후기

　　　　　　　　도구는 원초경제사회 때 자연과 더불어 살았던 사람들이 일상의 필요에 따라 자연적인 소재로 창조, 계승, 발전시켜온 문화유산이다. 그래서 도구마다 육하원칙(언제, 어디서, 누가, 무엇을, 어떻게, 왜)을 기록으로 남겨야 한다. 도구마다 육하원칙으로 기록을 남겨 놓을 때, 그것은 역사와 문화 연구의 자료가 될 수 있다.

　　그러나 오늘날 한국 사회의 현실은 도구에 대하여 육하원칙을 기록하여두는 일 없이 무자비하게 골동품가게로 팔려나가고 있다. 이제는 골동품가게로 팔려나갈 도구를 만나기도 쉽지 않은 현실이 되고 말았다.

　　도구를 조사하고 연구해야 할 한국의 박물관은 골동품가게에서 팔고 있는 정체불명의 도구들을 사다가 전시하고 있는 경우가 많다. 한국의 국립아무개박물관은 한반도 동해안 어느 지역에서 연어를 찔러 잡는 '무시'라는 창槍을 골동품가게에서 사다가 대관령 지역에서 멧돼지를 잡는 삼지창三枝槍으로 둔갑시켜 전시하고 있다. 연어를 잡았던 창을 멧돼지를 잡았던 창이라고 하면서 《도록圖錄》에도 싣고 있다. 언젠가 이를 교과서에도 싣게 될지 모를 일이다. 한국의 생활사박물관은 육하원칙이 불명不明한 골동품 전시장이 되고 말았다.

이 자그마한 책이 한국 사회에서도 언젠가 육하원칙이 분명分明한 도구를 전시하는 하나의 자료 박물관이라도 탄생하는 데 밑거름이 되었으면 좋겠다.

참고문헌

〈潛女歌〉(申光洙).

〈潛女說〉(金春澤).

〈濟州風土錄〉(金淨).

《南槎錄》(金尙憲).

《南宦博物》(李衡祥).

《唐書》.

《三國史記》(金富軾).

《靜軒瀛海處坎錄》(趙貞喆).

《濟州風土記》(李健).

《增補耽羅誌》(김영길 번역본).

《耽羅錄》(李源祚).

《耽羅巡歷圖》(李衡祥).

《耽羅志》(李元鎭).

《耽羅誌草本》(李源祚).

《晦軒集》(趙觀彬).

アチツク ミユ—ゼアム(1936),《朝鮮多島海旅行覺書》.

고광민(1984),〈濟州島民具1-보습-〉,《耽羅文化》第3號, 제주대학교 탐라문화
　　연구소.

고광민(1999), 〈구덕과 차롱〉, 《제주학(濟州學)》, 사단법인 제주학연구소.

고광민(2000), 《한국의 바구니》, 제주대학교 출판부.

고광민(2014), 《섬사람들의 삶과 도구4-자은도·암태도·추포도-》, 민속원.

고광민(2016), 《제주 생활사》, 한그루.

高橋昇(1998), 《朝鮮半島の農法と農民》, 日本·未來社.

고시홍(1996), 〈땅이름과 옛터〉, 《健入洞誌》, 건입동향토문화보존회.

고재환(1999), 《제주도속담사전》, 제주도.

국립무형유산원(2018), 《무형유산》 제4호.

국립무형유산원(2018), 《무형유산》 제5호.

국립무형유산원(2019), 《무형유산》 제6호.

今村鞆(1928), 〈濟州島の牛馬〉, 《歷史民俗朝鮮漫錄》.

김영길(2015), 《國譯 東湖舍記蒐集-設東水洞由來記》.

김영돈(1984), 〈제주도 연자매(물방애)〉, 《濟州島研究》第一輯, 濟州島研究會.

김영돈(1999), 《한국의 해녀》, 민속원.

德永光俊, 高光敏, 高橋甲四郞(1998), 《寫眞でみる朝鮮半島の農法と農民》, 日本·未來社.

鹿兒島縣歷史資料センタ-黎明館(1995), 《黎明館企劃特別展/竹の世界)》.

木浦新聞社(1917), 《全南寫眞誌》.

飯野貞雄(1985), 〈燈火具〉, 《民具研究ハンドブック》, 日本 雄山閣.

釜山商工會議所(1929), 《濟州島とその經濟》.

북제주문화원(2007), 《新興里誌》.

송상조(2007), 《제주말큰사전》, 한국문화사.

伊藤亞人(2006),《韓國夢幻》, 新宿書房.

이종훈(1992),《민족생활어사전》, 한길사.

인병선(2006),《우리가 정말 알아야 할 우리 짚풀문화》, 현암사.

長田平(1977),〈千齒扱〉,《多摩民具事典》, 關東民具研究會.

제주도청(1996),《도승격 50주년 기념 사진집, 제주100년》.

제주특별자치도민속자연사박물관(2013),《제주의 옛 문서》.

제주학연구소(1999),《濟州學》 제4호.

濟州警察署(1929),《迷信調査ノ件)》.

濟州道廳(1924),《未開の寶庫 濟州島》.

鳥居龍藏(1924),《日本周圍民族の原始宗教》, 東京 岡書院.

朝鮮總督府(1923),《生活狀態調査》.

朝鮮總督府(1929),《生活狀態調査》.

仲摩照久(1930),《日本地理風俗大系》, 新光社.

天野壽之助(1937),《朝鮮潛水器漁業沿革史》, 朝鮮潛水器漁業水產組合.

泉靖一(1966),《濟州島》, 東京大學 東洋文化研究所.

韓國土地農產調査團(1905),《韓國土地農產調査報告》.

현용준(1980),《濟州島巫俗資料事典》, 신구문화사.

현용준(2004),《민속사진집 靈》, 도서출판 각.

현용준(2009),《제주도 사람들의 삶》, 민속원.

그림 차례

머리말

1장 의식주 도구의 생활사

2장 생산 도구의 생활사

3장 운반 도구의 생활사

4장 도구 생산의 생활사

찾아보기

찾아보기_인명

고광민

1952년 제주도 출생.

서민 생활사 연구자.

저서 《동東의 생활사》, 《고개만당에서 하늘을 보다》, 《마라도의 역사와 민속》, 《제주 생활사》, 《섬사람들의 삶과 도구》, 《흑산군도 사람들의 삶과 도구》, 《조선시대 소금생산방식》, 《돌의 민속지》, 《제주도의 생산기술과 민속》, 《제주도 포구 연구》, 《사진으로 보는 1940년대의 농촌풍경》, 《한국의 바구니》 외.

제주도 도구의 생활사

2019년 11월 20일 초판 1쇄 발행

지은이 고광민
펴낸이 김영훈
편집인 김지희
디자인 나무늘보, 부건영
펴낸곳 한그루
　　　　출판등록 제6510000251002008000003호
　　　　제주특별자치도 제주시 복지로1길 21
　　　　전화 064 723 7580 전송 064 753 7580
　　　　전자우편 onetreebook@daum.net 누리방 onetreebook.com

ISBN 978-89-94474-96-0 93380

이 책의 출판비 일부는 제주특별자치도 제주학연구센터의 지원을 받았습니다.

이 도서의 국립중앙도서관 출판예정도서목록(CIP)은 서지정보유통지원시스템 홈페이지(http://seoji.nl.go.kr)와 국가자료공동목록시스템(http://www.nl.go.kr/kolisnet)에서 이용하실 수 있습니다. (CIP제어번호: CIP2019045380)

값 25,000원